Hans-Jürgen Fründt

Nicht verpassen!   Karte S. 4

27 Speicherstadt [O11]
In dem Ende des 19. Jh. aus Backstein erbauten Lagerhauskomplex konnten Hamburger Kaufleute früher Waren zollfrei lagern. Heute befinden sich dort mehrere bemerkenswerte Museen (s. S. 38).

31 Miniatur Wunderland [N11]
Eine der größten Eisenbahnanlagen im Miniaturformat überhaupt, die stetig weiter wächst. Mit unglaublicher Präzision und sehr viel Liebe zum Detail erschaffen (s. S. 42).

34 Elbphilharmonie [N12]
Hamburgs neues Wahrzeichen bietet nicht nur einen akustisch einmaligen Konzertsaal, sondern von der Aussichtsplattform „Plaza" auch einen tollen Blick auf den Hafen (s. S. 44).

37 St. Michaeliskirche [M11]
Der „Michel" ist eine der fünf Hauptkirchen und vor allem *das* Wahrzeichen von Hamburg. An dem 132 m hohen Turm mit formidablem Fernblick „klebt" Deutschlands größte Turmuhr (s. S. 50).

43 Landungsbrücken [L11]
Hier gibts eine anständige Portion Hafenromantik! Am leicht schwankenden Ponton starten Elbfähren, Schiffe für Hafenrundfahrten und Ausflugsdampfer. Außerdem hat man einen richtig schönen Blick auf die Hafenanlagen (s. S. 55).

45 Fischmarkt [J11]
Immer sonntags ab 5 Uhr (im Winter ab 7 Uhr) wird hier alles Mögliche verkauft – natürlich auch Fisch. Einige Händler agieren mit hollywoodreifem Auftritt von ihren Verkaufswagen herunter. Ein Spektakel! Treffpunkt der Frühaufsteher und der Übriggebliebenen von der Reeperbahn, aber um 9.30 Uhr ist bereits Schluss (s. S. 57)!

46 Reeperbahn [J10]
Nur knappe 900 m ist die Reeperbahn lang, aber mancher schafft sie nicht mal in einer ganzen Nacht. Kneipen, Klubs, Theater, Tingel, Tangel, Glitzer, Rotlicht, Nepp, urige Seemannskneipe, trashige Musikpinte – alles da (s. S. 58).

62 Blankenese
Hier schmiegen sich kleine Kapitäns- und Fischerhäuser an den Elbhang, schmale Gassen und vor allem Treppen schlängeln sich dazwischen malerisch hinunter zur Elbe, an deren Ufer sich einige traditionsreiche Lokale befinden. (s. S. 72).

Leichte Orientierung mit dem cleveren Nummernsystem
Die Sehenswürdigkeiten sind im Text und im Kartenmaterial mit derselben **magentafarbenen ovalen Nummer** ❶ markiert. Alle anderen Lokalitäten wie Geschäfte, Restaurants usw. tragen ein **Symbol und eine fortlaufende rote Nummer** (🔴1). Die Liste aller Orte befindet sich auf S. 148, die Zeichenerklärung auf S. 152.

Inhalt 3

7 Hamburg entdecken

- 8 Kurztrip nach Hamburg
- *9 Hamburger Kuriositäten*
- **10 Stadtspaziergänge**

22 Erlebenswertes im Zentrum
- 22 ❶ Hamburger Hauptbahnhof ★ [Q10]
- 23 ❷ Mönckebergstraße ★★ [P10]
- 24 ❸ St. Jacobikirche ★ [P10]
- 25 ❹ St. Petrikirche ★ [O10]
- 26 ❺ Rathaus ★★★ [O10]
- 29 ❻ Binnenalster ★★ [O9]
- 29 ❼ Lombardsbrücke ★★ [O9]
- 30 ❽ Jungfernstieg ★★ [O10]
- 31 ❾ Alsterarkaden ★ [O10]

31 Altstadt
- 32 ❿ Patriotische Gesellschaft ★ [O11]
- 32 ⓫ Trostbrücke ★ [O11]
- 33 ⓬ Laeiszhof ★ [O11]
- 33 ⓭ Globushof ★ [O11]
- 33 ⓮ Zollenbrücke ★ [O11]
- 33 ⓯ Mahnmal St. Nikolai ★★ [N11]
- 34 ⓰ Deichstraße ★★ [N11]
- 34 ⓱ Nikolaifleet ★ [N11]
- 35 ⓲ Cremon ★ [N11]
- 35 ⓳ St. Katharinenkirche ★ [O11]
- *35 Über 2479 Brücken kannst Du geh'n*

36 Kontorhausviertel
- 36 ⓴ Chilehaus ★★★ [P11]
- 37 ㉑ Sprinkenhof ★★ [P10]
- 37 ㉒ Bartholomayhaus ★ [P10]
- 37 ㉓ Polizeiwache am Klingberg ★ [P11]
- 38 ㉔ Mohlenhof ★ [P11]
- 38 ㉕ Altstädter Hof ★ [P10]
- 38 ㉖ Montanhof ★ [P11]

38 ㉗ Speicherstadt ★★★ [O11]
- 41 ㉘ Rathaus der Speicherstadt ★★ [O11]
- 41 ㉙ Wasserschloss ★ [P11]
- 41 ㉚ Hamburg Dungeon ★★ [N11]
- 42 ㉛ Miniatur Wunderland ★★★ [N11]
- 42 ㉜ Dialog im Dunkeln ★★ [P11]

◁ *In der Speicherstadt wurden die Waren auch auf dem Wasser angeliefert*

Hamburg auf einen Blick

42	**❸❸ HafenCity** ★★ [O12]	
44	❸❹ Elbphilharmonie ★★★ [N12]	
46	❸❺ Prototyp ★ [P12]	
47	❸❻ Internationales Maritimes Museum Hamburg ★★★ [P12]	
48	**Erlebenswertes am Hafen**	
50	❸❼ St. Michaeliskirche (Michel) ★★★ [M11]	
52	❸❽ Kramerwitwenwohnungen ★ [M11]	
53	❸❾ Baumwall ★ [M11]	
53	❹⓿ Ditmar-Koel-Straße ★ [M11]	
54	*Ein Weinberg am Hamburger Hafen*	
54	❹❶ Cap San Diego ★ [M12]	
55	❹❷ Rickmer Rickmers ★★ [L11]	
55	❹❸ Landungs-brücken ★★★ [L11]	
56	❹❹ Alter Elbtunnel ★★ [K11]	
57	❹❺ Fischmarkt ★★★ [J11]	
58	❹❻ Reeperbahn ★★★ [J10]	
60	❹❼ Panik City ★★ [K11]	
60	❹❽ Panoptikum ★★ [K11]	
60	❹❾ Sankt Pauli Museum ★ [K11]	
61	❺⓿ Hans-Albers-Platz ★ [K11]	
61	❺❶ Große Freiheit ★★ [J10]	
62	*Der Star-Club und das Ende der Dorfmusik*	
62	❺❷ Große Elbstraße ★★ [I11]	
64	❺❸ Dockland ★★ [G12]	
64	❺❹ Övelgönne ★★ [D11]	
65	❺❺ Museumshafen Övelgönne ★★ [D12]	
66	**Entdeckungen außerhalb des Zentrums**	
66	❺❻ St. Georg ★ [Q9]	
69	❺❼ Schanzenviertel ★ [K8]	
70	❺❽ Altona ★ [G10]	

70 (59) Altonaer Rathaus ★ [G11]
71 (60) Altonaer Balkon ★★ [G11]
71 (61) Ottensen ★ [F10]
72 (62) Blankenese ★★★
73 (63) HSV-Stadion ★★ [B4]
74 *Hamburg, meine Perle*
75 (64) Hagenbecks Tierpark ★★ [H2]
75 (65) Friedhof Ohlsdorf ★★
77 (66) Ballinstadt ★★

79 Hamburg erleben

80 Hamburg für Kunst- und Museumsfreunde
82 Hamburg für Genießer
83 *Smoker's Guide*
89 Hamburg am Abend
90 *„Hummel Hummel", der Hamburger Gruß*
94 Hamburg für Shoppingfans
100 Hamburg zum Träumen und Entspannen
104 Zur richtigen Zeit am richtigen Ort
105 *Das gibt es nur in Hamburg*

107 Hamburg verstehen

108 Hamburg – ein Porträt
112 Von den Anfängen bis zur Gegenwart
115 Leben in der Stadt
116 *Do you speak Hambooorgisch?*
119 Hamburgs neuer Stadtteil – HafenCity

121 Praktische Reisetipps

122 An- und Rückreise
123 Autofahren
124 Barrierefreies Reisen, Geldfragen
125 *Hamburg preiswert*
126 Informationsquellen
127 *Meine Buchtipps*
128 Medizinische Versorgung
128 Mit Kindern unterwegs
129 Notfälle
129 Post
129 Radfahren
130 *Infos für LGBT+*
130 Sicherheit
131 Sport und Erholung
132 Stadttouren
133 Unterkunft
136 Verkehrsmittel
137 *Hamburg Card*
140 Wetter und Reisezeit

141 Anhang

142 Register
145 Autor und Fotografin
145 Impressum
148 Liste der Karteneinträge
152 *Hamburg mit PC, Smartphone & Co.*
152 Zeichenerklärung
154 Karte: Hamburg, Übersicht und Blattschnitt
156 Nahverkehrsplan

Zeichenerklärung

★★★ nicht verpassen
★★ besonders sehenswert
★ wichtig für speziell interessierte Besucher

[A1] Planquadrat im Kartenmaterial. Orte ohne diese Angabe liegen außerhalb unserer Karten. Ihre Lage kann aber wie die von allen Ortsmarken mithilfe der begleitenden Web-App angezeigt werden (s. S. 152).

Updates zum Buch

www.reise-know-how.de/citytrip/hamburg19

Vorwahlen

- für Hamburg: 040
- für Deutschland: 0049

Zwei neue Museen schmücken die Hansestadt, wobei der Begriff „Museum" bei beiden nicht ganz passt. Panik-Rocker Udo Lindenberg erhielt nun endlich an der Reeperbahn „seine" Panik City, die eine multimediale Zeitreise durch sein Leben und sein Wirken bietet (s. S. 60). Mitten in der City eröffnete außerdem das „Museum der Illusionen", das die Sinne der Besucher gezielt verwirren möchte (s. S. 81). Apropos Museum: Die staatlichen Museen in Hamburg haben nun am Dienstag geschlossen, dafür am Montag geöffnet.

Noch immer kostet die Aussichtsplattform „Plaza" der Elbphilharmonie (s. S. 44) keinen Eintritt (es sei denn, man reserviert ein Ticket, dann werden 2 € fällig), obwohl der Besucheransturm einfach nicht nachlässt. Erste Forderungen nach einem Eintrittspreis gab es nämlich bereits.

Die Hotelszene ist um ein weiteres Haus in der HafenCity reicher, dort befindet sich in einem historischen Gebäude das „25 hours Hotel Altes Hafenamt" (s. S. 134). Im hippen Schanzenviertel tritt das günstige „Pyjama Park Hotel" (s. S. 134) die Nachfolge des „Schanzenstern" an.

Entlang der Großen Elbstraße reihen sich etliche Restaurants aneinander, viele davon mit Schwerpunkt auf Fisch. Für alle, die kein Fischbrötchen oder keine Fischplatte mehr sehen können, bietet das „Café Schmidt & Schmidtchen" leckere Backwaren und Torten an (s. S. 88).

Noch ein Stückchen weiter am Ufer der Elbe steht das „Strandhaus", das von den Machern der „Brücke 10" übernommen wurde und folgerichtig „Brücke 10 im Strandhaus" heißt (s. S. 102).

100ha Abb.: nw

HAMBURG ENTDECKEN

Kurztrip nach Hamburg

„Herrreins-paziert!" würden die Koberer auf der Reeperbahn rufen, wenn Gäste in „ihr" Lokal gelotst werden sollen. „Los-paziert!" soll hier allen Besuchern zugerufen werden, denn die Hamburger City wartet. Die Stadt ist auf jeden Fall eine Reise wert – auch durchaus eine längere. Aber natürlich lohnt sich auch ein Kurzbesuch, denn viele der Hamburger Sehenswürdigkeiten liegen auf relativ begrenztem Raum im Zentrum und sind ganz einfach zu Fuß zu erreichen. Wenn Sie nur ein Wochenende Zeit haben, dann möchte ich Ihnen hier einen kompakten Vorschlag für einen effektiven Bummel machen.

EXTRATIPP

Hamburg von oben

⓯ [N11] **St. Nikolaikirche.** Ein gläserner Lift befördert einen in der Kirchturmruine der ehemaligen St. Nikolaikirche auf 76 m Höhe. Von der dortigen Plattform genießt man durch mehrere Fenster einen schönen Weitblick. Tägl. 10–17 Uhr, Mai–Sept. bis 18 Uhr.

› Von der „Plaza" genannten **Aussichtsterrasse der Elbphilharmonie ㉞** genießt man aus 37 m Höhe einen schönen Blick auf den Hafen und die HafenCity und kann sogar die fünf Kirchtürme in der Innenstadt erkennen. Infos zum notwendigen Ticketerwerb finden sich auf S. 44.

❹ [O10] **St. Petrikirche.** Der Turm der St. Petrikirche in der zentralen Mönckebergstraße misst stolze 120 m. Von oben genießt man einen tollen Weitblick, allerdings erst nach einer ziemlichen Kletterei.

1. Tag

Seinen Hamburg-Besuch kann man mit einem **Frühstück** im Alex (s. S. 88) starten, wo man einen formidablen Blick auf die Binnenalster genießt. Von hier ist es nicht weit bis zum prächtigen Rathaus **❺**, das man unbedingt besichtigen sollte. Eine Führung dauert knapp 50 Min. Auf S. 10 ist ein ausführlicher **Spaziergang** druch diesen Teil der Stadt beschrieben.

Wem der Sinn nach **Shopping** steht, der taucht in die vom Jungfernstieg abzweigende Straße Neuer Wall [N/O10] mit ihren Edelgeschäften und den nahen Einkaufspassagen ein oder erkundet die Läden an der Mönckebergstraße **❷** und der Spitalerstraße [P10].

Jenseits der „Mö" wird schnell die Hamburger Altstadt erreicht, wo sich das **Kontorhausviertel** (s. S. 36), die **Speicherstadt ㉗** und die **HafenCity ㉝** befinden. Die Speicherstadt hat ihre ursprüngliche Bedeutung verloren, dort sind nun interessante Museen eingerichtet. Tipps für einen Spaziergang durch Speicherstadt und HafenCity finden sich auf S. 12.

Abends kann man ein **Musical** (s. S. 93) besuchen oder einmal über die **Reeperbahn ㊻** bummeln. Zur Einstimmung sollte man sich einen **Cocktail in der Tower Bar** (s. S. 91) des Hotels Hafen Hamburg direkt an den Landungsbrücken **㊸** gönnen. Der Blick über den abendlich beleuchteten Hafen ist einfach phänomenal.

‹ *Vorseite: Entspannung pur an der Binnenalster* **❻**

2. Tag

Am Sonntagvormittag gibt es keine Kompromisse. Egal, wie lang die Nacht war, zum **Fischmarkt** ⓭ muss jeder! Und zwar möglichst früh, denn um 9.30 Uhr ist bereits alles vorbei.

Da Sie nun schon einmal am Hafenrand sind, bietet sich gleich eine **Hafenrundfahrt** an. Gestartet wird direkt von den Landungsbrücken. Danach sollte der nicht weit entfernte **Michel** ⓭ besichtigt werden. Von oben genießt man aus 82 m Höhe einen fantastischen Ausblick über den Hafen. Zum Mittagessen geht es in den gegenüber vom Michel liegenden **Old Commercial Room** (s. S. 87), wo es Labskaus und andere leckere Gerichte gibt, oder ein paar Schritte weiter in die **Ditmar-Koel-Straße** ⓭, wo es eine breite Auswahl vor allem an portugiesischen und spanischen Lokalen gibt.

Nach dem Essen tut ein Spaziergang sicher ganz gut. Vielleicht direkt an der Elbe entlang, beispielsweise von **Övelgönne** ⓭ nach **Teufelsbrück** (Övelgönne wird per Bus Nr. 112 ab S-Bahnhof „Landungsbrücken" erreicht). Oder man fährt nach **Blankenese** ⓭ (mit der S-Bahn ab „Landungsbrücken") und läuft vom dortigen Bahnhof in 10 Min. zum Treppenviertel am Elbhang. Ein Spaziergang führt an malerischen Kapitänshäusern vorbei durch schmale Gassen und über Treppen hinunter zum Elbufer. Dort warten ein paar traditionsreiche Lokale am Elbufer und eines sogar auf einem Ponton auf dem Strom auch mit Kaffee und Kuchen, bevor es mit der „Bergziege", dem Kleinbus Nr. 48, wieder zum Bahnhof Blankenese zurückgeht.

Hamburger Kuriositäten

› *Die Zeitung „Hamburger Abendblatt" erscheint am Morgen, die „Hamburger Morgenpost" …, nein, auch am Morgen.*
› *Der höchste natürliche Punkt liegt in den Harburger Bergen und misst 116,2 m.*
› *Der Fernsehturm misst 278 m.*
› *Der Friedhof Ohlsdorf ist so groß (4 km², dass Buslinien mit regulären Haltestellen dort fahren.*
› *Hamburg hat eine eigene Nordseeinsel: Neuwerk.*
› *Das älteste Bauwerk der Stadt steht eben dort, auf Neuwerk. Es ist ein Leuchtturm aus dem 14. Jh.*
› *Knapp 100 Konsulate gibt es in der Hansestadt, damit hat Hamburg nach Hongkong und New York die meisten.*
› *Seit 1356 findet immer am 24. Februar (Matthiastag) das Matthiae-Mahl statt. Es ist damit eine der ältesten Festivitäten weltweit.*
› *2479 Brücken gibt es, mehr als in Amsterdam und Venedig zusammen.*
› *Der HSV ist erstmals seit 1963 aus der Bundesliga abgestiegen. Bislang zeigte im Stadion eine Uhr die Zeit der Liga-Zugehörigkeit an. Nach dem Abstieg wurde sie umgestellt und verweist nun auf die Zeit seit der Vereinsgründung.*
› *Am 7. Mai 1189 erhielt Hamburg von Kaiser Friedrich Barbarossa das Privileg, Waren zollfrei zu handeln: die Geburtsstunde des Hafens. Dessen „Geburtstag" wird alljährlich riesengroß gefeiert. Auch wenn man heute davon ausgeht, dass jener Brief gefälscht war …*

Stadtspaziergänge

Spaziergang 1: durch die Innenstadt und das Kontorhausviertel

Länge: ca. 2,7 km
Dauer: ca. 1½ Stunden
Startpunkt: U-/S-Bahn-Station Hauptbahnhof [P/Q10]
Endpunkt: Sprinkenhof ㉑ [P10]

Dieser Spaziergang führt durch die Hamburger Innenstadt. Zunächst geht es durch die Haupteinkaufsmeile hinunter zur Binnenalster, dann schlagen wir einen Bogen am Rathaus ❺ vorbei und tauchen dann ein in die historische Zone mit den eindrucksvollen rund einhundertjährigen Backsteinbauten im Kontorhausviertel, allen voran dem Chilehaus ⓴, das von der UNESCO 2015 zum Weltkulturerbe geadelt wurde.

Vom **Hauptbahnhof** ❶ kommend, schlendert man entweder durch die breite **Mönckebergstraße** ❷ oder durch die parallel verlaufende Fußgängerzone **Spitalerstraße** [P10] Richtung Westen. Entlang der Mönckebergstraße stehen mehrere große Kaufhäuser und zwei eindrucksvolle Kirchen.

Eine reine Fußgängerzone ist die parallel zur „Mö" verlaufende **Spitalerstraße**. Die Auswahl an Geschäften ist hier größer, neben den Warenhäusern gibt es sehr viele kleine Fachgeschäfte und auch ein paar Restaurants. Bei Hausnummer 10 befindet sich im Eingangsbereich ein lebensgroßes **Denkmal für den Hamburger Architekten Gottfried Semper.** In Dresden baute er die großartige Oper, die seinen Namen trägt, in seiner Vaterstadt kam er dagegen nie so recht zum Zuge. Die Spitalerstraße mündet schließlich in die „Mö". Etwa am Schnittpunkt beider Straßen befinden sich der **Mönckebergbrunnen** und der 1911 erbaute **Hamburg-Pavillon,** in dem heute das Elbphilharmonie Kulturcafé untergebracht ist. Hier gibt es neben Kaffee auch Infos und Tickets zu Hamburger Kulturveranstaltungen.

Man folgt nun dem weiteren Verlauf der Mönckebergstraße, die den **Gerhart-Hauptmann-Platz** (auf der rechten Straßenseite) passiert, einen uralten Platz, der schon 1266 als Marktplatz bekannt war. Im 18. Jh. stand hier ein Schandpfahl, an dem u. a. auch „liederliche Frauenzimmer" an den Pranger gestellt wurden.

Hinter der wenige Meter später aufragenden **St. Petrikirche** ❹ wird nach wenigen Schritten die nach rechts abzweigende Bergstraße erreicht. Diese führt hinunter zum **Jungfernstieg** ❽ und zur **Binnenalster** ❻. Von der Brücke, die über die Alster führt, hat man einen phänomenalen Blick auf das **Rathaus** ❺, die weißen **Alsterarka-**

◁ *Die Mönckebergstraße ❷ ist die bekannteste Einkaufsstraße der Stadt*

Stadtspaziergänge 11

den ❾ und die Straße, die zur Binnenalster führt. Außerdem steht hier der **Alsterpavillon**, ein Traditionslokal, das heute eine Filiale der Gastronomiekette Alex (s. S. 88) beherbergt.

Weiter geht es durch die nach links abzweigende Luxusshoppingstraße **Neuer Wall** [N/O10], wo Hamburgs Geldadel einkauft und sich sehr hochpreisige Geschäfte befinden. Direkt bei der Bücherstube Felix Jud (s. S. 95) öffnet sich eine kleine Perle, die 1864 eröffnete Mellin Passage mit einer wunderschönen Deckenmalerei im Jugendstil. An der folgenden Kreuzung biegt man nun nach links ab und geht auf das prächtige **Rathaus** ❺ zu. Rechts vor dem Gebäude steht ein kleines Tastmodell der Hamburger Innenstadt.

Weiter geht es rechts am Rathaus vorbei in die **Große Johannisstraße** [O10], in der sich viele kleine Geschäfte befinden, u. a. der Tropenausrüster Ernst Brendler (s. S. 98), bei dem sich Hamburger Kaufleute für ihren Aufenthalt in fernen Ländern ausstaffierten.

Jetzt geht es zunächst nach links in die Straße Börsenbrücke und dann nach rechts in die **Trostbrücke** ⓫. Dort stehen die Denkmäler zweier Gründer Hamburgs, des kirchlichen Herrschers Bischof Ansgar und des weltlichen, Graf Adolf von Schauenburg.

Geradeaus spaziert man nun bis zur stark befahrenen Willy-Brandt-Straße (dort nach links), an der auch das **Mahnmal St. Nikolai** ⓯ steht. Die Kirche erlitt im Zweiten Weltkrieg schwere Schäden und wurde nicht wieder aufgebaut. Nach 200 m sollte man nach links gehen und einen Blick auf die älteste Brücke Hamburgs, die **Zollenbrücke** ⓮ werfen, deren Vorgängerbau bereits 1355 existierte.

An der nächsten Ampel quert man nun die Domstraße und schlendert weiter durch die Große Reichenstraße. Diese führt ins **Kontorhausviertel** (s. S. 36), wo noch heute zahlreiche prächtige, über 100 Jahre alte Bürogebäude stehen. Unter der Hausnummer 27 findet man beispielsweise das 1899 erbaute Afrikahaus einer Reederei, die im Ostafrikahandel tätig war. Am Eingang steht ein Wahehekrieger aus Tansania. Schaut man durch den Eingangstunnel im Hintergrund, erkennt man zwei Elefanten.

An der folgenden Kreuzung geht man ein kurzes Stück nach links und dann weiter nach rechts durch die Straße **Schopenstehl** [O11]. Diese führt an mehreren markanten Backsteingebäuden des Kontorhausviertels wie dem **Montanhof** ⓴ oder dem **Mohlenhof** ⓔ vorbei. Die Schoppenstehl mündet in die Niedernstraße, die schließlich Burchardstraße heißt. Hier stehen die beiden auffälligsten Häuser überhaupt, der **Sprinkenhof** ㉑ (links) und das **Chilehaus** ⓴ (rechts). Das Chilehaus mit seiner markanten Spitze, die an einen Schiffsbug erinnert, erkennt man erst von dem kleinen Parkplatz vor dem benachbarten Verlagsgebäude des Heinrich-Bauer-Verlags so richtig gut. Hier endet der Spaziergang. Zurück gelangt man entweder mit der U-Bahn oder man läuft ca. 300 m über den nach links abzweigenden Johannisweg, der zurück zur **Mönckebergstraße** ❷ führt.

Spaziergang 2: durch die historische Speicherstadt und die moderne HafenCity

Länge: ca. 3,3 km
Dauer: ca. 1½ Stunden
Startpunkt: U-Bahn-Station Messberg [P11]
Endpunkt: U-Bahn-Station Baumwall [M11]

Dieser Spaziergang führt zunächst durch das historische Viertel der Speicherstadt ㉗, die Hamburg lange Zeit prägte, und dann in das neue Stadtviertel HafenCity ㉝, wo ultramoderne Apartmenthäuser stehen und das neue Wahrzeichen der Stadt, die Elbphilharmonie ㉞.

An der U-Bahn-Station Messberg sollte man den Ausgang Wandrahm-

steg wählen und dann sogleich über die Brücke Wandrahmsteg das Fleet queren und die Speicherstadt betreten. Man läuft direkt auf die eindrucksvolle Erlebnisausstellung **Dialog im Dunkeln** ❸❷ zu.

Zunächst aber geht man ca. 20 m nach links bis zur Poggenmühlenbrücke, von wo man einen schönen Blick auf einige typische Speicherhäuser hat, die mit einer Seite immer am Wasser stehen und sowohl von Land als auch vom Wasser beliefert werden konnten. Nun schlendert man 20 m zurück und biegt nach links in die Straße Alter Wandrahm ein. Hier spaziert man zwischen den Speichergebäuden hindurch und kann beim Hinaufblicken Kranwinden erkennen, mit denen einst schwere Lasten wie Kaffeesäcke oder Teppichballen hochgehieft wurden. Heute gibt es hier mehr Kreativbüros als Speicherfirmen.

Nun geht es nach links in die Dienerreihe und gleich danach weiter nach rechts in den Holländischen Brook. Auch von hier sieht man sehr schöne Gebäude, u. a. auch das **Wasserschloss** ❷❾, heute ein Restaurant und Teekontor. Früher wohnten hier Techniker, die einzigen Menschen, die überhaupt in der Speicherstadt leben durften.

An der folgenden Kreuzung bei St. Annen geht man nach links. Genau dort steht auch das sogenannte **Rathaus der Speicherstadt** ❷❽, dessen prächtige Fassade an das „echte" Rathaus ❺ erinnert. Es trägt seinen Spitznamen, weil sich hier der Verwaltungssitz der Hamburger Hafen- und Lagerhaus-Aktiengesellschaft befindet, welche die meisten Speicher besitzt.

Nun wird an der Ampel die breite Straße Brooktorkai überquert und

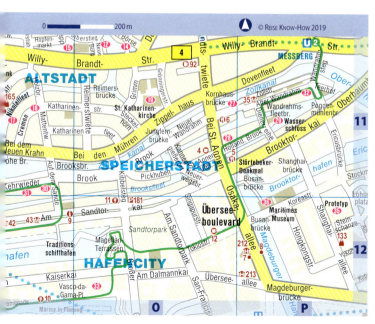

wir erreichen die neue, moderne Welt der **HafenCity**. Der Weg führt geradeaus über die Osakaallee. Auf der linken Seite steht jenseits des Fleets das **Internationale Maritime Museum** ③⑥, das von dieser Straßenseite über die Busanbrücke erreicht wird. Direkt neben der Brücke steht die Skulptur des Piraten Klaus Störtebecker, der angeblich an dieser Stelle 1401 enthauptet wurde und den noch heute viele Legenden umranken (s. S. 46).

Wir überqueren nun die Osakaallee gegenüber der Busanbrücke und tauchen über die Tokiostraße in das **Überseequartier** ein, ein Viertel innerhalb der HafenCity, im dem es Geschäfte, Gastronomiebetriebe und sogar einen Kindergarten gibt. Immer geradeaus geht es zwischen den modernen Hochhäusern hindurch am kleinen Sandtorpark vorbei bis zu den Magellan-Terrassen. Hier öffnet sich ein Wasserarm, an dem Traditionsschiffe liegen, rechts und links eingerahmt von modernen Wohngebäuden, was insgesamt einen schönen optischen Kontrast bietet zwischen Alt und Neu, zwischen historischer und moderner Bauweise. Gelegentlich werkeln auch einige Handwerker auf den Schiffen herum und nicht selten lassen sie sich in ein informatives Schwätzchen verwickeln. Weiter geht es etwa 50 m nach links auf dem Großen Grasbrook und dann nach rechts in den Kaiserkai. Nun geht man bei erster Gelegenheit nach links zwischen den Gebäuden zur Dalmannkaipromenade hinunter. Dort angekommen, geht es am Wasser nach rechts bis zur eindrucksvollen **Elbphilharmonie** ③④. Man geht direkt am Wasser entlang, blickt hinüber auf den Hamburger Hafen und passiert auch ein paar Lokale.

Stadtspaziergänge

An der Philharmonie vorbei geht es rechts über die Mahatma-Gandhi-Brücke, von der sich erneut ein schöner Blick auf den Traditionsschiffhafen bietet. An der nun folgenden Querstraße Am Sandtorkai spaziert man vor dem **Columbushaus** nach rechts. Hier verlässt man die HafenCity und erreicht erneut die Speicherstadt, passiert mehrere Museen (Speicherstadtmuseum und Spicy's, beide s. S. 82) und biegt schließlich nach links ab in die Straße Auf dem Sande. Dort steht auf der rechten Straßenseite das ehemalige Kesselhaus, in dem heute ein gut gemachtes **Informationszentrum zur HafenCity** mit einem eindrucksvollen Modell dieses neuen Stadtteils untergebracht ist (s. S. 43). Ein Café gibt es dort auch.

Weiter geht es dann nach links in die etwas holprige Straße Kehrwieder. Geradeaus ginge es übrigens über eine der Hauptbrücken, die Brooksbrücke, wieder hinaus aus der Speicherstadt. Früher war hier aber die Zollgrenze und man musste seinen Pass vorzeigen und Autos wurden kontrolliert. Die Zollbediensteten saßen in dem leicht grünlich eingerahmten Gebäude neben der Brücke. An der Straße Kehrwieder befinden sich zwei der meistbesuchten Ausstellungen der Stadt, das **Dungeon** ❸⓪ und das **Miniatur Wunderland** ❸①.

Der weitere Weg führt nun immer geradeaus zwischen Speichergebäuden und Hafenkanal entlang bis zur Niederbaumbrücke, über die wir die Speicherstadt endgültig verlassen und die U-Bahnstation Baumwall erreichen.

◁ *Schönes Wohnen mit Blick aufs Wasser in der HafenCity* ❸❸

Spaziergang 3: von der Alster zur Elbe

Länge: ca. 3,3 km
Dauer: ca. 1½ Stunden
Startpunkt: U-/S-Bahn-Station Jungfernstieg [O10]
Endpunkt: U-/S-Bahn-Station Landungsbrücken [L11]

Dieser interessante Spaziergang führt vom innerstädtischen Bereich bei der Binnenalster ❻ *durch die etwas feinere Shoppingzone Hamburgs, wechselt dann in ein sehr geerdetes Viertel, das früher zu den ärmeren Teilen der Stadt gehörte, und erreicht schließlich beim Hamburger Wahrzeichen, dem Michel* ❸❼, *den Hafenrand und damit die Elbe.*

Vom **Jungfernstieg** [O10] gehen wir den Weg entlang der Binnenalster vorbei am traditionsreichen Kaufhaus Alsterhaus (s. S. 98) und dem ebenso traditionsreichen Alsterpavillon (s. S. 88) in Richtung **Gänsemarkt** [N9]. In dessen Mitte steht ein Denkmal für den Dichter Gotthold Ephraim Lessing (1729–1781), der einst in Hamburg als Dramaturg wirkte. Ebenso unübersehbar befindet sich am Platz die ehemalige „Finanzdeputation", die heutige Finanzbehörde, ein Backsteinbau, der 1926 eingeweiht wurde. Bemerkenswert sind dort auch einige eingearbeitete künstlerische Elemente.

Weiter geht es nach links durch die **Gerhofstraße** und danach nach links in die **Poststraße**, wo viele kleine Läden zu finden sind. Man folgt ihr ein Stück und biegt rechts in die Große Bleichen ein, wo eher schickere Geschäfte zu finden sind.

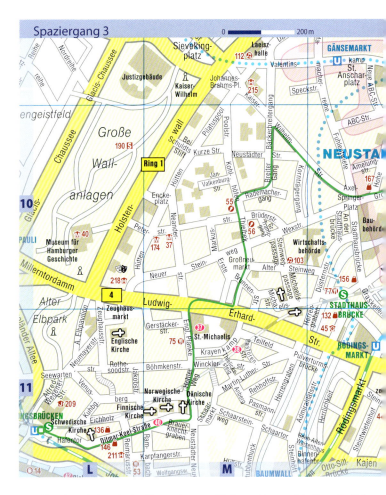

Passiert wird auch das Hanseviertel, über dem Haupteingang ist ganz schwach das Wort „Polen" lesbar, das polnische Arbeiter beim Bau einarbeiteten. Zu jeder vollen Stunde erklingt hier ein Glockenspiel. Die Große Bleichen mündet schließlich an der breiten Querstraße in den **Axel-Springer-Platz** [N10], der überquert wird. Rechts erhebt sich das hohe Gebäude des Axel-Springer-Verlags.

Weiter geht es rechts über die Kaiser-Wilhelm-Straße. Nun ändert sich das Bild schlagartig. Keine schicken Läden bestimmen hier die Szenerie, sondern geerdete Normalität mit älteren Wohnblocks, die teilweise noch aus der Vorkriegszeit stammen, und normalen Nachbarschaftsläden. Hier lebte schon immer die ärmere Bevölkerung, Straßen tragen noch heute Namen wie „Kornträgergang". Nach

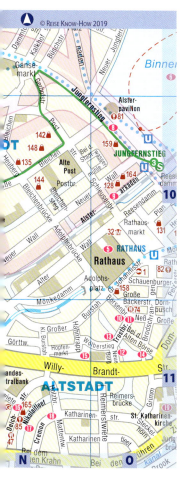

etwa 300 m biegt man nach links in den Bäckerbreitergang ein. Dieser Name steht für eines der letzten Überbleibsel des heute verschwundenen Hamburger Gängeviertels, einst eine verrufene Gegend. Hier stößt man auf die letzten übriggebliebenen schmalen Budenhäuser aus dieser Epoche, zu finden bei den Hausnummern 49–58. Die Gebäude Nr. 49 und 50 wurden um 1780 erbaut, die Häuser 51–58 erst Anfang des 19. Jh. Der Breite Gang bildet die Verlängerung des Bäckerbreitergangs und stößt auf den Rademachergang.

An der Ecke Breiter Gang/Rademachergang zeigt eine kleine Figur – halbhoch am Haus – ihr Hinterteil und streckt es einer Wasserträgerfigur entgegen, dem Hummel-Denkmal. Diese Szenerie spielt auf den Hamburger Gruß an: Auf **„Hummel, Hummel"** folgt unweigerlich die Antwort **„Mors, Mors"**. Hintergrund ist die Geschichte mit dem Wasserträger Johann Bentz (1787–1854), genannt „Hummel" (s. S. 90).

Der Rademachergang erreicht schließlich die Straße Kohlhöfen, über die man nach links zum **Großneumarkt** [M10] gelangt. Hier befand sich eine Zeit lang eines der Ausgehzentren Hamburgs. Etliche Kneipen und Restaurants gibt es immer noch, in den Seitenstraßen befinden sich Shops, in denen Nachwuchsdesigner werkeln. Vom Großneumarkt kann man schon gut den **Michel** ㊲ sehen, das Wahrzeichen Hamburgs. Dorthin machen wir uns nun auf den Weg und erreichen über die nach links und dann wieder nach rechts verlaufende Erste Brunnenstraße die stark befahrene Ludwig-Erhard-Straße, der man nach rechts folgt. Die Straße wird an der Ampel vor dem Michel überquert. Nun spaziert man weiter durch die Englische Planke am Haupteingang des Michel vorbei.

Kurz vor den herabführenden Treppen zur kleinen Grünfläche vor dem futuristischen Gebäude des Verlags Gruner+Jahr sieht man rechts ein paar silberne Kugeln. Hier spielte früher die englische Gemeinde ein Ballspiel („Boßeln") und damit die Kugeln nicht den Elbhang herabrollten, wurden Holzplanken errichtet, daher rührt auch der heutige Straßenname. Man geht die Treppen nun hinunter und folgt dann der nach rechts verlaufenden **Ditmar-Koel-Straße** ㊵.

Hier liegt das **Portugiesenviertel** Hamburgs. An buchstäblich jeder Straßenecke findet man ein spanisches oder portugiesisches Lokal, außerdem stehen hier die Kirchen der vier skandinavischen Gemeinden. In der Adventszeit finden an diesem Ort beliebte Adventsmärkte statt. Die Ditmar-Koel-Straße mündet in die breite Straße Johannisbollwerk. Jenseits dieser Straße befinden sich die **Landungsbrücken** ㊸.

Spaziergang 4:
durch St. Pauli zum Hafenrand

Bei diesem Spaziergang bummeln wir zunächst über die Reeperbahn ㊺, tauchen dann in das Kneipenviertel von St. Pauli ein, steigen herab zu den Landungsbrücken ㊸ und spazieren zum Schluss über die Große Elbstraße ㊾, wo noch heute Fisch gehandelt wird und man ein astreines Fischbrötchen auf die Hand bekommt.

An der U-Bahn-Station St. Pauli wählt man den Ausgang „Reeperbahn". Oben angekommen, geht es rechts auf die sündige Meile, die tagsüber gar nicht so sehr glitzert und gar nicht so verrucht wirkt. Hier befinden sich unter anderem das einfache, geerdete Lokal „**Lehmitz**" (s. S. 91), wo Livemusik auf dem Tresen gespielt wird. Auf der anderen Straßenseite findet man beim Spielbudenplatz eine ganz andere Art der Unterhaltung: Im ehemaligen Operettenhaus werden heute **Musicals** aufgeführt (s. S. 93). Dort befinden sich auch das Wachsfigurenkabinett **Panoptikum** ㊽, das kleine **Schmidt-Imperium** (s. S. 93), mehrere angesagte **Musikklubs** (u. a. das Docks, s. S. 90), das altehrwürdige **St. Pauli Theater** (ältestes deutsches Privattheater, seit 1841, s. S. 93) und nicht zuletzt die **Davidwache**, die Europas kleinstes Polizeirevier kontrolliert (0,92 km^2).

116ha Abb.: sm

◁ *Ein Alsterdampfer unterwegs auf der Binnenalster* ⑥

▷ *Immer wieder ein tolles Panorama: der Hafen im Abendlicht*

Kurz nach dem Passieren der Davidwache geht es nach links zum **Hans-Albers-Platz** ⓾, wo eine markante Skulpur vom „Blonden Hans" steht, erschaffen von Jörg Immendorff. Hier wird es nun etwas kiezmäßiger und es finden sich viele kleine Lokale, ein paar Kultklubs, aber auch einfache Pauli-Pinten. Am Wochenende ist an diesem Ort immer richtig was los, tagsüber bleibt es meist aber doch ruhig, sodass man geradeaus in die **Gerhardstraße** [K11] weiterspazieren kann, wo sich eine Kneipe an die nächste reiht.

Links zweigt die **Herbertstraße** ab, die eine reine Bordellstraße ist und weder von Jugendlichen unter 18 Jahren noch von Frauen betreten werden darf. Sichtblenden versperren den Eingang.

Die Gerhardstraße stößt auf die Erichstraße. Hier geht es nach links weiter und dann an der nächsten Kreuzung nach rechts in die Davidstraße. Auch hier befinden sich noch typische **St.-Pauli-Kneipen** („Zur scharfen Ecke" beispielsweise gibt es schon seit dem Jahr 1911),

Länge: ca. 3,4 km
Dauer: ca. 1½ Stunden
Startpunkt: U-Bahn-Station St. Pauli [L10]
Endpunkt: Dockland ⓹⓷ [G12]. Von dort kann man mit Bus Nr. 111 oder per Hafenfähre 62 zurück zu den Landungsbrücken ⓸⓷ fahren.

aber so langsam verlassen wir die Kneipenzone.

Auf der anderen Straßenseite erheben sich bereits einige topmoderne Wohnblocks und auch ein Hotel. Die Bernhard-Nocht-Straße wird überquert und dann geht es die Treppen hinunter zur vielbefahrenen Hafenstraße. Auch diese wird überschritten und es geht weiter geradeaus zur Elbe und den **Landungsbrücken** ⓸⓷. Hier befindet sich mit dem „Brücke 10" ein Kultlokal, in dem man sagenhafte Krabbenbrötchen bekommt und einen tollen Blick auf den Hafen hat (s. S. 56).

Wer möchte, spaziert auf den leicht schwankenden Landungsbrücken

einmal auf und ab und kehrt in einem der Lokale ein, wo es gutes Essen und einen ebensolchen Hafenblick gibt. Der eigentlich Spazierweg führt aber von Brücke 10 zurück zur Hafenstraße.

Dieser folgt man nach links und hat dabei immer die Elbe und den Hafen im Blick. Rechts erheben sich einige auffällig bunte Häuser. Diese waren Ende der 1980er-Jahre besetzt und es entbrannte ein erbitterter Häuser- und **Straßenkampf**, in dessen Zuge ein Hamburger Bürgermeister zurücktrat. Heute ist alles geregelt – sogar mit Mietverträgen – und es bleibt friedlich. Weiter oben verschwenkt die Hafenstraße schließlich, geradeaus führt die Große Elbstraße weiter.

Dort findet am Sonntagmorgen der **Fischmarkt** ❹❺ statt. Unter der Woche ist es eher etwas trist. Ganz früher gab es hier nur einfache Pinten („Eier Coarl" beispielsweise existiert noch), aber heute hat sich das Areal schick gemacht: Moderne Häuser mit viel Glas sind entstanden, **schicke Geschäfte** und **angesagte Restaurants** zogen ein, aber immer noch bleiben wie letzte kleine Inselchen auch einige **urige Kneipen** erhalten. Eine von ihnen, der Schellfischposten, findet sich beispielsweise rechts an der abzweigenden Carsten-Rehder-Straße. Bei ihr handelt es sich um eine urige Seemannskneipe, in der die **TV-Sendung Ina's Nacht** mit Ina Müller („saufen, singen, sabbeln") aufgezeichnet wird.

Weiter oben sind dann die **Fischhändler** tätig, die teilweise nur im Großhandel aktiv sind, zum Teil aber auch an Privatkunden verkau-

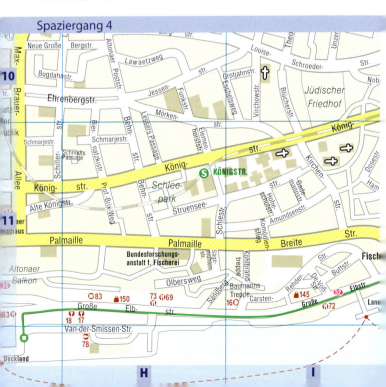

fen. Einige verfügen sogar über gemütliche kleine Bistros („Frischeparadies Goedeken" oder „MeeresKost" beispielsweise).

Noch ein Stückchen weiter zweigt vor einer weiteren Hamburger Institution, dem **Fischereihafen Restaurant** (s. S. 86), nach links die Van-der-Smissen-Straße ab. Diese biegt nach ca. 100 m nach links, wir gehen aber geradeaus auf das auffällige Haus zu, das eine leichte Trapezform hat und tatsächlich auch von außen begehbar ist. Das Gebäude heißt genau wie die Anlegestelle der Hafenfähre davor: **Dockland** ❺❸. Von hier kann man mit der **Fähre** zurück zu den **Landungsbrücken** ❹❸ fahren oder von oben von der Van-der-Smissen-Straße mit dem Bus Nr. 111, der sogar bis zur **HafenCity** ❸❸ fährt, dorthin gelangen.

△ *Der Hamburger Hafen gibt immer ein imposantes Bild ab*

Erlebenswertes im Zentrum

Wer an Hamburg denkt, hat sicher Bilder vom Hafen und von der Reeperbahn vor Augen. Diese Zonen sollen natürlich auch erkundet werden, aber es gibt noch mehr zu entdecken: Viele Sehenswürdigkeiten liegen im Zentrum zwischen Alster und Elbe. Dieses Zentrum ist kompakt, überschaubar und (fast) alles kann zu Fuß erreicht werden.

❶ Hamburger Hauptbahnhof ★ [Q10]

1906 wurde der gewaltige Hauptbahnhof in Betrieb genommen und machte damit mehrere verstreut liegende Regionalbahnhöfe überflüssig.

Das Gebäude wird von einer 35 m hohen und 150 x 120 m großen **Glas-Stahl-Konstruktion** überspannt. Die **Gleiskörper** wurden etwas tiefer in den ehemaligen Wallgraben verlegt.

Die **Bahnhofshalle** wurde als eine Art Brückengebäude errichtet, das quer oberhalb der Gleise verläuft. Zwei quadratische Türme von 45 m Höhe flankieren sie. 1991 wurde die Halle aufwendig umgebaut, heute befindet sich auf beiden Seiten des Bahnhofs je eine gut besuchte Galerie mit Geschäften und etlichen Lokalitäten. Für viele Hamburger bieten sie eine gute Gelegenheit, von 6–23 Uhr auch außerhalb der Ladenöffnungszeiten zu shoppen.

Der heutige Bahnhof ist im Prinzip ein reiner **Durchgangsbahnhof**, nur ganz wenige Züge enden oder beginnen hier. Endbahnhof für fast alle Züge ist in Hamburg der Bahnhof Hamburg-Altona.

◳ Binnenalster mit den Ausflugsschiffen Alsterdampfer (s. S. 30) und einem Hamburger Klassiker, dem Alsterpavillon (s. S. 88)

Erlebenswertes im Zentrum

🐟 Mönckebergstraße ★★ [P10]

Benannt nach dem ehemaligen Bürgermeister Johann Georg Mönckeberg (1839–1908), erstreckt sich die „Mö", wie sie auch liebevoll abgekürzt wird, vom Hauptbahnhof ❶ bis zum Rathaus ❺ und gilt heute als Shoppingmeile.

Erbaut wurde die Mönckebergstraße erst 1908, als das damals völlig überfüllte „Gängeviertel" saniert wurde. Heute reihen sich hier große **Kaufhäuser**, aber auch einige **kleinere Läden** von bekannten Marken aneinander. Die Straße ist **verkehrsberuhigt**, nur Taxen und Busse dürfen durchfahren. Bereits das Verhältnis von etwa 800 m Länge, aber insgesamt nur 31 Hausnummern zeigt, dass hier hauptsächlich **große Gebäude** errichtet wurden. Diese sind zwar generell eher in einem etwas nüchternen, fast gleichförmigen Stil erbaut, ihre Fassaden weisen aber teilweise ganz individuelle gestalterische Nuancen auf. Die Mönckebergstraße ist ziemlich breit (gute 30 m) und hat auffällig breite Bürgersteige.

Bei Hausnummer 3 befindet sich das **Klöpperhaus**, in dem heute eine große Kaufhof-Filiale residiert. Benannt ist das Haus nach dem Bauherrn **Alfred Klöpper**, Inhaber eines Wollhandels. Genau daran erinnert die **Plastik mit den drei Schafen** links vom Eingang.

Das **Levante Haus** (Mönckebergstraße 7) wurde 1911/12 als **Kontorhaus** erbaut. Einer der ersten Mieter war die **Deutsche Levante-Linie**. Vor ein paar Jahren wurde das Haus grundlegend umgebaut. Es beherbergt heute auf zwei Ebenen diverse kleine Geschäfte – zumeist der etwas gehobeneren Art – und ein paar Lokale, außerdem ist hier ein 5-Sterne-Hotel untergebracht. Über dem Haupteingang schwebt eine auffällige **Figurengruppe um einen bronzenen Zentauren**. Pausen-Tipp: Im Levante Haus befindet sich das charmante **Grand Café Roncalli** (s. S. 88), wo man so richtig nett Kaffee und Kuchen genießen kann.

Die **Fußgängerzone Spitalerstraße**, die im spitzen Winkel von der Mönckebergstraße abzweigt, ist die zweite Shoppingmeile der City. Hier liegen überwiegend mittelgroße oder gar kleinere Geschäfte, aber die größeren Kaufhäuser der Mönckebergstraße haben auch von der Spitalerstraße einen Zugang. Die Einmündung der Fußgängerzone in die Mönckebergstraße wurde durch einen auffälligen Bau gekrönt: ein kleines **Haus mit dorischen Säulen**, in dem heute das **Kulturcafé der Elbphilharmonie** untergebracht ist. Hier gibt es neben Kaffee auch Infos und Tickets zu Kulturveranstaltungen. Direkt davor befindet sich ein kleiner **Brunnen** zum Gedenken an den ehemaligen Bürgermeister Mönckeberg.

◸ In der Mönckebergstraße stehen viele große Kaufhäuser

Erlebenswertes im Zentrum

KLEINE PAUSE

- **1** [O10] **Daniel Wischer** €, Große Johannisstraße 3, Tel. 36091988, Mo.–Sa. 11–22 Uhr. Alteingesessenes, charmantes und familiäres Fischlokal mit dem Dauerbrenner hausgemachter Kartoffelsalat nebst einem Glas Fassbrause.
- **2** [P10] **Ahoi by Steffen Henssler** €, Spitalerstraße 12, Mo.–Sa. 11.30–21 Uhr. Steffen Henssler, auch aus dem TV bekannter Koch, bietet in diesem rustikal-gemütlichen Lokal eine schnelle Küche mit Sushi, Fisch, Fleisch und Burgern.

Leicht versetzt von der Spitalerstraße öffnet sich der **Gertrudenkirchhof**. Der Name erinnert an die Gertrudenkapelle, die hier bis zum Großen Brand von 1842 stand, aber im Feuer vernichtet wurde. Der heutige Platz ist ein kleiner Ruhepol nur wenige Schritte neben der quirligen City mit einer auffällig verformten und „geknickten" Ruhebank.

Etwas weiter die Mönckebergstraße entlang, vor dem dann bald folgenden Karstadt-Kaufhaus, liegt der **Gerhard-Hauptmann-Platz**. Es ist ein uralter Platz, der schon 1266 als **Marktplatz** bekannt war. Im 18. Jh. stand hier auch ein **Schandpfahl**, an dem u. a. „liederliche Frauenzimmer" an den Pranger gestellt wurden.

Noch ein Stück weiter, fällt im Konzert der großen Gebäude sofort das **Hulbehaus** (Nr. 21) auf, das im Stil der üppigen niederländischen Renaissance 1910/11 als **Kunstgewerbehaus** für Georg Hulbe erbaut wurde. Oben auf dem Stufengiebel thront eine **goldene Kogge**, eine Reminiszenz an hanseatische Kaufleute.

› Hauptbahnhof, U3 Mönckebergstraße

❸ St. Jacobikirche ★ [P10]

Die St. Jacobikirche wird 1255 erstmals urkundlich erwähnt. Im Inneren fallen zunächst die drei **bemalten Fenster** im Chorraum auf, sie stellen die drei wichtigsten Feste im Kirchenjahr dar: Weihnachten, Ostern und Pfingsten. Der **Trinitatisaltar** aus Eichenholz entstand um 1518. Die Taufkapelle hat einen 1827 aus **rotem Marmor** geschaffenen **Taufstein**, der **St.-Petri-Altar** entstand bereits 1508. In der Apsis des südlichen Schiffs steht der **Lukasaltar**, der 1499 erbaut wurde und sich einst im Hamburger Dom befand. Nach dessen Abriss wurde der Altar in die St. Jacobikirche überführt.

Die 1693 erbaute **Orgel von Arp Schnitger** gilt mit ihren knapp 4000 Pfeifen als eine der **bedeutendsten Barock-Orgeln** Europas. An der Nordwand hängt ein **Gemälde von Joachim Luhn**, das die Stadt Hamburg im Jahr 1681 zeigt, auffällig sind dabei die Kirchtürme, die die städtischen Häuser deutlich überragen. In der Apsis des Nordschiffes steht eine hölzerne **Statue des heiligen Jacobus**, dem Namenspatron der Kirche. Die **Kanzel** wurde 1610 aus Alabaster, Marmor und Sandstein erbaut.

Es lohnt sich, beim Verlassen der Kirche im **Turmeingang** auf das **Portal** zu achten: Der Erzengel Michael zieht einen Vorhang zur Seite, zwei Griffe zum Öffnen der Tür werden sichtbar. Auf dem Vorhang wurden die Legende um den heiligen Jacobus und eine Pilgerfahrt Hamburger Bürger zu seinem Grab dargestellt.

› St. Jacobikirche, Jacobikirchhof 22, www.jacobus.de, April–Sept. Mo.– Sa. 10–17 Uhr, Okt.–März 11–17 Uhr und So. nach dem Gottesdienst bis 17 Uhr, U3 Mönckebergstraße

Erlebenswertes im Zentrum

❹ St. Petrikirche ★ [010]

Die St. Petrikirche findet 1195 erstmals urkundliche Erwähnung und gilt damit als **älteste Pfarrkirche Hamburgs**. Es wird vermutet, dass es sogar eine ältere Urkirche gab, die außerhalb der Hammaburg stand, belegt ist dies aber nicht.

Im 14. Jh. war Hamburg ein durchaus wohlhabender Ort. Mehrere Kirchen entstanden in **Backsteinbauweise**, so auch St. Petri.

1327 wurde die Kirche geweiht, obwohl sie der Legende nach noch gar nicht fertiggestellt war. Aus einer Inschrift am linken bronzenen Türzieher am Hauptportal geht hervor, dass der Grundstein für den Turmbau 1342 gelegt wurde. Besagter Türgriff gilt damit als das **älteste Kunstwerk Hamburgs**. 1383 wurde der Turm fertiggestellt.

Die Kirche wurde in späteren Jahren mehrfach vergrößert, beim Großen Brand von 1842 dann aber **fast vollständig zerstört**, nur die Grundmauern blieben erhalten. Sieben Jahre später konnte dann der **Neubau** eingeweiht werden, der 123 m hohe **Turm** wurde erst 1878 fertiggebaut.

Das Innere der Kirche erscheint bis auf die großen, **farbenfrohen Glasmalereien** ziemlich nüchtern. Die hübschen Fenster zeigen die drei christlichen Hauptfeste Weihnachten, Ostern und Pfingsten sowie die symbolische Darstellung des Alten Testaments.

Die **Kanzel** aus Eichenholz entstand 1849 nach einem Plan des in Hamburg viel beschäftigten Baumeisters Alexis de Chateauneuf. Die sechs **Alabasterfiguren** zeigen vier Apostel sowie die Evangelisten Lukas und Matthäus. Eine Figur des Namenspatrons der Kirche existiert nicht mehr, dafür noch eine **Sandsteinskulp**tur des Heiligen Paulus, des zweiten Namensgebers aus dem Jahr 1440. Auch die große Sandstein-Madonna stammt aus dieser Epoche, konkret aus dem Jahr 1470. Die aus Eichenholz geschnitzte Kreuzigungsgruppe datiert auf das Jahr 1500.

Zweimal ist der sog. „Apostel des Nordens", Erzbischof Ansgar, bildlich vertreten: einmal im Nordschiff als Gemälde und vor dem Chor als Holzstatue. Die Kunstwerke stammen aus dem 15. Jahrhundert.

Ein **zeitkritisches Gemälde** hängt an einem hinteren Pfeiler. Es zeigt die Vertreibung von Hamburger Bürgern während der französischen Besatzungszeit. Sie konnten nicht genügend Lebensmittel aufbringen und wurden deshalb in bitterkalter Winterzeit aus der Stadt gejagt.

Der **Turm** der Kirche ist 132 m hoch. Man kann **nach oben steigen**, um von dort durch Bullaugen (wie auf

> **EXTRATIPP**
>
> **Einmal ums Eck: Reste des alten Hamburg**
>
> Ein letztes Überbleibsel aus den Anfängen der Hamburger Geschichte befindet sich im Untergeschoss des Backgeschäftes „Dat Backhus" (Speersort 10, gegenüber der St. Jacobikirche). Dort im „Schauraum Bischofsburg" sind die Fundamente des ältesten Steinhauses Hamburgs kreisförmig angeordnet. Die bislang im Raum stehende These, es handle sich um Reste des ehemaligen Bischofssitzes aus dem 11. Jh., konnte im Zuge der Bauarbeiten jedoch widerlegt werden. Man vermutet nun, dass es sich um einen Teil des Stadttores handelt.

● **3** [010] **Schauraum Bischofsburg**, Mo.–Fr. 7–18.30, Sa. 8–18 Uhr, WLAN

einem Schiff) einen tollen Fernblick zu genießen. „Nur" 330 Stufen sind es bis zum ersten Boden mit Blick nach Draußen durch Bullaugen, bis zum höchsten Aussichtspunkt allerdings sind es stolze 544 Stufen.

An der Mönckebergstraße ❷ steht ein **Denkmal** zu Ehren des Theologen **Dietrich Bonhoeffer,** der den Nazis 1944 zum Opfer fiel.

> **Hauptkirche St. Petri,** an der Mönckebergstraße, www.sankt-petri.de, Mo./Di./Do./Fr. 10–18.30, Mi. 10–19, Sa. 10–17, So. 9–20 Uhr, Turm: Mo.–Sa. 11–17 Uhr, So. 11.30–17 Uhr, Turmbesichtigung: Eintritt 3 €, Führungen: 1. Do. im Monat 12.30 Uhr, 3. Do. im Monat 15 Uhr, 1. So. im Monat 11.30 Uhr, Anfahrt: U3 Rathaus

🚇 Rathaus ★★★ [010]

Hamburger zeigen nicht gerne, was sie haben. Nur einmal, da haben die Hamburger Kaufleute eine Ausnahme gemacht. Beim Bau des Rathauses wurde an nichts gespart und dem klammen Senat äußerst großzügig unter die Arme gegriffen. Der aktuelle Wert ist gar nicht schätzbar angesichts all der kostbaren Spenden, die im Inneren des Rathauses zu finden sind.

Das Rathaus in Zahlen
> 111 m Länge
> 70 m Breite
> 112 m hoher Turm
> gebaut auf 4000 Eichenpfählen
> 647 Räume (sechs mehr als der Buckingham Palace)
> 80 Mio. € Baukosten nach heutigem Wert

> *Im Hamburger Rathaus tagt die Bürgerschaft der Hansestadt*

Der Rathausmarkt

Hier bleibt man zunächst einmal staunend stehen, bewundert die verschnörkelte, ja verspielte **Fassade** des Rathauses. Fast ein wenig unhanseatisch wirkt diese Außenfront, aber beeindruckend! Auch der große Platz davor hat seinen Reiz, er soll in den nächsten Jahren umgestaltet und mit Cafés versehen werden.

Vor dem Rathaus stehen zwei gewaltige **Fahnenmasten,** die je ein **goldenes Schiff** tragen. Außerdem erinnert ein **Denkmal** an den Dichter **Heinrich Heine,** dessen Onkel ein reicher Hamburger Bankier war.

Ein 12,5 m hoher **Gedenkstein** in Höhe der Schleusenbrücke beim Reesedamm erinnert weiterhin an die Toten des Ersten Weltkrieges. Das Relief zeigt eine Arbeit von Ernst Barlach mit dem Titel „Trauernde Mutter mit Kind". Die Nazis zerstörten dieses Bild, nach Kriegsende wurde es dann erneut dort platziert.

Eine **Gedenkplatte** auf dem Rathausmarkt, konkret links vom Haupteingang, erinnert an den Musiker und zeitweisen Kantor des traditionsreichen Gymnasiums Johanneum, **Georg Phillipp Telemann** (1681–1767).

Der ruhige Rathausmarkt verwandelt sich mehrmals im Jahr in einen quirligen Treffpunkt, wenn hier größere Veranstaltungen stattfinden. Dann wird der Platz mit Buden vollgestellt und die Hamburger strömen in Scharen herbei, beispielsweise beim Stuttgarter Weinfest (im Sommer), zum Alstervergnügen (September) und zur Adventszeit.

Das Rathausgebäude

Insgesamt **sieben Architekten** planten den Bau des Rathauses unter der Oberleitung von Martin Haller, gebaut wurde zwischen 1886 und 1897.

Erlebenswertes im Zentrum

Die Ausmaße des Gebäudes sind keinesfalls hamburgerisch-bescheiden und auch dies drückt einen gewissen Hamburger Stolz aus: Eine Treppe führt im **Rathausturm** zur Spitze, innen an der Wand sind **Höhenangaben** gemacht. Es steht dort beispielsweise „20 m über R.-M." (Rathaus-Markt) und nicht ... „über N.N." (Normalnull), wie es wohl üblich wäre.

Über dem **Haupteingang** steht der lateinische Sinnspruch: „libertatem quam peperere maiores digne studeat servare posteritas" („Die Freiheit, die die Väter erwarben, möge die Nachwelt würdig zu erhalten trachten"). Man betritt das Rathaus durch das **Haupttor** vor der Turmhalle, dort weist ein Messingknopf auf dem Boden exakt zur Turmspitze. Rechts in der Rathausdiele, die von 16 mächtigen Marmorsäulen getragen wird, befindet sich der Treffpunkt für Rathausführungen. Die Diele verbindet die Bürgerschaft (links) und den Senat (rechts).

Die sogenannte **Bürgerschaftstreppe** wurde aus sardischem Marmor gefertigt, der Handlauf aus Ebenholz. Oben zeigen die Gemälde Stationen im Leben eines Hamburger Bürgers.

Der **Plenarsaal** der Bürgerschaft ist eichenvertäfelt und fällt einigermaßen schlicht aus. Hier tagen die 121 Abgeordneten der Bürgerschaft jeden zweiten Mittwoch im Monat immer erst am Nachmittag, da die Abgeordneten keine Berufspolitiker sind.

Der **Bürgersaal** ist der Empfangssaal der Bürgerschaft. Die Wände zieren Portraits ehemaliger Bürgerschaftspräsidenten, die Decke wurde aus Nussbaumholz gefertigt.

Der **Kaisersaal** hat eine Tapete aus gepresstem Rindsleder, die Decke ist geschmückt mit den Schutzgöttinnen verschiedener Nord- und Ostseestädte. Der Saal erhielt seinen Namen, um an den Besuch von Kaiser Wilhelm II. zur Eröffnung des Nord-Ostsee-Kanals zu erinnern, der sich bei dieser Gelegenheit auch das damals noch unfertige Rathaus anschaute.

Im **Turmsaal** findet der Neujahrsempfang statt. Manchmal betreten Gäste auch von hier den Balkon, um die Bevölkerung auf dem Rathausplatz zu begrüßen. Die Wandbilder zeigen die ältesten Städterepubliken Athen, Rom, Venedig und Amsterdam.

Im folgenden **Bürgermeistersaal** hängt ein gewaltiges Gemälde, das den Einzug des Senats im Jahr 1897 in vollem Ornament zeigt, außerdem stehen dort sechs weiße Marmorbüsten von bedeutenden Hamburger Bürgermeistern. Hier erfolgt auch immer der Eintrag wichtiger Gäste ins Goldene Buch der Stadt.

Für das folgende **Waisenzimmer** schnitzten 80 Hamburger Waisenkinder in fünfjähriger Arbeit Wandornamente.

Der **Phönixsaal** erinnert an den Großen Brand von 1842. Benannt wurde der Raum nach dem Phönix über dem Kamin, denn wie ein Phönix aus der Asche stieg auch Hamburg nach dem Großen Brand wieder auf. Ebenso erinnern zwei bizarr ineinander verschmolzene Silberbarren an die Katastrophe.

Nun folgt das **Senatsgehege**, dessen schmiedeeiserne Gittertür von den Statuen „Gnade" und „Gerechtigkeit" flankiert wird.

In der **Ratsstube** tagt jeden Dienstag der Senat. Der Raum hat keine Fenster, aber ein großes Glasdach. So wird symbolisiert, dass der Rat unter freiem Himmel tagt, denn ein freier Mann durfte nur unter freiem Himmel gerichtet werden. An der Tür zur Ratsstube befinden sich nach altrömischem Vorbild die Buchstaben SPQH *(senatus populusque hamburgensis:* „Der Senat und das Volk Hamburg").

Vor dem großen **Festsaal** wird die Treppe passiert, an der der Bürgermeister seine Gäste empfängt. Er geht ihnen nicht bis zur Tür entgegen, sondern lässt sie die Treppe zu sich hochkommen – althanseatischer Bürgerstolz. Der große Festsaal hat imposante Ausmaße: 46 m Länge, 18 m Breite und 15 m Höhe. Der Boden besteht aus Eiche, die Decke aus einer prächtigen Kassettenholzverzierung. Fünf Kolossalgemälde schmücken die Wände und zeigen Hamburg von der Urlandschaft bis zum Hafen des Jahres 1900. An den Wänden hängen außerdem 62 Stadtwappen des alten Hansebundes. Die drei riesigen Kristalllüster wiegen jeweils 30 Zentner und haben 278 Glühlampen, für jeden (damaligen) Arbeitstag eine.

Im Innenhof steht der **Hygiea-Brunnen,** benannt nach der Göttin der Gesundheit. Er erinnert an die Choleraepidemie von 1892. Die unteren Figuren verdeutlichen Kraft und Reinheit des Wassers.

> **Rathaus-Besichtigungen:** Mo.-Fr. 11-16, Sa. 10-17, So. 10-16 Uhr, jeweils nur in geführten Gruppen (jeweils zur vollen Stunde, Dauer: knapp 50 Minuten), Info-Tel. 428312064 (Info, ob das Rathaus wegen eines Staatsbesuches vielleicht gerade geschlossen ist), Erw. 5 €, Kinder bis 14 Jahre frei, U3 Rathaus, S1/S3 Jungfernstieg

> *Wie gemalt: Hamburger Prachtbauten mitten in der City an der Alster*

Erlebenswertes im Zentrum

Binnenalster ★★ [09]

Man könnte meinen, die große Wasserfläche mitten in der Hamburger City sei ein See, tatsächlich handelt es sich aber um einen 51 km langen Fluss. Nur im innerstädtischen Bereich weitet sich die Alster zu einem „See", da der Fluss bereits im 12. Jahrhundert aufgestaut wurde. Ab Anfang des 17. Jh. wurde Hamburg durch eine gewaltige Wallanlage geschützt, die mitten durch diesen aufgestauten Fluss verlief und so die Alster in „Binnen-" und „Außenalster" trennte.

Heute werden Binnen- und Außenalster durch zwei Brücken getrennt: die **Lombards-** und die **Kennedybrücke**. Die Binnenalster ist etwa 18 ha groß, für viele Angestellte, die in der Innenstadt arbeiten, ist es ein tägliches Pflichtprogramm, nach dem Mittagessen einmal um die Binnenalster zu spazieren, so hielt es auch jahrelang der Autor. Im Zentrum schießt die **Alsterfontaine** immerhin gute 60 m in die Luft, was Spaziergänger bei starkem Wind unangenehm spüren können.

7 Lombardsbrücke ★★ [09]

Die Lombardsbrücke wurde 1868 eingeweiht und verläuft auf der ehemaligen Wallanlage, die einst die Stadt schützte. Ihr Name wird auf das ehemalige **Pfandleihhaus Lombard** zurückgeführt, das hier im 17. Jahrhundert seinen Sitz hatte. Ursprünglich überspannte nur eine hölzerne Brücke die Alster, 1856 wurde diese dann durch die heutige, 69 m lange **Steinbrücke** ersetzt, die in drei Bögen die Alster überspannt. Heute bewegt sich ein ununterbrochen dichter Auto- und Bahnverkehr über die Brücke, dennoch lohnt ein kurzer Abstecher. Besonders wenn die Dämmerung sich langsam senkt, die vier gusseisernen Kandelaber Licht spenden, die Alsterfontäne sprüht und die umliegenden Häuser zauberhaft beleuchtet werden bietet sich einem ein schönes Bild und man vergisst schlichtweg den Autolärm. Obendrein hat man von der Lombardsbrücke einen schönen **Panoramablick** auf das **Rathaus** 5 und die **Kirchtürme** der Stadt.

Die **zweite Brücke**, die parallel zur Lombardsbrücke die Alster über-

spannt, ist die **Kennedybrücke**. Sie wurde 1952/53 erbaut, um den stetig anwachsenden Verkehr aufzufangen und hieß ursprünglich schlicht Neue Lombardsbrücke. 1963, nach dem Attentat auf John F. Kennedy, wurde sie umbenannt.

🅗 Jungfernstieg ★★ [010]

Der Jungfernstieg ist **eine der ältesten Straßen** der Stadt. Bereits im Jahr 1235 existierte diese Straßenverbindung, damals hieß sie noch „Reesedamm", benannt nach einem Müller namens Reese, der dort eine Mühle betrieb. Die Lage an der Alster führte dazu, dass hier gerne die Hanseaten und besonders auch die **hübschen jungen Damen** entlangflanierten. So erhielt die Straße 1648 den Namen Jungfernstieg. Einer der Treffpunkte hier an der Alster war schon damals das Lokal Alsterpavillon.

1842 hinterließ der **Große Brand** auch hier seine zerstörerischen Spuren und ebenso der **Bombenhagel** im Zweiten Weltkrieg. Heute hat der Jungfernstieg sicher nicht mehr den Status der Flaniermeile, dafür flutet zu viel Verkehr durch. Dennoch spazieren hier und in den abzweigenden Straßen täglich und besonders an langen Samstagen Abertausende von Hamburgern und Bewohnern des Umlands zum Einkaufsbummel entlang.

Sehr beliebt ist die große Einkaufsmeile **Europa Passage** (s. S. 96) am Ballindamm (an der Ecke zum Jungfernstieg). Von einem der Lokale in der obersten Etage hat man einen sagenhaften Blick auf die Alster.

Vor dem großen Kaufhaus Alsterhaus (s. S. 98) liegt direkt am Wasser der **Alsterpavillon**, in dem sich eine Niederlassung der Bistro-Kette Alex befindet. Die Historie des Gebäudes reicht zurück bis ins Jahr 1799, als man sich hier zum gepflegten Plausch in einem ehrwürdigen Kaffeehaus traf. Gleich nebenan haben die Alsterschiffe ihren Liegeplatz.

Der Jungfernstieg mündet schließlich auf den kleinen Platz **Gänsemarkt**. Im Zentrum steht hier ein **Lessing-Denkmal**, ansonsten zweigen noch zwei Straßen mit vielen Geschäften und Lokalen ab.

› S-/U-Bahn Jungfernstieg

Alsterdampfer

Vom Jungfernstieg starten auch die Alsterdampfer. Sie fahren quer über die Binnen- und später die Außenalster, halten sieben Mal, bevor es wieder zurück zum Jungfernstieg geht.

› Dauer: 50 Min., Frequenz: halbstündlich 10–18 Uhr zwischen April und Oktober.

EXTRATIPP

Einmal ums Eck: Subkultur im Gängeviertel

„Komm in die Gänge" steht auf einem kreisrunden, knallroten Schild. Gemeint ist ein kleines Areal von zwölf Häusern, die zwischen Valentinskamp, Speckstraße und Caffamachereihe liegen. Es sind die lange vom Abriss bedrohten Reste des historischen Gängeviertels, die nun nach heftigen Protesten doch erhalten bleiben. Hier ist dank einiger Engagierter inmitten gläserner Büropaläste Raum für alternative Projekte regelrecht erkämpft worden. Es gibt eine Galerie, einen Fahrradladen, einen Kiosk und ein Veranstaltungszentrum für Ausstellungen, Partys, Lesungen und Konzerte. Das „Kulturquartier Hamburger Gängeviertel" wurde folgerichtig 2012 von der UNESCO als „Ort kultureller Vielfalt" gewürdigt. Inzwischen gibt es sogar das Buch zum Viertel („Mehr als ein Viertel", Verlag Assoziation A).
› http://das-gaengeviertel.info

Erlebenswertes im Zentrum

Im Winter finden auch Rundfahrten statt, aber zu sehr eingeschränkten Zeiten, die auf der Homepage genannt werden. Infos unter: Tel. 3574240, www.alstertouristik.de

Alsterarkaden ★ [010]

Die Alster fließt über das **Fleet Kleine Alster** durch die **Rathausschleuse** am Rathaus ❺ vorbei zur Elbe. Direkt an diesem Alsterfleet reihen sich die Alsterarkaden. Sie wurden 1844 bis 1846 vom in Hamburg stark engagierten Baumeister Alexis de Chateauneuf entworfen und orientieren sich an Vorbildern aus Venedig. An den Alsterarkaden locken einige **edle Geschäfte** Kundschaft an, außerdem kann man hier in **Cafés** schön draußen sitzen und einen tadellosen Blick auf das Rathaus genießen.

Auf der anderen Seite des Fleets sitzen Hamburger und Besucher gerne auf ein paar Stufen, die zum Alsterfleet hinunterführen, in der Sonne und füttern die **Alsterschwäne**. Diese werden übrigens im Herbst eingefangen und den Winter über von einem „Schwanenvater" betreut, der sie im nächsten Frühjahr wieder aussetzt.

Altstadt

Ein Spaziergang hier entlang führt den Besucher vom modernen innerstädtischen Einkaufsbereich hin zu althanseatischen Traditionen, aber eine klassische Altstadt gibt es in Hamburg eigentlich gar nicht.

Rings um das Rathaus ❺ haben sich Banken, Notariate, Anwälte und vor allem Kaufleute angesiedelt. Spe-

KLEINE PAUSE

Alex im Alsterpavillon
Traditionshaus, in dem die Gäste einen tollen **Blick auf die Alster** genießen. Bei halbwegs gutem Wetter ist es immer knackvoll hier, sowohl drinnen, aber noch mehr draußen auf der wahrlich nicht kleinen Terrasse. Am Sonntag gibt es Brunch zum Festpreis (s. S. 88).

△ *Strahlend weiß: die Alsterarkaden*

ziell Letztere residieren in der Altstadt, dem Bereich zwischen **Rathaus** und **Hafen**. Hier betritt der Besucher auch Hamburgs ältestes Gebiet, denn dort befand sich einst eine **erste Siedlung** namens „Hammaburg". Aus jenen Tagen ist allerdings leider nicht viel übrig geblieben. Eine klassische Altstadt, wie man sie sich vielleicht vorstellen mag, **existiert nicht**, denn zwei gewaltige **Katastrophen** vernichteten so ziemlich alle historischen Gebäuden. 1842 zerstörte zunächst ein gewaltiges **Feuer** weite Teile der Altstadt. Nach diesem Unglück wurde die Innenstadt völlig neu konzipiert und wieder aufgebaut. Sie erlitt dann während der **Bombardierungen** im Zweiten Weltkrieg abermals schwere Schäden. Weite Teile der Hamburger Innenstadt wurden erneut zerstört, nur wenige historische Gebäude konnten diese beiden Katastrophen überstehen.

❿ Patriotische Gesellschaft ★ [O11]

Das Haus der Patriotischen Gesellschaft steht an der Trostbrücke 4–6. Die Gesellschaft wurde 1765 als „Hamburgische Gesellschaft zur Förderung der Künste und nützlichen Gewerbe" gegründet. Das Haus wurde 1844 bis 1847 erbaut. Die damaligen Honoratioren stellten sich die Aufgabe, für Verbesserungen in allen Lebensbereichen zu sorgen und „... sich nicht auf Obrigkeit und Kirche zu verlassen". Eine frühe **Interessengemeinschaft mit gemeinnützigem Anspruch** also.

Das Gebäude steht heute an der Stelle, wo vor dem Großen Brand das **alte Hamburger Rathaus** viele Jahrhunderte überdauert hatte. Das Haus der Patriotischen Gesellschaft wurde von 1859 bis 1897 von der Hamburger Bürgerschaft als Sitzungssaal genutzt, bevor diese in das neu erbaute, noch bestehende Rathaus ❺ umzog. Heute ist hier ein gutes Restaurant zu finden.

⓫ Trostbrücke ★ [O11]

Die Trostbrücke wurde 1881 erbaut und überquert das **Nikolaifleet** ⓱. Zwei Standbilder erheben sich links und rechts auf dem Geländer: **Erzbischof Ansgar von Hamburg** (834–865) und **Graf Adolf III. von Schauenburg** (1164–1225).

Eine erste Brücke wurde nachweislich bereits 1266 gebaut. Sie verband

Erlebenswertes im Zentrum

damals das bischöfliche Gebiet rund um den nicht mehr existierenden Dom (Gründer: Erzbischof Ansgar) und das Gebiet der kaufmännischen Neustadt, die dem Schauenburger unterstand.

Lange Zeit ging man davon aus, dass der **Name der Brücke** sich davon ableitete, dass hier zum Tode Verurteilten der letzte Trost zugesprochen wurde.

⑫ Laeiszhof ★ [O11]

Der **Reeder Ferdinand Laeisz** ließ an dieser Stelle 1897/98 ein **Kontorgebäude** errichten. Dieser Bau liegt gegenüber der Speicherstadt ㉗ und schließt unmittelbar an das **Nikolaifleet** ⑰ an, das früher eine der Hauptwasserstraßen Hamburgs war. Laeisz' Reederei besaß 65 Frachtensegler, die als „**Flying-P-Liner**" bekannt wurden.

Alle Schiffe trugen einen Namen, der mit P begann: Pamir, Passat, Padua, Pola usw. Diese Besonderheit wurde gewählt, da die Ehefrau des Reeders wegen ihrer hochgesteckten Frisur den Spitznamen „Pudel" erhielt, wie kolportiert wird. Noch heute ist am Kontorgebäude oben am Giebel zwischen zwei Türmchen eine **Pudelfigur** erkennbar.

⑬ Globushof ★ [O11]

Gegenüber steht ein anderes historisches Kontorhaus, der Globushof, 1907 für eine Versicherung erbaut. Das Dach ist mit zwei glänzenden **Koggen** geschmückt, wie so oft eine Anspielung auf die **Handelsmacht** Hamburger Kaufleute.

◁ *Die Häuser der Deichstraße reichen bis an das Nikolaifleet heran*

⑭ Zollenbrücke ★ [O11]

Die schräg auf ein großes Versicherungsgebäude zulaufende Brücke, von der aus man den Laeiszhof ⑫ besonders gut sehen kann, gilt als **älteste Fleetbrücke** Hamburgs. 1355 wurde sie erstmals dokumentiert, die aktuelle Brücke stammt aus dem 17. Jahrhundert. Das **gusseiserne Geländer** mit den **Kandelabern** wurde 1835 erschaffen. An dieser Stelle stand einst ein Zollhaus der Grafen von Schauenburg.

㉔ Mahnmal St. Nikolai ★★ [N11]

Der **drittgrößte Kirchturm Deutschlands** ist eine Ruine und ein Mahnmal zugleich.

Nach dem Passieren der Trostbrücke ⑪ erreicht man den Platz, an dem einst die St. Nikolaikirche stand. Lediglich der **rauchgeschwärzter Turm** reckt sich im wahrsten Wortsinn in den Himmel, vom Rest der Kirche ist nicht mehr viel zu sehen. Eine erste kleine Kapelle wurde bereits 1195 hier erbaut, gewidmet dem Heiligen Nikolaus, dem Schutzherrn der Seefahrer. In den folgenden Jahrhunderten vergrößerte man sie zu einer beachtlichen dreischiffigen Hallenkirche. 1517 maß der Kirchturm stolze 135 m. 1589 brannte dann der Turm und 1644 stürzte er bei einem weiteren Unglück sogar ein. Hamburger Bürger spendeten jedes Mal großzügig und St. Nikolai wurde wieder aufgebaut. 1842 wurde aber auch sie durch den **Großen Brand** völlig zerstört. Noch einmal sammelten Hamburger Bürger und bauten sie erneut mit einem nun 147 m hohen **Turm** auf. Dieser überstand überraschenderweise den **Bombenhagel** von 1943, das gesamte restliche Gotteshaus wurde **zerstört**. Und diesmal entschied man, den immer noch dritthöchsten Kirchturm Deutschlands nebst der Kirchenruine als Mahnmal stehen zu lassen. Eine völlig **neue St. Nikolaikirche** wurde nun am **Klosterstern** im fernen **Eppendorf** gebaut.

Ein Dokumentationszentrum im Kellerbereich der Ruine zeigt einen historischen Abriss über St. Nikolai. Vor allem werden die schrecklichen Ereignisse rund um den „Feuersturm" nach der Bombardierung Hamburgs 1943 sehr eindrucksvoll dargestellt. Eine sehr gut gemachte Dokumentation! Im Turm der Nikolaikirche befindet sich ein **gläserner Lift**, der Besucher bis 76 m hoch bringt. Von dort oben kann man einen tollen Fernblick genießen. Donnerstags findet um 12 Uhr ein Carillon-Konzert statt.

› St. Nikolai, Willy-Brandt-Str. 60, www.mahnmal-st-nikolai.de, Mai–Sept. tägl. 10–18, Okt.–April tägl. 10–17 Uhr, Eintritt Museum und Fahrt mit dem Lift: Erw. 5 €, Kinder 3 €, U3 Rödingsmarkt

Deichstraße ★★ [N11]

Im Jahr 1304 wurde die Deichstraße erstmals urkundlich erwähnt, heute befindet sich hier eines der letzten Ensembles **Althamburger Bürgerhäuser**.

Hauptsächlich wohnten und arbeiteten hier Kaufleute, die ihr Kontor, ihren Lagerraum und auch ihre Wohnung unter einem Dach hatten. Alle Gebäude haben einen Zugang zum Wasser – dem Nikolaifleet ⑰ – und zur Straße, denn auf beiden Wegen wurden Waren zu den Häusern transportiert.

Die Häuser sind generell **hübsch verziert** und spiegeln so auch den sozialen Status ihrer damaligen Bewohner wider. Das Haus Nr. 42 hat übrigens einen besonderen Platz in Hamburgs Geschichte: Hier brach **1842 das Feuer** aus, das als „der Große Brand" einen Großteil der Stadt vernichtete. Doch auch die anderen Häuser lohnen einen Blick: Das Gebäude mit der **Nr. 47** stammt aus dem Jahr 1658. Im Zweiten Weltkrieg wurde es schwer beschädigt, aber wieder liebevoll restauriert. Im Haus **Nr. 43** (erbaut 1697) befindet sich heute das Restaurant „Althamburger Aalspeicher". Auch das Haus **Nr. 37** ist uralt. Es wurde 1686 erbaut und beim Großen Brand ebenfalls stark beschädigt. Im Haus **Nr. 27** (erbaut um 1780) hat sich bis heute der älteste Speicher der Stadt erhalten und das Haus **Nr. 25** ist Sitz des Lokals „Zum Brandanfang", das als Hamburgs älteste Lokalität gilt.

⑰ Nikolaifleet ★ [N11]

Der Wasserlauf hinter den Häusern der Deichstraße ist das **Nikolaifleet**, heute eine Art Kanal, der aus dem ehemaligen Alsterlauf entstand. Es schlängelt sich an den Häusern zwischen Deichstraße ⑯ und Cremon ⑱ vorbei und mündet in den Binnenhafen. Auf der andere Seite endet das Fleet heute vor der Straße Großer Burstah. Früher verlief hier die Alster, aber die wurde nach dem Großen Brand umgeleitet. Das Fleet ist **tideabhängig** und fällt bei Ebbe trocken. Einige der Lokalitäten haben kleine schwimmende **Ponton-Terrassen**, die bei Ebbe dann auf dem Schlick liegen.

› U3 Rödingsmarkt

KLEINE PAUSE

Crêpes beim Bretonen

Ti Breizh (s. S. 88) heißt ein gemütliches Lokal mit Fleetblick, in dem seit Jahren leckere bretonische Crêpes serviert werden.

⓲ Cremon ★ [N11]

Die Straße Cremon wurde erstmals 1241 urkundlich erwähnt. Sie verläuft auf dem nicht mehr erkennbaren **Westdeich** der ehemaligen Cremoninsel entlang, genau gegenüber der Deichstraße ⓰ und auf der anderen Fleetseite. Nur noch einige wenige **Speicherhäuser** aus dem 18. oder 19. Jh. sind erhalten geblieben, zu finden unter den Hausnummern 33–36. Noch aus der Zeit der Jahrhundertwende stammen die Häuser Nr. 37, 38 und Nr. 11. Überall sind die **Luken** der einzelnen Böden zu erkennen und ganz oben baumelt aus einer Nase immer ein **Kranhaken**. Damit wurden die Lasten hochgezogen und in die **Speicherböden** gehievt.

⓳ St. Katharinenkirche ★ [O11]

Der erste belegte Kirchbau an dieser Stelle wird auf das Jahr 1250 datiert, wovon nur noch der Turmunterbau bis zur Höhe von 23 m erhalten. Zwischen 1377 und 1426 wurde das Kirchenschiff vergrößert. Die **Kirchengemeinde** war über viele Jahrhunderte ziemlich groß, doch 1890 wurden knapp 20.000 Menschen für die neu geschaffene Speicherstadt ㉗ zwangsumgesiedelt, woraufhin die Gemeinde deutlich schrumpfte. 1943 wurde die Kirche durch **Bombenangriffe** sehr **stark beschädigt**, bis 1956 dauerte dann die Restaurierung.

Beachtenswert ist bereits das Bronzeportal am Eingang, auf dem eine Menschenmenge drohend die Fäuste gegen Jesus erhebt. Das **Kircheninnere** selbst wirkt nüchtern, die hohen, hellen Wände sind nur vereinzelt geschmückt. Hervorstechend bleibt das gewaltige **Gloria-Fenster** mit seiner hübschen Glasdekoration im Chorraum. Davor steht ein relativ kleiner dreigeteilter Altaraufsatz aus vergoldeter Bronze. Das Mittelstück zeigt das Pfingstwunder, die

Über 2479 Brücken kannst Du geh'n

„Über sieben Brücken musst Du geh'n", heißt es in einem bekannten Lied. Darüber kann ein Hamburger nur lachen, denn er hat ganz genau 2479 zur Auswahl – das sind **mehr, als Amsterdam und Venedig zusammen** *bieten. Für Statistiker: 1172 Straßen-, 383 Hafen-, 517 Eisenbahn- und 407 Hochbahnbrücken. Manche Brücke ist* **historisch** *(Zollenbrücke ⓮, existiert seit 1355), manche etwas* **schaurig** *(Trostbrücke ⓫), andere sind* **nett anzusehen** *(Lombardsbrücke ❼, vor allem bei Nacht), die allermeisten aber sind wohl eher nur* **praktisch***. Aber eine, die hat schon was! Besonders, wenn man am Abend im Auto langsam über sie fährt (für Radfahrer und Fußgänger gesperrt). Die* **Köhlbrandbrücke** *misst 3,6 km und überspannt in 50 m Höhe das Wasser. Vom Elbufer aus gut zu sehen, genießt man umgekehrt von der Brücke einen grandiosen Blick auf Hamburg.*

› *Tipp: Bus Nr. 151 fährt vom S-Bahnhof Wilhelmsburg über die Köhlbrandbrücke, www.hvv.de.*

036ha Abb.: fr

beiden Außenseiten Teile der Ostergeschichte. Auch der an der Seite stehende „**Leib-Christi-Altar**" fällt auf: Er versinnbildlicht die Darreichung des geteilten Brotes zur Überwindung von Feindschaft. Die **Kanzel** ist aus Eiche geschnitzt (1955) und zeigt Szenen des Alten und Neuen Testaments. An der Nordseite befindet sich das **Weihnachtsfenster**, es zeigt Maria mit dem Jesuskind sowie die Verkündung an die Hirten. Oben an dem Gewölbe finden sich 205 vergoldete Sterne. Im Nordschiff wurde ein weiteres hübsches Glaskunstwerk geschaffen, das sogenannte **Tauffenster**. An der Westseite befindet sich eine **Gedenktafel** für die 80 ertrunkenen Seeleute des frachtfahrenden Segelschulschiffs „Pamir", das 1957 in einem Sturm vor den Azoren sank.

Der **Kirchturm** misst 116 m, zwei der sechs Glocken sind sehr alt. Die älteste (1454) ist in der Turmhalle ausgestellt, die zweitälteste (1626) noch in Gebrauch. 2011 wurde zudem ein historisches Doppelportal freigelegt.

› **Hauptkirche St. Katharinen**, Katharinenkirchhof 1, www.katharinen-hamburg.de, Mo.–Fr. 10–17, Sa./So. 11–17 Uhr, Orgelführung: Mi. 12.50 Uhr

Kontorhausviertel

Zwischen Steinstraße und Meßberg und im Bereich der damals noch nicht existierenden Mönckebergstraße ❷ lag das sogenannte **Gängeviertel** – für lange Zeit eines der **ärmsten Viertel** der Stadt. Ein zweites Gebiet lag unweit vom heutigen Brahms-Platz.

Geprägt waren diese Viertel durch sehr schmale, dunkle Gänge, enge Fachwerkhäuser und unhaltbare hygienische Zustände. 1892 grassierte hier die **Cholera** und forderte Tausende von Todesopfern, danach wurde das komplette Viertel abgerissen und das Gebiet radikal saniert. Auf den freien Flächen baute man nun rund um den zentralen Burchardplatz völlig neue Häuser aus Backstein, die sogenannten **Kontorhäuser**. Dabei entstanden keine Wohnungen, sondern **reine Bürohäuser**. Die Stadt kam damit den Hamburger Kaufleuten entgegen, die ihre „Kontore" in der Nähe des Hafens haben wollten. Zugleich wurde auch ein jahrhundertealtes Prinzip aufgebrochen: Bislang besaßen die wohlhabenden Kaufleute eigene Speicherhäuser, in denen sie selbst wohnten und in den oberen „Böden" ihre Waren zwischenlagerten. In den neuen Kontorräumen wurde nun ausschließlich Büroarbeit verrichtet, niemand wohnte dort und Waren wurden im Hafen oder in der nahen **Speicherstadt** ㉗ gelagert.

› U1 Meßberg

㊱ Chilehaus ★★★ [P11]

Das Chilehaus ist ein sehr auffälliges Kontorhaus von zehn Etagen in der Form eines **spitz zulaufenden Schiffes**. Entworfen vom Architekten Fritz Höger wurde das Haus zwischen 1922 und 1924 für den Reeder **Henry Sloman** erbaut, der durch den **Salpeterhandel** mit Chile schwerreich geworden war. Die obersten Stockwerke wurden etwas zurückgesetzt gebaut, sodass sie ein wenig wie „nachträglich draufgesetzt" aussehen – ein Phänomen, das auch bei

▷ Das Kontorhausviertel mit dem Sprinkenhof im Zentrum und dem spitz zulaufenden Chilehaus, im Hintergrund die Binnenalster ❻

den meisten anderen Kontorhäusern beobachtet werden kann. Bemerkenswert ist auch, dass das Haus eine Straße (Fischertwiete) überspannt. Das Gebäude wird abends zauberhaft ausgeleuchtet. Heute befinden sich unten einige Geschäfte und Lokale, im Rest nach wie vor Büros. Seit 2015 zählen Chilehaus, Kontorhausviertel und Speicherstadt zum UNESCO-Weltkulturerbe.

㉑ Sprinkenhof ★★   [P10]

Der Sprinkenhof entstand in drei Schritten zwischen 1925 und 1943 und ist das größte Gebäude im Kontorhausviertel. Es liegt gegenüber vom Chilehaus ⓴ und hat die Form eines **neunstöckigen Rechtecks**. Die für Autos gesperrte Straße Springeltwiete verläuft in zwei Durchfahrten durch das Haus und über einen großen Innenhof, an dem ein paar Lokale und Geschäfte liegen. Der Architekt soll seine Gestaltung an den **Dogenpalast in Venedig** angelehnt haben. Der Sprinkenhof war seinerzeit das größte Bürogebäude Hamburgs. Die **Fassade** wird durchgängig von Symbolen aus Handel und Handwerk geschmückt.

㉒ Bartholomayhaus ★   [P10]

Dieses Gebäude fällt vor allem durch seinen riesigen **Scheingiebel** auf. Dabei handelt es sich um einen Giebel, der lediglich „vortäuscht", dass sich dahinter ein großes Stockwerk oder gar eine ganze Etage befindet (gerne von „halbreichen" Kaufleuten gebaut). Es ist das letzte in dieser Tradition erbaute Haus (1938/39) und liegt an der Altstädter Straße.

㉓ Polizeiwache am Klingberg ★   [P11]

Bereits 1906 wurde dieses historisch-schöne Gebäude im Stil **Althamburger Bürgerhäuser** gebaut. Es wurde später in das benachbarte Chilehaus ⓴ integriert. Außen am Eingangsbereich sind **Figuren** und **Skulpturen** angebracht, oben steht ein sogenannter „falscher Giebel".

Erlebenswertes im Zentrum

Das Chilehaus ⑳ abendlich illuminiert

Romantische Stimmung in der Speicherstadt

㉔ Mohlenhof ★ [P11]

Der Mohlenhof, 1928 aus Backstein erbaut und auf den Burchardplatz ausgerichtet. Über dem Eingangsbereich an der Hauptecke befindet sich eine **Skulptur des Merkur**, dem Gott der Händler.

㉕ Altstädter Hof ★ [P10]

Dieses große Gebäude wurde 1936/37 gebaut und liegt zwischen Altstädter Straße und Steinstraße. Unten befinden sich Geschäfte und Lokale, oben ausnahmsweise vermietete Wohnungen. Bemerkenswert ist, dass an der Außenfassade Figürchen angebracht sind, die **Hamburger Berufe** darstellen – allerdings sind einige schon etwas verwittert. Etwas versteckt befindet sich dort auch eine Plastik von einem **Fackelläufer** im Olympiajahr 1936, die auf das Baujahr hinweisen soll.

㉖ Montanhof ★ [P11]

Dieses Gebäude an der Niedernstraße, Ecke Katreppel entstand 1924 bis 1926 und weist **Elemente des Expressionismus** auf. Es besitzt auffällige **Dreieckserker** und ein schon klassisches **Staffelgeschoss**.

㉗ Speicherstadt ★★★ [O11]

Die Speicherstadt gilt als weltweit größter zusammenhängender Lagerhausbereich. Hier wurden Waren im sogenannten „Zollausland" gelagert, d. h. die Kaufleute zahlten keinen Zoll, solange die Ware nicht eingeführt wurde. Heute ist das vorbei, die Zollgrenzen wurden aufgehoben.

Altes und neues Wahrzeichen: vorne die Speicherstadt ㉗, hinten die Elbphilharmonie ㉞

Erlebenswertes im Zentrum

Die wuchtigen Speichergebäude aus Backstein stehen aber immer noch und bilden ein eigenes Viertel, das abends zauberhaft illuminiert wird.

1871 wurde das Deutsche Reich proklamiert. Die Hansestädte Bremen, Lübeck und Hamburg hatten sich das Recht erstritten, einen **Freihafen** zu betreiben. Die Lübecker gaben ihre Position später als erste auf, die Hamburger wollten jedoch von ihrer jahrhundertealten Handelstradition nicht lassen. Waren aus aller Welt wurde innerhalb der Stadtmauern **zollfrei** und damit billiger als sonst im Deutschen Reich verkauft. Diese Freiheit hätte den Hanseaten bereits seit dem Mittelalter zugestanden, argumentierten die Hamburger Kaufleute und verwiesen immer wieder auf einen Freibrief, in dem Kaiser Barbarossa ihnen am 7. Mai 1189 genau dieses Recht zusprach. Um die Wichtigkeit dieses Briefes zu untermauern, feiert man übrigens noch heute alljährlich am 7. Mai den **Hafengeburtstag**. Dumm nur, dass mittlerweile besagter Brief als Fälschung angesehen wird. Egal, mit diesem „Beleg" trotzten die Hamburger viele Jahre Bismarcks Begehr nach reichsweiter Einheitlichkeit. Nach einigem Hin und Her sowie **handfesten Drohungen** vonseiten des eisernen Kanzlers, entschlossen sich die Hamburger schließlich, ebenfalls dem Zollgebiet des Deutschen Reiches beizutreten. Allerdings unter einer **Bedingung**: Ein genügend großes Gebiet sollte trotz allem zollfrei bleiben – die Geburtsstunde der Speicherstadt. Am 15. Oktober 1888 trat Hamburg dem **Zollgebiet des Deutschen Reiches** bei und der Kaiser kam persönlich zu dem feierlichen Akt.

Die Hamburger bekamen also einen Platz, an dem sie Waren zwischenlagern konnten, **ohne Zoll zu bezahlen** – es sei denn, sie führten die Waren nach Hamburg ein, dann war Zoll fällig.

Das Gelände, auf dem der neue Lagerkomplex entstehen sollte, war allerdings bewohnt, und zwar von **20.000 Menschen.** Diese wurden kurzerhand **umgesiedelt**, der gesamte Wohnraum abgerissen und die neuen Lagerhäuser aus Backstein hochgezogen. Dort lagerten die Kaufleute nun ihre Waren wie Kaffee, Tee oder auch Teppiche. Die Waren konnten hier verarbeitet oder veredelt und dann weiterverkauft werden.

EXTRATIPP: Anreise per Schiff

Sogar per Schiff kann angereist werden, z. B. mit der **Elbfähre Nr. 72** von den Landungsbrücken (Brücke 1) bis zum Anleger „Elbphilharmonie" oder mit der **Maritime Circle Line**, die mehrmals am Tag ebenfalls von den Landungsbrücken (Brücke 10) zur Speicherstadt fährt, aber noch weitere Stopps einlegt, u. a. bei der Ballinstadt 66, dem Maritimen Museum 36, oder der Elbphilharmonie 34. Gäste können an verschiedenen Stationen aussteigen und mit dem nächsten Schiff weiterfahren, denn die Route führt wieder zurück zu den Landungsbrücken 43.

EXTRATIPP: Illuminierte Speicherstadt

Weite Teile der Speicherstadt werden abends nach Einbruch der Dämmerung zauberhaft beleuchtet, was man besonders gut von der **Poggenmühlenbrücke** mit Blick auf den Holländischen Brook sehen kann.

Erlebenswertes im Zentrum

KLEINE PAUSE

Café im Kaffeemuseum
In einem alten Kaffeespeicher wurde ein rustikal-gemütliches Café eingerichtet. Im Untergeschoss befindet sich ein Museum, in dem Hunderte von Exponaten zum Thema Kaffee ausgestellt sind.
➔ 4 [O11] **Kaffeemuseum**, St. Annenufer 2, Tel. 55204258, Di.–So. 10–18 Uhr, Museumsführungen (50 Min.) Di.–Fr. 10, 12, 14, 16 Uhr, Sa./So. stündlich, 10 €

Diese Regelung gilt nicht mehr. Die **Freihafengrenze** ist heute ganz **aufgehoben**. Die Gebäude sind aber natürlich geblieben. Sie haben jeweils einen Zugang von der Straße und einen vom Wasser, denn die Speicherstadt ist von mehreren **Fleeten** und **Kanälen** durchzogen. Früher wurden die Waren auf flachen Booten geliefert, später per Lkw. Die 22 Speicher haben fünf bis sieben „Böden" (Stockwerke), dicke Mauern, aber keine Heizung, dennoch herrscht hier ein relativ gemäßigtes Klima. Die Lagerung wurde von kleinen Firmen mit eigenen **Quartiersleuten** im Auftrag Dritter abgewickelt. Das waren hochkarätige Experten, die auch für die Qualitätsprüfung zuständig waren. Zumeist bestand die Firma aus vier Mann: der Älteste gab seinen Namen, die anderen drei waren dann „Consorten". So findet man noch heute manchmal Firmennamen, wie beispielsweise „Hinsch & Con.".

Heute lagern nur noch einige wenige Firmen ihre Waren hier (hauptsächlich Teppiche), aber unübersehbar haben auch moderne Firmen (IT-Branche, Werbung) Büros eingerichtet. Vor allem aber gibt es in der Speicherstadt interessante Ausstellungen und Museen. Neben dem **Speicherstadtmuseum** (s. S. 82) und **Spicy's Gewürzmuseum** (s. S. 82) sind besonders das **Miniatur Wunderland** ㉛, der **Hamburg Dungeon** ㉚ und der **Dialog im Dunkeln** ㉜ erwähnenswert.

Die Speicherstadt kann über verschiedene Brücken betreten werden, heute wird hier niemand mehr kontrolliert. Die **Kornhausbrücke** entstand kurz vor Fertigstellung der Speicherstadt und war schon immer einer ihrer Hauptzugänge. Bemer-

△ *Das sogenannte Rathaus ist eines der schönsten Gebäude in der Speicherstadt*

kenswert ist hier, dass die Brücke mit **Skulpturen berühmter Seefahrer** geschmückt ist: James Cook und Magellan (beide sind heute verschwunden) standen zur Freihafenseite, Kolumbus und Vasco da Gama (noch existent) zur Stadtseite.
> U2 Baumwall, U1 Meßberg oder per Bus Nr. 6 bis Auf dem Sande

28 Rathaus der Speicherstadt ★★ [O11]

An der Hauptkreuzung der Speicherstadt, bei St. Annen 1, steht ein auffällig **hübsch verschnörkeltes Gebäude**. Hier sitzt die **Verwaltung**, daher wird es auch „Rathaus der Speicherstadt" genannt. Ein klein wenig Ähnlichkeit mit dem „richtigen" Rathaus kann nicht verleugnet werden.

29 Wasserschloss ★ [P11]

Am Ende der Straße Holländischer Brook steht das Wasserschloss, ein hübsch verwinkeltes Gebäude, in dem usprünglich **Techniker** wohnten. Neben einigen anderen **Handwerkern** dürften sie als einzige in der Speicherstadt leben.

30 Hamburg Dungeon ★★ [N11]

Der Hamburg Dungeon ist eine Einrichtung, die auf eine ganz eigenwillige Art den Besuchern **Hamburger Geschichte** nahebringen will. Laut Wörterbuch ist ein *dungeon* ein **Kerker** oder Verließ, und das deutet zumindest die Richtung an. Im Dungeon werden bestimmte Ereignisse der Hamburger Historie sehr authentisch auf Mitmachbasis vorgestellt. Nähere Details sollen hier nicht verraten werden, sonst wäre der Reiz weg. Die Besucher konsumieren nicht nur einfach, sondern werden **Teilnehmer des Geschehens.** Neugierig geworden? Es ist schon ein tolles Spekta-

EXTRATIPPS

Führung durch die Speicherstadt

Führungen finden zwischen März und Oktober samstags um 15 und ganzjährig am Sonntag um 11 Uhr statt (Treffpunkt: Speicherstadtmuseum, s. S. 82, Preis: 10 €, www.speicherstadtmuseum.de). „Abenteuer Hamburg" bietet ebenfalls zweistündige Führungen an (tägl. 16.30 Uhr, Sa./So. zusätzlich um 11 Uhr, Preis: 23 €, www.abenteuer-hamburg.com).

Einkehren in der Speicherstadt

- 5 [O11] **Fleetschlösschen** €, Brooktorkai 17, U1 „Messberg", Tel. 30393210, Mo.–Sa. 11.30–22 Uhr. Kleines Bistro in einem Backsteinhäuschen, das direkt an einem Fleet gelegen ist. Gehört zu Daniel Wischer (s. S. 24) und deswegen gibt es hier vor allem Fisch. Hat auch eine kleine, nette Terrasse direkt beim Fleet.
- 6 [O11] **Schönes Leben** €-€€, Alter Wandrahm 16, Tel. 180482680, Mo.–Sa. 11–23.30, So. 10–23.30 Uhr. Schöne Lage in der Speicherstadt, nette Terrasse. Geboten werden ein Mittagstisch (Mo.–Fr. 11.30–14.30 Uhr) sowie So. Brunch (10–14.30 Uhr), es gibt Hauptgerichte, Kaffee und Kuchen.

kel, aber besonders für Eltern kleinerer Kinder sei darauf hingewiesen, dass es im Dungeon zum Teil recht blutrünstig zugeht.
> **Hamburg Dungeon,** Kehrwieder 2, Tel. 36005520, www.thedungeons.com, tägl. 10–17 Uhr, Juli/August tägl. 10–18 Uhr, Erw. ca. 25 €, Kinder 10–14 Jahre ca. 20 €, Familien ca. 69 €, es gibt auch günstigere Online-Tickets. U3 Baumwall oder Bus Nr. 6 bis Auf dem Sande.

Erlebenswertes im Zentrum

😊 Miniatur Wunderland ★★★ [N11]

„Die Anlage ist ein Traum!", schrieb ein begeisterter Besucher ins Gästebuch, und genau das ist sie, eine der **größten Modelleisenbahnanlagen weltweit**. Eine riesige Anlage mit mehreren thematischen Schwerpunkten ist schon entstanden – mit einer schier unglaublichen Präzision und Liebe zum Detail. Und das Wunderland **wächst** immer noch weiter: So gibt es bereits die **Themenbereiche** Skandinavien, Harz, Hamburg, Amerika, Schweiz, Österreich, Italien und die Fantasiestadt „Knuffingen". Monaco entsteht gerade.

Von Hamburg sind die wichtigsten Sehenswürdigkeiten nachgebildet, so der Michel ㉗, die Speicherstadt ㉗, die Landungsbrücken ㊸, das HSV-Stadion ㊿ (mit 12.000 „Zuschauern"!) und die Elbphilharmonie ㉞. Durch alle Gebiete rollen Züge, wurden **Alltagsszenen** mit Miniaturautos, -menschen und -gebäuden modelliert. Besucher verlieren sich staunend und mit leuchtenden Augen in dieser Miniatur-Wunderwelt. Selten hat ein Name mal so gut gepasst wie hier!

› Miniatur Wunderland, Kehrwieder 2–4, Tel. 3006800, www.miniatur-wunderland.de, Mo., Mi., Do. meist 9.30–18, Di. bis 21, Fr. bis 19, Sa. meist 8–22, So. meist 8–20 Uhr, Erw. 15 €, Kinder unter 16 Jahren 7,50 €, Kinder unter einem Meter Größe frei, Senioren 13 €. Tickets können auch online bestellt werden. Dort gibt es unter „Wartezeiten vermeiden" auch eine „Wartezeitenprognose". U3 Baumwall oder Bus 3 bis Auf dem Sande.

> ▷ *Wohnen in der HafenCity mit Blick auf die Elbe*

㉜ Dialog im Dunkeln ★★ [P11]

Diese ganz besondere Ausstellung lädt in die Welt der Blinden und Sehbehinderten ein. Zu sehen gibt es nichts, aber Vieles mit allen Sinnen zu entdecken. Eine einmalige Erfahrung!

› **Dialog im Dunkeln**, Alter Wandrahm 4, www.dialog-in-hamburg.de, Tel. 3096340, Di.–Fr. 9–18, Sa. 10–19, So. 10–17 Uhr, 90-minütige Tour Erw. 21,50 € bzw. 17,50 € ermäßigt. Ähnlich aufgebaut ist auch die Tour „Dialog im Stillen", bei der Gäste mit schalldichten Kopfhörern in die Welt der Gehörlosen eintauchen. Und dann gibt es noch den „Dialog mit der Zeit", bei dem Besucher erfahren, wie es sich anfühlt, alt zu sein. U1 Meßberg.

㉝ HafenCity ★★ [O12]

Mitten in Hamburg, im Rücken der Speicherstadt ㉗, wird ein **nagelneuer Stadtteil** sozusagen „aus dem Boden gestampft" (s. S. 119). Überall wird kräftig gebaut, aber einiges ist auch schon fertig. Wohnraum und Büros sowie einige bemerkenswerte **Museen** entstehen. Wer sich einmal ansehen möchte, wie das Ganze später ausschauen soll, hat dazu im **HafenCity Info Center** Gelegenheit, das sich im alten Kesselhaus der Speicherstadt befindet. In dem Ausstellungs- und Dokumentationszentrum befindet sich ein 8 x 4 m großes Modell im Maßstab 1:500, das die komplette neue HafenCity darstellt.

Die Bauarbeiten in der HafenCity werden sich schon noch einige Jahre hinziehen, aber unverkennbar sind bereits die ersten Häuserzeilen fertiggestellt. Die Häuser unterscheiden sich mit ihren **klaren, geraden Linien** erheblich vom Backstein der Speicherstadt. Dem einen gefällts, dem

Erlebenswertes im Zentrum 43

anderen eher nicht – das ist halt Geschmackssache. Die schöne Lage am Wasser macht die Gebäude zu **begehrten Immobilien**.

Zwei nette Bereiche, von denen man die ganze Pracht sehr schön betrachten kann, sind auch schon fertig: die **Magellan-Terrassen** und die **Marco-Polo-Terrassen**. Und als ein neuer echter Hingucker hat sich auch der Traditionsschiff-Hafen vor den Magellan-Terrassen entwickelt, an dem an einer etwa 380 m langen Ponton-Anlage etwa 20 historische Schiffe dauerhaft liegen werden. Von den Magellan-Terrassen überschaut man den gesamten Bereich mit den Wohnhäusern links und rechts, den Schiffen und natürlich die sich im Hintergrund erhebende Elbphilharmonie ❸❹. Von den Marco-Polo-Terrassen kann man bis hinüber zum Hafen sehen, wo sich immer wieder Schiffe durchs Bild schieben.

Und nur ein paar Schritte weiter befindet sich der **Kreuzfahrerterminal**: Vielleicht hat ja gerade bei Ihrem Besuch ein schönes Schiff dort festgemacht.

Gegenüber vom Maritimen Museum ❸❻ steht etwas versteckt der **Nachhaltigkeitspavillon**. Hier wird eindrucksvoll über ökologisch nachhaltige Stadtentwicklung informiert, außerdem befindet sich dort ein kleines Café. Im benachbarten **Info-Pavillon Überseequartier** wird dieses Quartier eindrucksvoll vorgestellt.

- ●7 [P12] **Info-Pavillon Überseequartier**, Osakaallee 14, Di.–So. 13–18 Uhr
- ●8 [P12] **Nachhaltigkeitspavillon**, Osakaallee 9, Di.–So. 10–18 Uhr, Eintritt: frei
- ❶9 [N12] **HafenCity Info Center**, Am Sandtorkai 30, Tel. 36901799, Di.–So. 10–18 Uhr, Eintritt ist frei, mit Café
- ❭ Kostenlose Führungen durch die HafenCity (s. S. 120)r
- ❭ Radtour: Mai bis Sept. 1. und 3. So. im Monat um 11 Uhr

> **EXTRATIPP**
>
> **Per Bus in die HafenCity**
> Es sind schon etliche Schritte vom Zentrum bis zur HafenCity. Viel bequemer geht es mit dem Metro-Bus Nr. 6. Er fährt z. B. von der Mönckebergstraße ❷ bis zur Speicherstadt. Ein weiterer Bus wäre die Linie 111, die von der Reeperbahn oder auch den Landungsbrücken bis vor das Maritime Museum fährt. Direkt in die HafenCity fährt die U4 vom Jungfernstieg.

Erlebenswertes im Zentrum

🎵 Elbphilharmonie ★★★ [N12]

Die Elbphilharmonie ist das wohl ambitionierteste Projekt der gesamten HafenCity, ein hochmodernes Konzerthaus und ein weithin sichtbares neues Wahrzeichen von Hamburg.

Das Konzerthaus ist auf den schon bestehenden Kaispeicher aufgesattelt, der völlig entkernt wurde, sodass nun ein **Glaskörper mit einem markant geschwungenen Dach** auf einem Backsteingrund sitzt. Die Außenfassade besteht aus 1100 individuell hergestellten und leicht gebogenen Glaselementen. In der „Fuge" zwischen den Gebäudeteilen befindet sich auf 37 Metern Höhe ein neuer öffentlicher Platz, die sogenannte **Plaza**. Von diesem Bereich genießen Besucher einen tollen Hafenblick. Eine 82 m lange, leicht gewölbte Rolltreppe („Tube" genannt) befördert Schaulustige nach oben, über eine zweite Rolltreppe wird dann die Plaza erreicht.

Die Elbphilharmonie verfügt über **zwei Konzertsäle**, einen kleinen Saal (550 Plätze) und den großen Saal mit Platz für 2100 Zuschauer. Letzterer ist etwas ganz Besonderes, denn das Orchester sitzt nicht vorne und damit frontal zum Publikum, sondern tief unten in der Mitte des Raumes. Die Zuschauerränge steigen ringsum an, kein Platz ist weiter als 30 m von der Bühne entfernt. Auch die **Akustik** ist ein Highlight, denn der Saal ist vom gesamten Restgebäude entkoppelt, hat eine eigene Außenwand und ruht auf gewaltigen Stahlfedern. Die Innenwand besteht aus 10.000 Gipsfaserplatten, die den Klang optimal reflektieren. In das Gebäude sind außerdem 45 **Wohnungen** und ein **Hotel** mit 244 Zimmern integriert.

> Platz der Deutschen Einheit 1, U3 „Baumwall", Bus Nr. 111 bis „Am Kaiserkai", Elbfähre Nr. 72 ab Landungsbrücken bis „Elbphilharmonie", www.elbphilharmonie.de

> Besucher der **Plaza** benötigen ein Ticket, das für ein bestimmtes Zeitfenster ausgegeben wird. Tickets für denselben Tag sind kostenlos an Kartenautomaten im Besucherzentrum und im Eingangsbereich der Elbphilharmonie erhältlich. Tickets für spätere Tage mit stundengenauem Termin gibt es auch online, sie kosten 2 €. Die Plaza ist von 9 bis 24 Uhr geöffnet. Das Elbphilharmonie-Besucherzentrum befindet sich gegenüber der Elbphilharmonie am Kaiserkai 60–62 (geöffnet: tägl. 9–20 Uhr). Führungen durch das Konzerthaus kosten 15 € (sind stark nachgefragt, rechtzeitig reservie-

Die Elbphilharmonie thront auf einem ehemaligen Kaispeicher

Blick auf die Marco-Polo-Terrassen und den Kaiserkai

Erlebenswertes im Zentrum

EXTRATIPPS

Mittagessen in der HafenCity

10 [N12] **Kaiser's**, Am Kaiserkai 23, Tel. 36091790, tägl. 10–22 Uhr. Eines von mehreren Lokalen hier Am Kaiserkai. Schöne Terrasse mit Hafenblick. Es gibt regionale Gerichte in direkter Nähe zum Wasser.

11 [O12] **Markthalle**, Am Sandtorkai 24, Tel. 0157 33924558, geöffnet: tägl. 11–18 Uhr. Ein kleiner „Food Court" mit sechs unterschiedlichen Küchen (europäisch, asiatisch), untergebracht in einem Speicherblock. Das Konzept ist auf schnelle Verköstigung ausgerichtet, Gäste bestellen direkt am Tresen und tragen ihr Gericht dann mit einem Tablett selber an einen Tisch.

12 [O12] **Wildes Fräulein**, Überseeboulevard 2, Tel. 88230951, Mo.–Fr. 10–19, Sa./So. 9–19 Uhr. Das Café bietet eine deftige Bauernküche aus dem Alpenraum, beispielsweise Knödel, Käsespätzle und Kaiserschmarrn. Draußen steht den Gästen eine recht große Terrasse zur Verfügung.

Tango in der HafenCity

Von Juni bis August findet hier immer am 1. Sonntag des Monats zwischen 15 und 20 Uhr ein einzigartiges Event statt: Es treffen sich Tango-Tänzer, um vor dem Unilever-Haus [O12] ihrer Leidenschaft zu frönen.

083ha Abb.: fr

Erlebenswertes im Zentrum

KLEINE PAUSE

Kaffeeklappe am Rande der HafenCity

🕤13 [Q11] **Oberhafen-Kantine**, Stockmeyerstraße 39, Di.–Sa. 12–22, So. 12–17.30 Uhr, Tel. 32809984. Fast schon eine Legende. Seit Jahrzehnten steht diese letzte „Kaffeeklappe" am Rande der Speicherstadt. Nach Hamburgs Zollanschluss ans Deutsche Reich 1888 entstand die Speicherstadt ㉗ als „Zollauslandsgebiet". Eine Bedingung war, dass niemand im Freihafen wohnen durfte. Auch Gastwirtschaften durften nicht mehr betrieben werden. Wer aber sollte die Arbeiter mit Essen versorgen?

Die Lösung: Ein „Verein für Volkskaffeehallen" übernahm die Versorgung, reichte Kaffee (und Speisen) durch eine Klappe von der Küche in den Gastraum. Daraus entstand der Name „Kaffeeklappe". Die Hafenmalocher verschwanden, die neue HafenCity ㉝ entsteht und damit kommen auch neue Kunden. Das leicht windschiefe Haus ist klein und bietet ehrliche norddeutsche Küche.

EXTRATIPP

Wo Störtebecker seinen Kopf verlor

An der Osakaallee befindet sich etwa auf Höhe des Internationalen Maritimen Museums ㊱ ein kleines Denkmal für den Piraten Klaus Störtebecker. Der wurde 1401 hier in der Nähe mit dem Schwert hingerichtet, nachdem er jahrelang mit seiner Bande von „Liikedeelern" („Gleichteilern") die Schiffe Hamburger Kaufleute überfallen hatte.

Der Sage nach soll Störtebeker noch einmal mit seinen Richtern verhandelt haben. Er erreichte, dass die Männer freigelassen werden, an denen er ohne Kopf noch vorbeilaufen könne. Der Henker schritt zur Tat, hieb mit einem sauberen Schnitt Störtebekers Kopf ab und das Wunder geschah (angeblich): Der kopflose Pirat lief los. Tatsächlich soll er 11 Leute passiert haben, dann stellte ihm der Henker ein Bein, er fürchtete um seinen Lohn.

Diese Szene wird auch im **Hamburger Dungeon** ㉚ nachgestellt. Im **Museum für Hamburgische Geschichte** (s. S. 81) werden Schädel ausgestellt, die von Störtebeker und seinen Leuten stammen sollen.

---

ren!), dauern eine Stunde und finden mehrmals täglich statt. Hotline für Konzert-Tickets: Tel. 35766666 (tägl. 10–20 Uhr)

㉟ Prototyp ★   [P12]

In einem imposanten ehemaligen Fabrikgebäude werden **seltene Boliden** ausgestellt, die Ausstellung trägt den genauen Namen: „Prototyp – Personen.Kraft.Wagen". Es werden Prototypen gezeigt, darunter auch einige Unikate, seltene Sportwagen aus 70 Jahren, u. a. einige **Originalrennwagen**, zum Beispiel ein Jordan F1, mit dem Michael Schumacher 1991 fuhr. Aber nicht nur Gucken sondern auch Mitmachen ist möglich: In einem **Fahrsimulator** kann sich jeder Besucher mal in einen Porsche-Fahrer verwandeln.

› Prototyp – Personen.Kraft.Wagen, Shanghaiallee 7, Tel. 39996970, www.prototyp-hamburg.de, Di.–So. 10–18 Uhr, Erw. 10 €, Kinder (4–14 Jahre) 4,50 €, U1 Meßberg

Erlebenswertes im Zentrum

㊱ Internationales Maritimes Museum Hamburg ★★★ [P12]

Der Kaispeicher B in der HafenCity wurde umgebaut und beherbergt nun dieses einmalige Museum. Basis ist die weltweit größte maritime Privatsammlung von **Peter Tamm**, Ex-Vorstand beim Springer-Verlag.

Die schieren Zahlen sind schon beeindruckend: 1000 größere Schiffsmodelle, 36.000 Miniaturmodelle, 5000 Gemälde, Grafiken und Aquarelle. Ein Großteil davon wird auf neun Ausstellungsdecks mit jeweils eigenen Themenschwerpunkten dauerhaft präsentiert. Große Entdecker und ihre Fahrten, die Entwicklung des Schiffbaus, der Segel-, Passagier- und Handelsschifffahrt sowie verschiedener Marinen werden vorgestellt.

Für Kinder ist auf Deck 1 das sogenannte „**Schwimmende Klassenzimmer**" eingerichtet, wo Spiele, Bücher und Bastelmaterial zur Verfügung stehen. Dort befindet sich auch ein Modell des Kreuzfahrtschiffes **Queen Mary 2**, gebaut aus etwas weniger als **einer Million Legosteinen!**

Sehr spannend ist auch das auf Deck 7 vorgestellte Wissen zur **Tiefseeforschung**. Oben auf Deck 8 befindet sich eine breite **Kunstsammlung** zur Marinemalerei sowie eine **Schatzkammer** mit Modellen aus Elfenbein, Bernstein und einem Schiffsmodell aus purem Gold. Es zeigt die Santa Maria, eines der Schiffe, mit denen Kolumbus Amerika entdeckte. Oben auf Deck 9 schließt eine einzigartige Ausstellung von **Schiffsmodellen** im Miniaturformat den Besuch ab.

› **Internationales Maritimes Museum Hamburg**, Kaispeicher B, Koreastr. 1, Tel. 30092300, www.internationales-maritimes-museum.de, Mo.–So. 10–18 Uhr, Erw. 13 €, ermäßigt 9,50 €, Familien 15 € (1 Erw. mit Kindern ab 6 Jahren) bzw. 27 € (2 Erw. mit Kindern ab 6 Jahren), ab 16.30 Uhr gilt das „Störtebeker Ticket" für 6 €. Bus Nr. 111 bis Osakaallee oder Bus Nr. 6 bis Bei St. Annen, U4 Überseequartier

Die Marco Polo-Terrassen mit dem Marco-Polo-Tower (s. S. 120)

Erlebenswertes am Hafen

Barkassen schaukeln träge in den Wellen, Schlepper tuten energisch, Möwen kreischen heiser, Containerriesen schieben sich majestätisch durchs Bild. Hafenromantik pur bei ner Pulle Bier mit windzerzaustem Haar – ein Pflichtprogramm für jeden Besucher!

Hamburg und sein Hafen – die gehören zusammen. Der Hafen steht in erster Linie für harte, ehrliche Maloche. Geknüppelt wurde hier schon immer: Wer hier schuftete, musste hart anpacken – da war nix mit Anzug und so! Und nach der Schicht gab's eine Pulle Astra, Hamburgs „ehrliches Bier". So weit die Klischees, die in diesem Fall sogar stimmen. Wer im Hafen arbeitete, wurde nicht reich. Das wurden nur die Händler, die Kaufleute, die Reeder.

Eine Menge Leute leben noch heute vom Hafen. Etwa 45.000 Menschen sind dort direkt beschäftigt. Und zählt man die indirekt vom Hafen abhängigen Jobs in Reedereien, Speditionen etc. in der Metropolregion Hamburg hinzu, sind es insgesamt sogar 163.000 Menschen.

Weltweit ist Hamburg die Nr. 11 im Containerverkehr und der zweitwichtigste europäische Hafen nach Rotterdam. Er ist knapp über 800 Jahre alt, wobei aber die Sache mit dem Alter so eine Sache für sich ist. Am 7. Mai 1189 ließ sich der damalige Herrscher Graf Adolf III. von Kaiser Friedrich Barbarossa einen **Freibrief** geben, Waren ohne Zoll in Hamburg handeln zu können. Dieses Datum wird jedes Jahr erneut als Hafengeburtstag in einer mehrtägigen Riesenparty groß gefeiert. Nur leider geht man heute davon aus, dass besagter Brief gefälscht war ... Macht nichts,

⌂ Hamburg wird noch immer von großen Schiffsschrauben angetrieben

▷ Beste Aussichten - es kommt wie immer nur auf den Standpunkt an

Erlebenswertes am Hafen

Hafenfähre

Fähre Nr. 62 befährt die Strecke entlang der Hafenkante zwischen Landungsbrücken 43 und Finkenwerder auf der anderen Elbseite. Dabei fährt sie immer am stadtseitigen Elbufer entlang (Haltepunkte am Fischmarkt 45, Dockland 53 und Övelgönne 54), bevor sie dann in Finkenwerder endet. Danach gehts auf dem gleichen Weg zurück.
› Frequenz: alle 15 Minuten, auf der Fähre gelten die HVV-Tickets

Sightseeing mit der U3

Normalerweise fahren U-Bahnen unterirdisch, die U3 über weite Strecken aber nicht. Am besten an der Station „Mönckebergstraße" zusteigen, auf der linken Seite Platz nehmen und Richtung „Barmbek" fahren. Kurz nach der Station „Rathaus" kriecht die U-Bahn ans Tageslicht und fährt an den Landungsbrücken 43 vorbei. Es bietet sich ein fantastischer Hafenpanoramablick. Bei „St. Pauli" verschwindet die Bahn für 4 Stationen noch einmal unter der Erde, taucht aber nach „Schlump" wieder auf. Ab da gehts oberirdisch bis zur Endstation durch noble Wohnbereiche von Eppendorf und Winterhude. An der Endstation in Barmbek entweder die gleiche Tour noch mal zurück oder weiter mit der U3 zum Hauptbahnhof, denn diese Linie verkehrt als Ringbahn.
› Frequenz: alle 5 Minuten

Den Hafen im Blick

Hinter den Landungsbrücken liegt die gleichnamige U- und S-Bahn-Station, die über eine Brücke erreichbar ist. Direkt dahinter wiederum **erhebt sich steil ein Geesthang**, auf dem ganz oben die Jugendherberge „Auf dem Stintfang" liegt (eine Treppe führt hinauf). Knapp unterhalb der Jugendherberge befindet sich ein Aussichtspunkt, von dem man einen sagenhaften Blick über den Hafen und die Landungsbrücken genießt.

Jenseits der breiten Straße hinter den Landungsbrücken erhebt sich das Hotel Hafen Hamburg. Fast ganz oben, im 12. Stock, befindet sich die **Tower Bar** (s. S. 91), von der man speziell zur Dämmerung einen gigantischen Fernblick hat. Außerdem bietet die Happy Hour (18–19 Uhr) Gelegenheit für einen **Sundowner im 12. Stock**

Das **Block Bräu** (s. S. 84) ist ein relativ großes Lokal mit **geräumiger Terrasse,** auf der man neben dem selbstgebrauten Bier auch einen phänomenalen Blick über den Hafen genießen kann.

Einmal **durch den Alten Elbtunnel** marschieren lohnt allemal. Der Grund: Oben auf der anderen Elbseite angekommen, sollte man nach links den schmalen Weg zurück zur Elbe gehen, denn von dort bietet sich ein unvergleichliches Panorama auf die Elbe mit den Landungsbrücken 43, dem Michel 37 und der Rickmer Rickmers 42.

084ha Abb.: fr

für die Stadt brachte dieses Recht einen enormen **Aufschwung**. Die Stadt Hamburg wuchs beständig und mit ihr der Hafen. Mittlerweile hat er sich deutlich **ausgedehnt**, vor allem nach Süden. Früher machten die kleinen Handelssegler noch mitten in der Innenstadt vor den Lagerhäusern der Kaufleute fest und entluden ihre Waren direkt in die Speicherböden. Das können die riesigen Containerschiffe heute nicht mehr. Der Hafen ist mittlerweile derartig gewachsen, dass er gar nicht so richtig besichtigt werden kann, zumindest nicht von der Innenstadt aus. Aber Kaianlagen, Trockendocks, Containerbrücken und natürlich jede Menge Schiffe lassen sich noch immer beobachten. Und die Prise **Hafenromantik** gibts bei einem **Spaziergang** vom Baumwall ㊴ (gleichnamige U-Bahn-Station) bis zu den Landungsbrücken ㊸ (gleichnamige U- und S-Bahn-Station) oder gar bis zum Fischmarkt ㊺ umsonst dazu.

Und wer ein wenig tiefer in die Hafenanlagen „eintauchen" will, unternimmt eine **Hafenrundfahrt** von den Landungsbrücken ㊸.

㊲ St. Michaeliskirche (Michel) ★★★ [M11]

Der „Michel", wie die St. Michaeliskirche von den Hamburgern genannt wird, ist nicht nur irgendein ein Wahrzeichen der Hansestadt. Die Hamburger haben regelrecht eine liebevoll-emotionale Bindung an diese Kirche entwickelt. Das wird auch immer wieder durch das hohe Spendenaufkommen bewiesen und draußen vor der Kirche durch quadratmetergroße Spenderplatten mit allen Namen dokumentiert. Aber auch der ungemein hohe Zuspruch, wenn im Michel Konzerte stattfinden oder wenn kurz vor Heiligabend bekannte Schauspieler die Weihnachtsgeschichte lesen, spricht Bände. Dann sind die 2500 Plätze ruckzuck ausverkauft und man kann eine Stecknadel zu Boden fallen hören, so feierlich-gespannt wird dem Vorleser gelauscht. Wie gesagt, die Hamburger haben ein sehr emotionales Verhältnis zu „ihrem" Michel.

Geschichte

Ursprünglich gab es nur eine kleine St. Michaeliskirche (die existiert übrigens noch heute), aber nachdem die westliche Vorstadt mit in den Befestigungsring der Stadt einbezogen wurde, reichte die Kirche für die Größe der Gemeinde nicht mehr aus. Ein Neubau musste her und wurde von 1648 bis 1661 unter Anleitung von **Christoph Corbinus** aus Altona gebaut, nur knapp 200 m von der alten Kirche entfernt. Diese erste **dreischiffige Backsteinkirche** wurde am 10. März 1750 von einem Blitz getroffen und brannte aus.

Der Wiederaufbau begann 1751 nach Plänen von **Johann Leonard Prey**. Es gab zwischenzeitlich einige Verzögerungen durch Konstruktionsveränderungen, aber am 19. Oktober 1762 wurde der Michel dann erneut feierlich eingeweiht. Der **Turm** entstand später (1777–1786). Bis zum

> **KLEINE PAUSE**
>
> **Labskaus am Michel**
> Der **Old Commercial Room** (s. S. 87) liegt vis à vis vom Michel. Das spült viele Touristen ins Lokal, das aber auch unter Hamburgern sehr beliebt ist. Hübsch maritim dekoriert und mit einer mehrsprachigen Speisekarte. Sehr geschätzt ist hier das Labskaus.

3. Juli 1906 blieb die Kirche unverändert, dann brach bei Lötarbeiten am Turm erneut ein **Feuer** aus. Der Turm stürzte ins Kirchenschiff und setzte es in Brand. Es war aber keine Frage, der Michel wurde erneut aufgebaut. Noch einmal wurde die Kirche durch **Bombenangriffe** während des Zweiten Weltkriegs schwer beschädigt, die letzten Schäden konnten erst 1952 beseitigt werden.

Die Kirche

An der Außenwand befinden sich **Denkmäler** zu Ehren von **Martin Luther** und dem ehemaligen Bürgermeister **Johann Heinrich Burchard** (1852–1912). Etwas versteckt wurde außen auch eine **Plakette** angebracht, die erklärt, dass 1983 ein Hamburger Kaufmann aus Übersee die Summe von 4 Mio. DM für die Reparatur des Kirchturms spendete. Die Hamburger haben eben eine emotionale Bindung an „ihren" Michel.

Über dem Eingang prangt eine **Skulptur**, sie stellt den Heiligen Michael dar, wie er den Satan besiegt.

Der Innenraum vom Michel ist hell und goldfarben gehalten und steht auf dem Grundriss eines gedrungenen Kreuzes. Die aus Marmor geschaffene **Kanzel** wurde so platziert, dass sie von **allen 2500 Sitzplätzen** aus eingesehen werden kann. Der 22 m hohe **Altar** wurde ebenfalls aus Marmor erschaffen, das Bild zeigt die Auferstehung Christi. Die **Steinmeyer-Orgel** steht auf der Westempore und zählt 6665 Pfeifen. Sie ist damit Hamburgs größte Orgel. In der Mitte des Altarbereiches steht das kleine **Taufbecken** (1763), umgeben von einem kunstvollen schmiedeeisernen Gitterwerk. Der schmiedeeiserne **Opferstock**, der Gotteskasten, stammt noch aus dem 18. Jahrhundert und steht am Eingang zur Gruft.

Der **Gruftkeller** verläuft unterhalb der gesamten Kirche. Insgesamt 52 Granitsäulen unterteilen den Raum, in dem früher die Toten bestattet wurden. Es gab 268 Grabkammern, die bis zu vier Meter tief in die Erde reichten. Hier wurden bis zu vier Särge gestapelt. In der Zeit von 1762 bis zu dem Verbot der Bestattungen innerhalb der Stadtmauern im Jahr 1812 wurden 2145 namentlich bekannte Bürger und auch eine Reihe anonymer Toter im Michel beigesetzt. Im Jahr 1906 wurden nach dem Brand die letzten menschlichen Überres-

Der Michel in voller Pracht

te zum Friedhof Ohlsdorf 65 überführt. Neben Grabstelen einiger bekannter Hamburger befindet sich in der Gruft auch die Ausstellung „Michaelitica" zur Geschichte des Michel. Außerdem läuft permanent ein 30-minütiger Film über die Geschichte Hamburgs.

Auf den **Kirchturm** wollen wohl alle Besucher. Entweder steigt man dazu 452 Stufen hoch oder man fährt viel bequemer im Fahrstuhl. Der Turm hat eine Höhe von 132 m, die Aussichtsplattform befindet sich bei 106 m Höhe. Ein kaum noch zu überbietender Rundblick ist der Lohn.

Knapp unterhalb der Aussichtsplattform befindet sich die **größte Kirchenuhr** Deutschlands. Allein das Zifferblatt hat einen Durchmesser von 8 m. Der kleine Zeiger misst 3,65 m, der große 4,95 m! Der Minutenzeiger beschreibt einmal pro Stunde mit seiner Spitze einen Kreis von 24 m!

Seit drei Jahrhunderten treten unterhalb der Uhr regelmäßig **Turmbläser** in Aktion. Werktags um 10 Uhr und 21 Uhr, sonntags um 12 Uhr wird in alle vier Himmelsrichtungen ein Choral geblasen. Ursprünglich bliesen sie sogar stündlich und verkündeten so die Zeit.

› St. Michaeliskirche, Krayenkamp 4c, Tel. 376780, Turm: Mai–Sept. tägl. 9–20 Uhr, Nov.–März 10–18 Uhr, April/Okt. tägl. 9–19 Uhr. Die Kirche ist zu den gleichen Zeiten geöffnet, am So. aber erst ab 12.30 Uhr. Turm: Erw./Kinder bis 15 Jahre 5 €/3,50 €, Krypta und Multivisionsshow Hamburg History: 4 €/2,50 €, mit Turm: 7 €/4 €, www.st-michaelis.de. Außerdem „Nachtmichel": Blick über das nächtliche Hamburg, meist zwischen 19.30 und 24 Uhr (ab Nov. schon ab 17.30 Uhr) möglich. Tickets nur vor Ort, www.nachtmichel.de, 10,50 €, Kinder 8,50 €, S1/S3 Stadthausbrücke.

38 Kramerwitwenwohnungen ★ [M11]

Ganz in der Nähe vom Michel 37 liegen die Kramerwitwenwohnungen, das letzte erhaltene Beispiel für eine geschlossene Hofbebauung mit Fachwerkhäusern des 17. Jahrhunderts.

Das Krameramt war eine Art **Interessenverband** der örtlichen Händler (Krämer genannt), der sich bereits 1375 etablierte. Ihre Zunftzeichen, Balkenwaage und Elle, stehen im Untergeschoss der Museumswohnung.

Das Krameramt stellte schon 1676 für insgesamt 20 Witwen **freien Wohnraum** zur Verfügung. Hintergrund war, dass die **Witwen** aus ihren Wohnungen über den Läden ausziehen sollten, damit ein neuer Händler Arbeits- und Wohnstätte übernehmen konnte. Die noch erhaltenen Reihenhäuser zeigen eine **typische Wohnsituation des 17. Jahrhunderts:** Sie sind alle gleich gebaut, mit drei Etagen und ziemlich schmal. Da die Grundstückspreise damals recht hoch waren, baute man in die Höhe und die oberen Wohnungen sind sogar etwas breiter als die unteren. Im Erdgeschoss befindet sich neben dem Flur die Küche, der obere Stock ist der Wohn- und Schlafbereich und dann existiert noch ein Obergeschoss. Eine sehr schmale Treppe führt nach oben, die Fenster weisen zum engen Innenhof. Die Einrichtung stammt zumindest teilweise tatsächlich aus ehemaligen Witwenwohnungen. Dieses kleine Ensemble ist das letzte erhaltene Beispiel einer Wohnsituation aus dem sogenannten „**Gängeviertel**", alle anderen Häuser dieser Art wurden komplett zerstört. Bis Ende der 1960er-Jahre wohnten hier noch ältere Hamburger. An der linken Wand, gleich neben dem Ein-

Erlebenswertes am Hafen

gang zu dem Komplex der Krameramtsstuben, befindet sich ein witziger gezeichneter Abriss über wichtige Daten der Hamburger Geschichte.

Heute befinden sich in den Häusern an dem schmalen Gang neben der Museumswohnung einige kleine **Geschäfte** und ein **Lokal** mit Namen „Krameramtsstuben". Aber Obacht! Am oberen Türrahmen steht der Hinweis: „Duk di!" (Bück Dich!) – aus gutem Grund: Alle Türen sind für heutige Maßstäbe zu niedrig.

> **Kramerwitwenwohnungen**, Krayenkamp 10, Tel. 37501988, Das Hausensemble ist tägl. ab 10 Uhr zu besichtigen (kostenlos), eine spezielle alte Witwen-Wohnung kann April-Okt. Mo., Mi.-Fr. 10-17, Sa./So. 10-18 Uhr, und von Nov. bis März Sa./So. 10-17 Uhr (2,50 €) besichtigt werden (www.kramerwitwenwohnung.de).

❸❾ Baumwall ★ [M11]

Der Name „Baumwall" hat eine historische Bewandtnis. An der Einfahrt zum ehemaligen Binnenhafen an der Alster wurde 1662 ein imposantes Gebäude gebaut, das sogenannte „Baumhaus". Von dort kontrollierte der **Zoll** alle Schiffe, aber nur tagsüber. Am Abend legten die Zöllner eine **Holzbarriere** vor die Einfahrt, kein Schiff konnte dann mehr passieren. Diese Barriere wurde „Niederbaum" genannt und bestand aus einer doppelten Palisadenreihe mit einem Schwimmbaum. Diese Sperre wurde bis 1852 genutzt, das Baumhaus wurde 1857 abgerissen.

❹⓿ Ditmar-Koel-Straße ★ [M11]

Von den Landungsbrücken ❹❸ zweigt eine äußerlich unscheinbare Straße ab, die Ditmar-Koel-Straße. Benannt ist sie nach einem ehemaligen **Hamburger Bürgermeister** (1548–1563), der vorher Kapitän und Piratenjäger war. An der Kersten-Miles-Brücke, die bei der U-Bahn-Station „Landungsbrücken" die Helgoländer Allee quert, befindet sich ihm zu Ehren eine **Skulptur**. Einst lag hier eine reine **Arbeitergegend**, die mit dem und vom Hafen lebte und das Gebiet hat eine gehörige Portion Flair aus jenen fernen Tagen retten können.

Man findet hier **kleine Läden**, die Kurioses und Notwendiges, Handgemachtes und Vergangenes anbieten. Man sollte sich Zeit lassen bei einem Bummel über die 380 m lange Straße, dann bleibt man vielleicht bei ei-

▷ *Flanieren an den Landungsbrücken* ❹❸ *mit Blick auf die Elbphilharmonie* ❸❹

nem der zahlreichen kleinen Läden stehen, ganz bestimmt aber an einem der vielen **spanischen und portugiesischen Lokale**. Die gibt es hier an jeder Ecke, und das darf wörtlich genommen werden, deswegen trägt diese Zone auch den Beinamen „Portugiesenviertel". Kurios und auch irgendwie passend: Die **Kirchengemeinden aller vier skandinavischen Länder** haben einträchtig in der Ditmar-Koel-Straße ihren Sitz. Meist wird am Wochenende vor dem 1. Advent in allen vier Kirchen ein sehr beliebter Adventsmarkt abgehalten, auf dem es dann ausschließlich skandinavische Produkte gibt.

> U/S „Landungsbrücken"

Ein Weinberg am Hamburger Hafen

*Nein, das ist **kein Aprilscherz!** In Hamburg gibt es einen Weinberg und alljährlich werden die Trauben gepflückt und anschließend zu Wein verarbeitet. Zwar in äußerst bescheidenen Mengen, aber immerhin. Dieser wahrlich einmalige Weinberg befindet sich knapp unterhalb der Jugendherberge Stintfang in perfekter **Südhanglage**.*

*Wie kam es dazu? 1996 pflanzten **Stuttgarter Winzer** hier versuchsweise 50 Weinstöcke. Dem Vernehmen nach waren es sehr widerstandsfähige Trauben ... Es klappte, aber nur in geringen Mengen. An die **50 bis 60 Liter** kommen immerhin zusammen und die Flaschen bekommt die Bürgerschaft. Nicht zum Eigenverzehr, die Flaschen werden als Gastgeschenk weitergereicht – sozusagen als ein wahrlich „seltener Tropfen".*

Cap San Diego ★ [M12]

Die MS Cap San Diego wurde 1962 als **Stückgutfrachter** von der Reederei Hamburg-Süd in Dienst gestellt. Bis 1982 befuhr sie unter Hamburger Flagge alle Weltmeere, dann wurde sie ins Ausland verkauft. Nur wenige Jahre später sollte das Schiff verschrottet werden, aber der Hamburger Senat sprang rechtzeitig ein und kaufte den Dampfer. Seit dem 31.Oktober 1986 liegt die San Diego nun als **Museumsschiff** im Hafen an der Überseebrücke.

Besichtigt werden kann beinahe alles, nur wenige Räume sind gesperrt. Wer eintaucht in das Labyrinth aus schmalen Gängen, steilen Treppen und mehreren Decks, kann nur staunen, über wie viel **Technik** so ein Schiff von 140 m Länge verfügt. Wie groß der Maschinenraum ist und wie eng es dort unten zugleich für die Maschinisten zuging, ahnt man erst, wenn man es mit eigenen Augen gesehen hat.

Die San Diego bietet auch einen Audio Guide, der Besucher an über 20 Stationen mit dem Leben an Bord vertraut macht. Immerhin konnten knapp 10.000 Tonnen Ladung gebunkert werden. Neben dem Maschinenraum können auch Mannschaftskammern, Offiziersmesse und Kapitänskajüte besucht werden.

> **Cap San Diego**, Überseebrücke, Tel. 364 209, www.capsandiego.de, tägl. 10–18 Uhr, Erw. 7 €, Kinder unter 14 Jahre 2,50 €, Familien 14 €, Audio-Guide 3 €, U3 Baumwall

> *Die Rickmer Rickmers*

Erlebenswertes am Hafen 55

42 Rickmer Rickmers ★★ [L11]

Das Museumsschiff Rickmer Rickmers ist das vielleicht schönste Segelschiff weit und breit. Der **Dreimaster** liegt am Fiete-Schmidt-Anleger und kann besichtigt werden. Die 97 m lange Rickmer Rickmers wurde 1896 erbaut und im gleichen Jahr als **Lastensegler** in Dienst gestellt. 1912 übernahm eine Hamburger Reederei das Schiff und setzte es auf der Strecke nach Chile ein, um Salpeter zu transportieren. 1962 wurde das Schiff dann außer Dienst gestellt und dümpelte 20 Jahre vergessen in einer Werft herum. 1983 wurde der Segler nach Hamburg geschleppt. Vier Jahre dauerten die Renovierungsarbeiten durch freiwillige Helfer und seit September 1987 erstrahlt die Rickmer Rickmers im alten Glanz.

Besucher können sich alle Räume anschauen, sowohl die kargen Kajüten der Mannschaft, als auch die etwas komfortableren Offiziersquartiere. Im ehemaligen Frachtraum befindet sich heute ein **Restaurant** mit zwei Sälen für 60 bzw. 120 Personen.

› **Rickmer Rickmers**, Landungsbrücken, Ponton 1a, Tel. 3195959, www.rickmer-rickmers.de, tägl. 10–18 Uhr, Erw. 5 €, Kinder 4 bis 12 Jahre 3 €, Familien 12 €, S1/S3 Landungsbrücken

43 Landungsbrücken ★★★ [L11]

Auf den schwimmenden Landungsbrücken an der Elbe kann jeder Besucher eine echte Prise Hafenluft schnuppern, eine kleine Seereise durch den Hafen starten oder auch einfach nur bei einem Bierchen das Hafenpanorama bestaunen.

Die Landungsbrücken bestehen aus insgesamt **acht Pontons**, die miteinander verbunden sind. Sechs davon, mit einer Gesamtlänge von knapp 700 m, sind für die Öffentlichkeit zugänglich. Oberhalb befindet sich ein großes Gebäude: Hier wurden früher die Passagiere abgefertigt.

Die ersten Landungsbrücken entstanden 1839. Damals kamen die ersten **Dampfschiffe** auf und verdrängten so langsam die Segelschiffe. Die Hamburger Kaufmannschaft sah sofort die **Vorteile**, denn diese neuen Schiffe fuhren natürlich schneller und waren nicht auf Wind angewiesen. Sie erkannten aber auch eine **potenzielle Gefahr**, denn die Dampfschiffe mussten ja Kohlen bunkern und fuhren unter Feuer. Diese Gefahr wollte man nicht im Hamburger Hafen, also entstand weit außerhalb des damaligen Hafens ein neuer Bereich, die Landungsbrücken. Hier konnten Kohle geladen, Passagiere abgefertigt und Ware umgeschlagen werden. Au-

ßerdem konnte im Notfall nicht viel passieren, die Zone lag schon etwas isoliert und weit genug von den Segelschiffen und Hafenanlagen entfernt.

Dazu entstand das noch heute existierende **Abfertigungsgebäude** mit den markanten Ecktürmen. Der Ostturm zeigt neben der Zeit auch den Wasserstand an. Hier stieg man auf beweglichen Brücken hinunter auf die Pontons und dann zu den Schiffen. So wird es noch heute gehandhabt, nur dass in dem Gebäude keine Passagiere mehr abgefertigt werden.

Heute kann man hier ganz nett spazieren, ein paar Souvenirs kaufen, auch ein Bier trinken oder gar eine ganze Mahlzeit einnehmen. Von hier starten auch etliche Schiffe zu einer **Hafenrundfahrt**, aber auch ganz reguläre **Hafen- und Elbfähren** verkehren hier nach Fahrplan.

› U-/S-Bahn Landungsbrücken

KLEINE PAUSE

Essen am Hafen
Unmittelbar bei Brücke 3 liegt das Lokal Blockbräu (Nr. 52) mit seiner großen Hafenblick-Terrasse. Ganz hinten an den Landungsbrücken bietet „Brücke 10" ausgesprochen leckere Fischbrötchen an. Es ist ab 10 Uhr geöffnet.

Astra-Biergarten
Direkt an den Landungsbrücken befindet sich leicht erhöht ein Biergarten mit einer ziemlich großen Terrasse, von der man wunderbar auf die Elbe schauen kann.

🕒 **14** [L11] **Astra-Biergarten,** Landungsbrücken, Brücke 2, Tel. 31794484, April–Okt. Mo.–Do., So. 10–22, Fr./Sa. bis 1 Uhr

㊹ Alter Elbtunnel ★★ [K11]

Fakten zum Alten Elbtunnel
› Länge: 426,5 m
› Röhren: zwei
› Breite der Röhren: 1,92 m
› Sohlentiefe: 24 m
› Höhe der Röhren: 6 m (Maß war eine Kutsche mit aufgestellter Peitsche)

Eine **kleine technische Sensation** war es schon, als 1911 der Elbtunnel eröffnet wurde. Heute heißt er „Alter Elbtunnel", da 1975 der neue, moderne Tunnel unterhalb der Elbe gebaut wurde, durch den die A7 führt.

Erlebenswertes am Hafen

Der Hafen boomte Ende vorletzten Jahrhunderts, viele Menschen fanden Arbeit auf den Werften und in den Lagerschuppen. Ein **Problem** blieb: Wie sollten diese alle über die Elbe zu ihren Arbeitsplätzen gelangen? Die kleinen Fähren schafften bald den Ansturm nicht mehr und da entschloss sich der Senat zu einem richtungsweisenden Bau. Ein fast 500 m langer Tunnel wurde tief unterhalb der Elbe von einem Ufer zum anderen getrieben. Keine leichte Aufgabe! Am 7. September 1911 wurde er aber feierlich eröffnet und die Arbeiter strömten sogleich durch den neuen Tunnel.

Auch heute wird der Tunnel noch genutzt. Autos und Menschen fahren wie schon in den Anfängen **per Aufzug** hinunter: Für Fußgänger gibt es einen modernen Lift, Autos nutzen einen nostalgischen Fahrstuhl, es gibt auch jeweils eine Treppe mit 132 Stufen. Unten führen zwei relativ **schmale gekachelte Röhren** auf die andere Seite hinüber. Autos schrammen immer haarscharf am Kantstein vorbei, die Tunnel waren eben nicht für moderne Pkws geplant. Auf der anderen Seite geht es dann abermals mit einem Lift nach oben. Es ist geplant, dass ab 2019 keine Autos mehr durch den Tunnel fahren können.

Fußgänger zahlen übrigens nichts und können den Tunnel jederzeit passieren, Autofahrer zahlen eine geringe Gebühr und dürfen Montag bis Freitag von 8 bis 18 Uhr durchfahren, am Samstag und Sonntag hingegen nicht.

› U-/S-Bahn oder Bus Nr. 112 Landungsbrücken

◁ *Der Hafen romantisch: die Landungsbrücken*

▷ *Das schenk ich Dir für 10 Euro!*

⑮ Fischmarkt ★★★ [J11]

Keine Frage, der sonntägliche Fischmarkt muss besucht werden, egal wie lang die Nacht vorher war. Gehandelt wird hier alles, doch die Stars sind bestimmte Händler, die ein wahres schauspielerisches Talent an den Tag legen. Ein tolles Spektakel! Man muss nur sehr früh aufstehen, denn bereits um 9.30 Uhr ist Schluss!

Schon seit 1703 verkauften **Altonaer Fischer** am Sonntagmorgen an dieser Stelle Fisch. Die Hamburger Fischer handelten damals noch in der Hamburger Innenstadt, aber das sollte sich ändern: Die Fischer wurden an den Elbrand gedrängt. Damit die Händler und Käufer es auch rechtzeitig zum **Gottesdienst** in die Kirche schafften, war und ist noch immer (!) um 9.30 Uhr Schluss. Dann ertönt die Marktglocke und alle müssen einpacken. Das wird auch kontrolliert, wer später noch beim Handeln erwischt wird, handelt sich Ärger ein. Der Tag des Hamburg-Marathons bildet eine

Erlebenswertes am Hafen

EXTRATIPP

U-434 am Fischmarkt
Direkt beim Fischmarkt liegt ein 1976 gebautes U-Boot am Kai. Es handelt sich dabei um ein ehemaliges **russisches, nicht atomgetriebenes U-Boot** von ca. 90 Meter Länge. Es kann sowohl in einer geführten Gruppe als auch individuell besichtigt werden.

★15 [J11] **U-Bootmuseum Hamburg,** Fischmarkt 10, Tel. 32004934, www.u-434.de, Mo.–Sa. 9–20 Uhr, So. 11–20 Uhr, Erw. 9 €, Kinder 6 €, Senioren ab 65 J. 7 €, Fam. 22 €, Führungen: 4 € pro Person

Ausnahme. Dann werden die Marktzeiten bis 10.45 Uhr verlängert.

Unter freiem Himmel bauen heute Hunderte von Händlern ihre Stände auf, und das jeden Sonntag, egal ob Sommer oder Winter. Gehandelt wird mittlerweile alles, längst nicht mehr nur Fisch, sondern auch Gemüse, Obst, Pflanzen, Bekleidung, Krimskrams und Unnützes. Schnäppchen kann man vielleicht noch machen, aber hauptsächlich dürfte das Ganze als ein **unterhaltsames Spektakel** zu betrachten sein. Mit heiserer Stimme krächzt beispielsweise Aale-Fred von seinem Verkaufswagen hinunter ins Volk: „Aale, Aale, Aale, AaAaAale … Nu' kauf' doch endlich! Ich will doch auch ins Bett!" Oder Wurst-Willy brüllt: „Un' hier noch ne Mettwuast, un' noch ne Blutwuast, un' noch ne Kochwuast!", und stopft alles in eine Tüte. „Kriechst du nich' füa 25, nich' füa 20, nich' füa 15 Euro. Nee, die schenk ich dia füa 10 Euro! Los, gib schon her!" Auch Bananen-Fred ist dabei, schnappt sich eine Staude, pflückt einzelne Bananen ab und schleudert sie in die Menge: „Ahahahaha – hia gipas was umsonst! Los Herrschaften, ich wills loswerden! Nehmt schon! Nu mach hinne! Ahahahaha". Sagts und schleudert noch ein paar Apfelsinen hinterher.

Frühaufsteher treffen sich hier mit **Übriggebliebenen,** die die Nacht auf St. Pauli durchgemacht haben.

› **Fischmarkt,** So. 5–9.30 Uhr, Nov.–März 7–9.30 Uhr vor der Straße St. Pauli Fischmarkt. S-Bahn bis Reeperbahn und dann über die Straße Pepermölenbek runter zur Elbe oder von den Landungsbrücken ca. 700 m an der Elbe entlang.

🚇 Reeperbahn ★★★ [J10]

„Auf der Reeperbahn nachts um halb eins, ob Du'n Mädel hast oder auch keins, amüsierst Du Dich, ja das findet sich, auf der Reeperbahn nachts um halb eins." (Kult-Song, u. a. von Hans Albers). Ums Amüsieren ging es auf dieser weltbekannten Straße schon immer – und auch in den Straßen gleich neben der Reeperbahn.

So kennt man sie: Die Reeperbahn glitzert und blinkt, lockt und verführt, zieht viele an und spuckt einen wieder aus – meist nach einer langen Nacht und mit leerer Brieftasche. Aber genau das wollen ja die meisten Besucher: sich amüsieren. Und amüsieren kann man sich unzweifelhaft ganz prima auf dem „Kiez", wie in Hamburg die **Vergnügungsmeile** der Reeperbahn und der paar angrenzenden Straßen genannt wird. Das war schon früher so, als die Gegend noch „**Hamburger Berg**" genannt wurde und vor den Toren der Stadt lag – was man durchaus wörtlich nehmen darf. Die Stadttore, vor allem das **Millerntor** zum Hamburger Berg, wurden nachts geschlossen, was die vergnügungssüchtigen Hamburger schweren Herzens wieder zurück in ihre Stadt trieb. Ähnlich verhielt es sich

Erlebenswertes am Hafen

mit Altonaer Bürgern, die mussten das **Nobistor** rechtzeitig passieren. Erst als 1860 die Torsperre aufgehoben wurde, boomte auch das Nachtleben auf **St. Pauli,** wie der Bereich seit 1833 genannt wird. Damals wurde die Zone Hamburg **eingemeindet,** lag aber weiterhin vor den Toren der Stadt. So richtig dazugehören sollten die Sankt Paulianer wohl schon damals nicht, es gab dort aber all das, was es so geballt innerhalb der Hamburger Stadtmauern eben nicht gab: **Varietés, Theater, Kneipen** und natürlich auch **Prostitution.** Der Hafen war nah, die Seemänner auf Landgang erlebnishungrig und wo eine Nachfrage, da gibts auch ein Angebot. Die Reeperbahn war dabei schon immer die Hauptmeile, dabei lebte hier ursprünglich eine ganz seriöse Berufsgruppe, die **Reepschläger.** Das waren Seilmacher, die für das Verdrillen der Taue sehr lange Bahnen benötigten und die fanden sie hier. Daraus entwickelte sich später der Straßenname „Reeperbahn", den es übrigens auch in anderen Städten gibt.

Nach Aufhebung der Torsperre florierte das Nachtleben dann erst so richtig und es wurden auch alsbald reine **Bordellstraßen** eingerichtet, wie die noch heute existierende **Herbertstraße.** Es ist die einzige Straße, in der alle Häuser eine Bordellkonzession haben, Jugendliche unter 18 Jahren und Frauen dürfen hier nicht durchgehen.

Schwer angesagte **Musikklubs** (hießen früher Discos!) locken jetzt die Massen, urige **Pinten** mit korrekten Gästen gibt es genauso wie einige gute **Restaurants.** Natürlich auch noch die „Bordsteinschwalben", wie Prostituierte hier genannt werden, aber die meisten Menschen kommen an den Wochenenden vor allem zum Amüsieren.

Das St. Pauli Theater (s. S. 93)

Erlebenswertes am Hafen

Die Reeperbahn misst knappe 900 m und kann am Tag auch schon mal relativ trübe wirken. Da glitzert dann nichts, da wirkt auch kaum etwas verrucht und man muss schon ein wenig genauer hinschauen, um Lokale wahrzunehmen. Natürlich haben auch einige tagsüber geöffnet, aber das wahre St.-Pauli-Feeling kommt erst am Abend auf. Vom **Millerntor** kommend, ist es etwas bunter – dann speziell auf der linken Straßenseite. Parallel zur Reeperbahn verläuft die Straße **Spielbudenplatz**. Hier im Operettenhaus wurde über ein Jahrzehnt das **Musical** „Cats" aufgeführt, bevor es von anderen Stücken abgelöst wurde und es locken etliche **Musikklubs** und **Kneipen** sowie das **Panoptikum** ❹. Hier steht auch die Davidwache, Hamburgs kleinstes, aber berühmtestes Polizeirevier.

› U3 St. Pauli, S1/S3 Reeperbahn

❼ Panik City ★★ [K11]

Panik City ist eine Multimedia-Schau zum Leben und Wirken des Panik-Rockers **Udo Lindenberg**. Dank ausgefeilter Technik werden Udo und seine künstlerische Welt hautnah erlebbar, Gäste können beispielsweise mit Udo malen und sogar mit ihm singen.

› **Panik City**, Im Klubhaus, Spielbudenplatz 21–22, Tel. (Tickets) 64665500, www.panikcity.de, Tickets: wochentags ab 18,50 €, am Wochenende ab 29,50 €, geöffnet ab 10 Uhr, letzter Einlass zwischen 18 und 21 Uhr (je nach Wochentag). 90-minütige Führungen finden in Gruppen bis max. 20 Personen statt.

❽ Panoptikum ★★ [K11]

Das Panoptikum ist ein seit 1879 am Spielbudenplatz ansässiges **Wachsfigurenmuseum**. An die 100 berühmte Persönlichkeiten sind hier zu bestaunen, darunter viele Politiker, Schauspieler und Künstler.

› **Panoptikum**, Spielbudenplatz 3, Tel. 310317, www.panoptikum.de, Mo.–Fr. 11–21 Uhr, Sa. 11–24 Uhr, So. 10–21 Uhr, Erw. 6,50 €, Pers. unter 18 J. 4,50 €

❾ Sankt Pauli Museum ★ [K11]

Die kleine Ausstellung gibt einen historischen Überblick zu St. Pauli und zeigt vor allem die Entwicklung der letzten Jahre durch großformatige Fotos, Videos und Hinweistafeln.

› **St. Pauli Museum**, Davidstr. 17, Tel. 4392080, www.sankt-pauli-museum.de, Mo.–Mi. 11–18, Do. 11–21, Fr./Sa. 11–23, So. 10–18 Uhr, Erw. 5 €

◿ *Das Klubhaus (s. S. 91) am Spielbudenplatz zeigt eine riesige Leuchtreklame*

▷ *Im Schmidt Theater (s. S. 93) laufen schräge Shows*

Erlebenswertes am Hafen

50 Hans-Albers-Platz ★ [K11]

Nun wird es aber doch ein wenig „kiezmäßiger". Einige Läden, die Sexshows versprechen, feuern ihre Leuchtreklame ab und auf der linken Seite öffnet sich der **Hans-Albers-Platz**. Dieser Platz ist so etwas wie der zentrale Punkt an der Reeperbahn. Allzu viel Spannendes wird man aber nicht entdecken – außer einem eigenwilligen **Denkmal** zu Ehren vom „Blonden Hans", geschaffen vom Künstler Jörg Immendorff, und einer bunten Palette an **Lokalen**. Geboten wird alles, sowohl Kultdisco als auch schmantige Pauli-Pinte. In den angrenzenden Straßen setzt sich die Mischung aus Szeneläden, Bordellen und ganz regulären Wohnungen fort.

51 Große Freiheit ★★ [J10]

Einen kurzes Stück vom Hans-Albers-Platz entfernt, erreicht man die Straße **Große Freiheit**. Hier glitzert St. Pauli nun wirklich. **Lichtreklamen** ragen über die Straße und versprechen Amüsement der vielfältigsten Art. Hier reiht sich ein Lokal an das nächste. Einige existieren schon Jahrzehnte (Kaiserkeller, Indra, Grünspan, Gretel und Alfons – der war schon den Beatles als „Bear Shop" bekannt), andere wechseln nach nur wenigen Monaten Konzept und Namen. Läden mit Showerotik gibt es aber immer noch (z.B. das Dollhouse mit Tabledance).

Aber generell hat sich das Bild der Großen Freiheit in den letzten Jahren gewandelt, denn hier liegen eine ganze Reihe von angesagten **Musikklubs**. Deshalb schiebt sich hier am Wochenende auch viel Jungvolk durch. So richtig neu ist das alles zwar nicht, denn schon in den 1960er-Jahren gab es einen Kult-Musikschuppen auf St. Pauli, den **Star-Club**. Er befand sich an der Großen Freiheit 39. Mehr als eine Gedenktafel im Innenhof ist von dem Gebäude, in dem neben den Beatles auch Jimi Hendrix, Little Richard und Ray Charles die Luft zum brennen brachten, nicht geblieben.

Auch St. Paulis kultige **Drag Queen Olivia Jones** hat hier mittlerweile drei Läden eröffnet, neben der Olivia Jones Bar auch eine Menstrip Bar, in die nur Frauen Zutritt haben.

Übrigens steht am oberen Ende dieser Vergnügungsmeile auch die katholische St.-Joseph-Kirche, in der tatsächlich samstags um 18.30 Uhr und sonntags um 8.30 Uhr Gottesdienste stattfinden. Wer die Reeperbahn weiter hinunterläuft erreicht nach ein paar Läden das **Nobistor**. Jetzt heißt es umdrehen, denn die Reeperbahn ist hier zu Ende.

Der Star-Club und das Ende der Dorfmusik

*Manchmal beginnen **Revolutionen** mit leisen Tönen. Beispielsweise im April 1962, als ein unscheinbares rotes Plakat verkündete: „Die Not hat ein Ende! Die Zeit der Dorfmusik ist vorbei!" Was war geschehen? Noch gar nichts, nur öffnete der **Star-Club** am 13. April 1962 seine Pforten.*

*Der Star-Club, Große Freiheit 39, ist noch heute, knapp 50 Jahre nach seinem Ableben, eine Legende. Hier war man in einer völlig anderen Welt, die nichts mit der Welt zu Hause zu tun hatte. Draußen, im Beruf, bei den Eltern regierte der Muff. „Solche" Musik hörte man einfach nicht. „Dahin" - nach St. Pauli - ging man schon gar nicht, und „so" lange Haare trug man schon mal überhaupt nicht. Der Star-Club war ein Refugium für alle, die nur ein Stückchen **anders sein,** ein bisschen **Freiheit** wollten. Und für die, die **authentischen Rock** hören wollten, denn den bekamen sie dort auf die Ohren. Im Star-Club fühlten sich alle heimisch, Musiker genauso wie Gäste. Größen der damaligen Zeit wie Chuck Berry, Ray Charles, Jimi Hendrix, Little Richard und eben auch die Beatles - damals aber noch völlig unbekannt - gastierten im Star-Club. Die Fans drängten sich bis an die Bühne, standen nur einen knappen Meter von ihren Idolen entfernt.*

Silvester 1969 *fand das letzte Konzert statt, der Star-Club schloss seine Pforten. Sieben Jahre vorher hatte seine Eröffnung das Ende der Dorfmusik eingeläutet, jetzt beendete seine Schließung eine Ära. Seine **Legende** hat ihn allerdings überlebt.*

❺❷ Große Elbstraße ★★ [I11]

Direkt beim Fischmarkt ❹❺ zweigt die Große Elbstraße ab und verläuft über einen guten Kilometer direkt am Ufer der Elbe entlang. Hier liegen einige Lokale, etliche mit sensationeller Elbblickterrasse.

So richtig idyllisch ist sie nun eigentlich nicht, diese Straße, dennoch lohnt ein Bummel. Zum einen beginnt an hier ein **Wanderweg,** der über stolze 12 km immer entlang der Elbe bis **Blankenese** ❻❷ führt. Dies sei aber nur der Vollständigkeit halber erwähnt, denn den gesamten Weg werden wohl nur wenige laufen, oder?

Nur ein Stück weiter, bei der Einmündung der Carsten-Rehder-Straße [I11], öffnet sich ein kleiner Platz, in dessen Hintergrund sich die **Köhlbrandtreppe** befindet. Über diese neugotische, im Jahr 1887 erbaute Treppe gingen früher die **Arbeiter,** aus der Oberstadt kommend, hi-

EXTRATIPP: Buslinie 36

Die Elbchaussee ist zu lang, um sie abzulaufen, und es fließt immer ein ziemlicher Verkehr. Viel bequemer kann die Straße mit dem Schnellbus Nr. 36 (Achtung: 1.-Klasse-Zuschlag!) erkundet werden. Er fährt von Farmsen-Berne kommend, durch die Hamburger Innenstadt, u. a. über die Mönckebergstraße ❷, am Rathaus ❺ vorbei, über die Reeperbahn ❹❻ und erreicht, das Altonaer Rathaus ❺❾ passierend, die Elbchaussee. Dann wird die Prachtallee in voller Länge bis nach Blankenese ❻❷ befahren – zum S-Bahnhof, dort ist Endstation.

Erlebenswertes am Hafen 63

nunter zum Elbrand zur Schicht im Hafen. Die Treppe wurde mit **preußischem Geld** gebaut, da Altona 58 ab 1867 unter preußischer Regentschaft stand. Zur Erinnerung bewacht eine **Rolandsfigur** oberhalb des kleinen Brunnens mit dem Löwenmaul die Wappen von Preußen und Altona.

Genau an diesem Platz liegen auch zwei äußerst **urige Hamburger Kneipen**: der **Schellfischposten** und die **Haifischbar**. Beides sind alte Seemannskneipen mit raubeinigem Charme und Interieur vergangener Tage und im Schellfischposten wird die kultige Sendung „Inas Nacht" mit Ina Müller aufgezeichnet.

Noch einige Meter weiter auf der Großen Elbstraße wird die Zone der **Fischhändler** erreicht. Mehrere Firmen unterhalten Kühlhäuser, aber auch kleine Ladengeschäfte mit **Probiermöglichkeiten** finden sich hier. Oft sind sie nicht viel mehr als ein kleiner Raum mit Stehtischen, aber hier gibt es vorzügliche Qualität und alles ist absolut frisch. Es gibt aber auch **erstklassige Restaurants** mit gehobener Küche, wie das Fischereihafen Restaurant (s. S. 86) oder auch Hensslser & Henssler (s. S. 86).

Die Große Elbstraße verläuft noch wenigstens 500 Meter weiter, aber diesen Weg sollten Spaziergänger nur wählen, wenn sie bis nach Övelgönne weiterlaufen wollen (ca. 1 km). Alle anderen wählen die nach rechts abzweigende Straße **Elbberg** und folgen ihr ein Stück bergauf. Zwischen den beiden unübersehbaren futuristischen Gebäuden in grün-dunkelbraun („Elbcampus") führt eine Treppe nach oben. Dort hochgehen und oben an der Straße nach rechts. Alsbald wird man dann den **Altonaer Balkon** 60 im Stadtteil **Altona** 58 erreichen.

KLEINE PAUSE

Urige Seemanskneipe
16 [I11] **Zum Schellfischposten**, Carsten-Rehder-Str. 6, S 1, 2, 3 „Reeperbahn", Tel. 783422, Mo.–Sa. ab 12, So. ab 8 Uhr. Der Schellfischposten gilt als Altonas älteste Seemannskneipe und genauso sieht sie auch aus: rustikal-gemütlich, geradeaus und etwas eng. Serviert werden kleine Gerichte und Bier.

Kleine Pause im Fisch-Bistro
17 [H11] **Fischbeisl** €, Große Elbstraße 131, Tel. 3907275, tägl. 11.30 bis ca. 21.30 Uhr. Kleines Bistro mit guter Fischkarte, neben Fischbrötchen gibt es eine Tageskarte, kleine Gerichte und Menüs.

18 [H11] **Meeres-Kost** €, Große Elbstraße 135, Tel. 3805621, Di.–Fr. 10–18, Sa. 10–16 Uhr. „Mit Snackappeal" steht über dem Eingang dieses kleinen Bistros und so nett plauderig ist es auch drinnen. An Stehtischen verzehrt man Fischbrötchen, von denen es 12 Varianten zur Auswahl gibt, oder kleine Fischspeisen mit hausgemachten Salaten.

158ha Abb.: fr

53 Dockland ★★ [G12]

Darauf muss man erst mal kommen, ein von außen begehbares Haus zu konstruieren. Spötter nennen es auch eine „bewohnbare riesige Treppe", was aber nur der besseren Erklärung halber gesagt werden soll, denn das Gebäude ist schon ein ganz besonderer Entwurf. Es ist ein Haus, das nicht geradlinig nach oben gebaut wurde, sondern schräg zur Seite kippend, ein wenig trapezförmig. Außen führen zwei Treppen nach oben, sodass Besucher mit ein wenig Mühe aufs Dach steigen können. Wohlgemerkt: von außen, nicht von innen. Denn drinnen hocken Angestellte an ihren Bürotischen und wollen arbeiten. Man muss es wohl gesehen haben, um es zu verstehen. Von oben hat man dann eine tolle **Aussicht** über das Elbufer. Direkt vor dem Haus gibt es auch einen **Anleger** der Hafenfähre 62.

54 Övelgönne ★★ [D11]

Övelgönne ist ein altes Elb-Fischerdorf, in dem noch heute viele malerische Häuser stehen. Außerdem liegt dort ein Museumshafen mit historischen Schiffen.

Etwa im 18. Jh. veränderte sich die Lebensgrundlage der Fischer: Die boten nämlich ihre **Lotsendienste** für die großen Schiffe an, die sich dem Hafen näherten. Umgekehrt begleiteten sie auslaufende Schiffe bis zur Elbmündung in die Nordsee. Schon im Jahr 1745 gründeten sie eine **Lotsenbruderschaft**, die im Haus Övelgönne 13 tagte. Dort befindet sich auch heute noch das Lokal Zum alten Lotsenhus.

Heute besteht Övelgönne aus kaum mehr als einem Weg direkt am Elbufer, vor dem etliche kleine, aber äußerst **schmucke Häuser** stehen, die ältesten stammen noch aus dem 18. Jh. Die meisten sind sehr schick dekoriert und viele haben auch noch einen kleinen **Vorgarten** zum Wasser. Zwischen Haus und Garten verläuft ein Fußweg, auf dem an einem Sonntag bei schönem Wetter dann auch Tausende spazieren gehen.

› Bus Nr. 112 bis Endstation

Ein Haus, das von außen begehbar ist: Dockland

Erlebenswertes am Hafen 65

55 Museumshafen
Övelgönne ★★ [D12]

Knapp vor dem Lotsendorf Övelgönne 54 liegt der Museumshafen Övelgönne. 1977 wurde er anlässlich des Hafengeburtstages von der „Vereinigung zur Erhaltung segelnder Berufsfahrzeuge" gegründet. Und genau solche **historischen Schiffe** liegen hier: Lühe Ewer, Kutter, Tjalks und auch Lotsenkutter sowie zwei Schwimmkräne. Kleine Täfelchen erklären Herkunft, Bedeutung und Besonderheiten. Jedes einzelne der rund 30 Schiffe ist noch fahrtüchtig und genau das beweisen sie auch alle Jahre wieder auf einer **Parade beim Hafengeburtstag** am 7. Mai. Neben dem Schwimmkran „Saatsee" sind der Eisbrecher „Stettin", die Polizeibarkasse „Otto Lauffer" (1928 für die Hafenpolizei gebaut und bis 1968 im Einsatz) und das Feuerschiff „Elbe 3" besondere Schmuckstücke. Das älteste Schiff ist übrigens der Ewer „Katharina" (Baujahr 1889).

Anreise per Fähre oder Bus

› Direkt am Museumshafen Övelgönne machen auch die **Fähren** der Hafenlinie 62 fest. Man kann also ganz bequem per Schiff von den Landungsbrücken 43 herfahren.

› Eine andere Möglichkeit wäre, den **Bus** Nr. 112 zu nehmen, der auch direkt am Museumshafen seine Endstation hat. Der 112er fährt, vom Hauptbahnhof 1 kommend, am Bahnhof Altona vorbei, am Hafen entlang, bis zur Endstation Museumshafen Övelgönne.

KLEINE PAUSE
Pause, schwankend oder im Elbsand

› Das **Kleinhuis' Restaurantschiff** (s. S. 88) liegt auf einer alten Fähre und schaukelt am Steg des Fähranlegers im Elbwasser.

› Vom Museumshafen kommend, läuft man genau auf das **Café Elbterrassen** (s. S. 84) zu: eine gemütliche Freiluftkneipe mit Stühlen im Sand, zwischen verrosteten Ankern und Schiffsschrauben und mit Blick auf die historischen Schiffe. Neben Frühstück und Mittagskarte auch kleinere Gerichte und vor allem coole Drinks.

› **Nuggis Elbkate** liegt ebenfalls auf dem Anleger. In dieser kleinen Bude gibt es Bockwurst, frischbelegte Fischbrötchen und Erbsensuppe, serviert von einer charmanten Frau aus der Karibik. Tägl. ab 10 Uhr.

Im Museumshafen Övelgönne

Entdeckungen außerhalb des Zentrums

Gar nicht weit entfernt von der City erwarten den Hamburg-Besucher einige spannende Ausflugsziele. Alle sind gut mit öffentlichen Verkehrsmitteln zu erreichen.

56 St. Georg ★ [Q9]

Direkt hinter dem Hauptbahnhof liegt St. Georg, ein überschaubares Viertel mit scharfen Kontrasten, das heute als „Gay Village" von Hamburg gilt.

Einst war St. Georg wie so viele heutige Stadtteile ein Dorf außerhalb von Hamburgs Stadtmauern. Um 1200 wurde von Graf Adolf III. von Schauenburg hier ein Hospital gegründet, das dem **heiligen Georg** gewidmet war. An der Stelle der einstigen Kapelle St. Georgs Kirchhof steht heute die **Kirche der heiligen Dreieinigkeit**, im Garten mit einer Figur des Drachentöters, 1958 von Gerhard Marcks erschaffen. Die ursprüngliche barocke Kirche aus dem Jahr 1747 wurde in der Bombennacht 1943 zerstört und zwischen 1954 und 1975 nach Plänen von Heinz Graaf wieder aufgebaut. Dabei erhielt die Kirche ein neues Kirchenschiff, während der Turmhelm eine Rekonstruktion ist. Im Inneren zeigt sich im Altarbereich eine bildhauerische Darstellung der Dreieinigkeit. In der Kapelle im ehemaligen Eingangsbereich des Turms befindet sich einer der wertvollsten Kirchenschätze Hamburgs, eine Kreuzigungsgruppe aus dem 15. Jh. Dieses Bildnis war einst der Endpunkt

◁ Blick auf den Mariendom (s. S. 68), Hamburgs Kathedrale

eines Kreuzweges, der beim Mariendom begann. Eine Nachbildung dieser Kreuzigungsgruppe steht draußen auf dem Vorplatz, heute finden hier regelmäßig Konzerte statt.

St. Georg zog durch die Nähe zur Stadt schon immer Menschen an, die aus unterschiedlichsten Gründen nicht unbedingt im Stadtgebiet erwünscht waren. Nach Aufhebung der Torsperre wurde das Areal dann aber recht schnell ein **Stadtteil** von Hamburg.

Das Viertel grenzt unmittelbar an den **Hauptbahnhof** an. Stellt man sich die in Nord-Süd-Richtung verlaufenden Gleise als eine Art Grenzlinie vor, dann trennt der Bahnhof das schicke, gediegene innerstädtische Hamburg von diesem etwas chaotischeren, bunteren, aber auch geerdeteren St. Georg. Und selbst innerhalb dieses überschaubaren Stadtteils gibt es scharfe Trennlinien.

Heute sind die Seitenstraßen, die zur Alster führen, von historischen Bürgerhäusern und einem Luxushotel, dem Atlantic, geprägt. Wer nur hier herumspaziert, wird nicht ahnen, welche Kontraste nur wenige Schritte weiter zu finden sind. Denn in St. Georg lebt eine große **Homosexuellengemeinde**, vornehmlich in der **Langen Reihe** [Q9]. Spaziert man aber durch die **Parallelstraße Koppel** [Q9] glaubt man sich in einer ganz anderen Welt. Hier glitzert nichts, hier findet man eine normale Wohnwelt mit einigen historischen Häusern, wenigen Geschäften und ganz wenigen Lokalen – **Normalität** also. Noch einmal zwei Parallelstraßen weiter östlich befand sich in der **Bremer Reihe** [Q10] jahrelang der Drogenstrich, praktisch in Sichtweite zum Deutschen Schauspielhaus. Die **Drogenszene** wurde massiv vertrieben, dadurch hat sich die Situation deutlich entspannt. Dazu hat auch die Neugestaltung des **Hansaplatzes** beigetragen. Seitdem dieser Platz großzügig zur Fußgängerzone umgestaltet wurde, zeigt sich diese gesamte Ecke sehr viel angenehmer.

Nicht zuletzt gehört zu St. Georg aber auch noch der **Steindamm** [R9], der sich in den letzten Jahren zu einem Viertel mit starkem **muslimischen Einfluss** gewandelt hat. Zahlreiche türkisch-arabische Restaurants, Geschäfte und auch eine Moschee sind zu finden. Und noch ein Kontrast: Der obere Teil vom Steindamm (vom Hauptbahnhof kommend) wird von Sexshops und Prostituierten geprägt.

In der Mitte des **Hansaplatzes** [Q9] steht ein 17 Meter hoher **Springbrunnen**, der von Lindenbäumen umgeben ist. Der Brunnen wurde 1878 erschaffen und ist mit den **Skulpturen** von drei Personen versehen, die Hamburgs früheste Geschichte geprägt haben: Karl der Große, Bischof Ansgar und Graf Adolf III. von Schauenburg. Allerdings steht dort auch Konstantin der Große (280–337), römischer Kaiser, von dem nun nicht ganz klar ist, was er mit Hamburg zu tun hatte. Weiter oben befinden sich noch die **Wappen** von Lübeck, Bremen, Hamburg und des Deutschen Reiches und ganz oben steht die Skulptur der **Hansa**, ein Sinnbild für die Stärke und Macht des ehemaligen Hansebundes.

Das Herz von St. Georg ist ganz klar die Straße **Lange Reihe**. Die gar nicht so lange Lange Reihe bietet eine Vielzahl von **schrägen, hippen und kuriosen Läden** wie kaum eine andere Straße der Stadt. Hier gibt es wirklich alles Mögliche: z.B. das Gay-Café Gnosa (s. S. 68), Schmuck und Räucherstäbchen aus dem Himalaya (Nr. 53) oder aus Nepal (Everest, Nr. 46), Haushaltswaren wie bei Oma (Bruno Prien, Nr. 43) oder Kräuter (Kräuterladen, Nr. 70), Weine (Weinkauf, Nr. 73) oder auch diverse Coffeeshops. Und dann gilt St. Georg auch als Viertel mit einer sehr großen Gay Community. Etliche Lokale, Cafés, Buchläden richten sich gezielt an die **homosexuelle Kundschaft**, nirgendwo in Hamburg flattert so häufig wie hier die bunte Regenbogenfahne am Balkon.

Lokale gibt es natürlich auch. Zumeist sind sie bodenständig und geerdet, nur das ambitionierte Feinschmeckerlokal Cox hält sich hier auch schon etliche Jahre.

An historischen Infos noch der Hinweis, dass der Schauspieler und Sänger **Hans Albers** hier im Haus mit der Nummer 71 geboren wurde und **Hans Leip** bei der Nummer 91. Der Schriftsteller schrieb den Text zum Klassiker „Lili Marleen". Und einmal ums Eck findet man in der Schmilinskystraße 6 den Hinweis, dass der Nobelpreisträger **Carl von Ossietzky** dort in der Zeit von 1913 bis 1916 gelebt hat.

Nur wenige Schritte von der Langen Reihe entfernt steht Hamburgs **Kathedrale**, der **St. Marien-Dom** in der Danziger Straße. Erbaut wurde der Backsteinbau zwischen 1890 und 1893, geweiht am 28. Juni 1893. Damit war der romanische Doppelturmbau der erste katholische Kirchenbau in Hamburg nach der Reformation. 1995 wurde Hamburg wieder Bischofssitz. Die Kirche hat seitdem den Status einer Kathedrale. Im Inneren wirkt die Kirche recht nüchtern, der schlichte Altar beispielsweise wurde aus einem einzigen Kalksandsteinblock gefertigt und wiegt 3,5 Tonnen. Hinter dem Altar fallen die bunten Glaskunstarbeiten auf, darüber befindet sich in der Apsis das Bildnis mit Szenen aus dem Marienleben von Eduard Goldkuhle. Links und rechts vom Altar befinden sich großflächige Wandmalereien mit biblischen Szenen aus dem frühen 20. Jh., die ebenfalls von Goldkuhle stammen. Der Weg zur Krypta führt durch einen kleinen Gang, in dem Fotos und Erklärungstafeln zur Geschichte der Kirche ausgestellt sind.

★ **19** [Q9] **Kirche der heiligen Dreieinigkeit,** St. Georgskirchhof 19, U/S „Hauptbahnhof", geöffnet: Sa. 12–14 Uhr

★ **20** [Q9] **St. Marien-Dom,** Danziger Straße 60, S/U „Hauptbahnhof", geöffnet: tägl. 9–19 Uhr

Kulinarisches im Viertel

21 [Q9] **Café Gnosa** €, Lange Reihe 93, Tel. 243034, geöffnet: tägl. 10–23 Uhr. Treff der schwul-lesbischen St.-Georg-Szene, hier gibt es einen Mittagstisch und saisonal wechselnde Gerichte auf der Hauptkarte. Außerdem auch außerhalb der Gay-Szene beliebte Kuchen und Torten aus der eigenen Konditorei. WLAN.

22 [Q9] **Vasco da Gama** €, Lange Reihe 67, Tel. 2803305, geöffnet: tägl. 11.30–23 Uhr. Sehr beliebtes portugiesisches Lokal. Alles etwas eng, etwas rustikal, aber äußerst herzlich. Bei gutem Wetter stehen Tische auch draußen. Breites Angebot an Fisch und Fleisch zu günstigen Preisen.

EXTRATIPP

Der MCC in Hamburg

In St. Georg liegt nicht nur der schwul-lesbische Infoladen Hein & Fiete (s. S. 130), sondern auch eine von drei MCC-Gemeinden in Deutschland. Die Freikirche aus den USA öffnet sich explizit homosexuellen Gläubigen.

› www.mcc-hh.de

Entdeckungen außerhalb des Zentrums

🚇 Schanzenviertel ★ [K8]

So ein bisschen ist das Schanzenviertel eine Art Gegenentwurf zu all der Hamburger Gediegenheit. Warum? Weil sich hier eine kunterbunte Welt unweit von St. Pauli erhalten hat.

Die „Schanze", wie das Gebiet, das offiziell **Sternschanze** heißt, abgekürzt wird, liegt links und rechts seiner „Hauptstraße" Schulterblatt.

Kurz vor der Jahrhundertwende entstanden hier etliche **Etagenhäuser** und die große **Rinderschlachthalle**. Dort wohnten Arbeiter, die entweder im Hafen oder auf dem nahen Schlachthof malochten – so etwas prägt. In späteren Jahren zogen **Studenten**, **Punks**, **Freaks**, **Ausländer** und **Künstler** nach und das Viertel gewann ein ganz **eigenes Flair**. Die Häuser aus der Gründerzeit boten nicht den „ultraletzten" Komfort, aber genau das suchten viele Menschen: preiswerten und gemütlichen Wohnraum. Kleine Geschäfte machten genauso auf wie Dönerbuden, türkische Gemüseläden, Secondhandshops, Bäcker, portugiesische Cafés und griechische Restaurants. Die Straße **Schulterblatt** im Bereich der Roten Flora wird auch „Schanzenpiazza" genannt, denn an schönen Tagen hockt hier alle Welt vor den Lokalen zusammen, fast wie in Italien.

Die Schanze hat sich ihr Flair bewahrt. Hier herrscht ein **friedliches, tolerantes Miteinander**. Und die **gastronomische Vielfalt** dürfte auf derart kleinem Raum in Hamburg schwer zu übertreffen sein. Klassische Sehenswürdigkeiten gibt es nicht, Besucher sollten sich treiben lassen, um die Atmosphäre aufzunehmen.

Unübersehbar sind einige Häuser schon arg marode, liegt das wirtschaftliche Niveau eher im unteren Bereich und wer als Unbedarfter vor der Roten Flora steht, weiß auch nicht genau, ob das Haus nicht vielleicht morgen schon abgerissen wird. Manches Haus im Schanzenviertel wurde zwar schon schick renoviert, so manche junge, flotte Firma aus der Medien- oder IT-Branche ist eingezogen, aber noch dominieren die kleinen, bunten Läden.

Aber wie lange noch? Ängste machen sich langsam unter den Bewohnern breit. Ladenmieten haben sich verdreifacht, Wohnungsmieten haben sich teilweise verdoppelt, die ersten Filialisten sind auch schon angekommen. Gutverdienende lassen sich bewusst hier in der Schanze nieder, um das Ambiente zu genießen, was dann als Gentrifizierung, also **Verdrängung der alten Strukturen und Anwohner**, geschmäht wird. So mancher Bewohner beklagt deshalb, dass der eigentliche Charme langsam verloren gehe und die Schanze zur Gastro- und Shoppingzone verkomme.

Das **Karolinen-Viertel** schließt sich räumlich fast nahtlos an das Schanzenviertel an. Das „Karo-Viertel" liegt eingequetscht zwischen dem ehemaligen Schlachthof, der Karolinenstraße und der Feldstraße. Im Karo-Viertel leben ähnlich wie an der Schanze mehrheitlich Unangepasste, die sich erkennbar wohlfühlen in ihrem Klein-Biotop. Dazu gehören auch etliche schrille Geschäfte und Kneipen sowie vor allem bezahlbarer Wohnraum. Besonders in der Marktstraße liegen Dutzende von kleinen Läden, in denen kreative Köpfe selbst geschneiderte, **individuelle Mode** anbieten.

❭ **Die Schanze erreichen:** Per **U-Bahn** mit der Linie U3 oder per **S-Bahn** mit den Linien S21 oder S31 bis „Sternschanze".

Kulinarisches im Viertel

🍴23 [K8] **Bullerei**, Lagerstr. 34b, Tel. 33442110. Das Lokal ist unterteilt in Restaurant (öffnet ab 18 bzw. So. ab 17 Uhr) und Deli (ab 11 Uhr) und wird von TV-Koch Tim Mälzer betrieben. Gekocht wird neudeutsch mit mediterranem Einfluss, im Deli auch vegetarisch.

🍴24 [K8] **Olympisches Feuer**, Schulterblatt 36, Tel. 435597, tägl. 11–1, Fr./Sa. bis 2 Uhr. Gegen den größeren Hunger versammelt sich die Schanzen-Szene beim günstigen Kult-Griechen. In der angeschlossenen O-Feuer-Bar werden regelmäßig Fußballspiele übertragen.

🍴25 [K8] **Omas Apotheke** €, Schanzenstraße 87, Tel. 436620, So.–Do. 9–1, Fr./Sa. 9–2 Uhr. In einer ehemaligen Apotheke eingerichtetes Lokal, etwas eng, aber urig-gemütlich mit ausgesprochen herzlicher und sehr bemühter Bedienung.

▽ *Sonne da – Stühle raus, ganz besonders gilt das im Schanzenviertel*

🔴58 Altona ★ [G10]

Der Hamburger Bezirk war für mehrere Jahrhunderte eine **selbstständige Stadt**. Zuerst nur eine keine **Fischersiedlung**, kamen später **Handwerker** dazu, die aus unterschiedlichen Gründen keinen Platz in Hamburg fanden. 1640 geriet Altona unter dänische Oberhoheit. Die **Dänen** versuchten Altona dann als Konkurrent zu Hamburg aufzubauen und lockten mit Vergünstigungen gezielt vor allem erneut Handwerker an. Zwar wuchsen der Hafen, der Handel und auch das Handwerk, aber ganz erreichte man doch nicht das Hamburger Niveau. Im Jahr 1867 wurde Altona preußisch und seit 1937 gehört Altona zu Hamburg.

Ein **Spaziergang** durch dieses Viertel kann in zwei Richtungen unternommen werden: entweder vom Bahnhof Altona kommend hoch zur **Elbe** oder in die andere Richtung nach **Ottensen**.

🔴59 Altonaer Rathaus ★ [G11]

In Richtung Elbe geht man vom Bahnhof Altona kommend über die Museumsstraße an einem kleinen **Park** vorbei direkt auf das strahlend weiße **Altonaer Rathaus** zu. In diesem Park steht ein eigenartig verschlungener **Brunnen**, der zwei **Zentauren** zeigt, die um einen Fisch kämpfen: Sie symbolisieren die Rivalität zwischen Hamburg und Altona um den besten Fischmarkt.

Das schöne weiße Altonaer Rathaus steht direkt vor dem **Altonaer Balkon** 🔴60. Gebaut wurde es 1896 bis 1898. Der Baumeister nutzte dabei Teile des Empfangsgebäudes des hier schon vorher angesiedelten **Bahnhofs Altona**. An der Rückfront ist die Bahnhofsfassade noch zu er-

Entdeckungen außerhalb des Zentrums

EXTRATIPP

Zeisehallen

In den Zeisehallen wurde ein gutes Jahrhundert eine Schiffsschraubenfabrik betrieben, nun hat sich hier ein **Kulturzentrum** mit Kino, Shops und Lokalen etabliert. Die Pizza aus dem Holzofen im Restaurant Eisenstein wird allseits gelobt.

🍴**26** [F10] **Restaurant Eisenstein in den Zeisehallen** €–€€, Friedensallee 9, Tel. 3904606, Mo.–Do. 12–23, Fr./Sa. bis 24, So. ab 10 Uhr, Brunch bis 15 Uhr

kennen. Der Eingangsbereich wird von vier Säulengruppen getragen, darüber wurde das **Relief** namens „Ein Genius geleitet das Stadtschiff" angebracht. Direkt vor dem Rathaus thront ein **Reiterstandbild** von Kaiser Wilhelm I.

60 Altonaer Balkon ★★ [G11]

Der sogenannte Altonaer Balkon liegt direkt hinter dem Altonaer Rathaus **59**. Es ist eine kleine **Grünanlage** mit der auffälligen **Bronzeplastik** „Maritim": drei Fischer, die ihre sechs Ruder hochhalten. Von hier oben hat man einen **sagenhaften Blick auf den Hafen** und bekommt eine Ahnung von dessen Größe. Kräne, Container, die Köhlbrandbrücke, die Werft Blohm + Voss, der ehemalige England-Terminal, die Seitenarme der Elbe, die zu den Kais führen, alles ist gut zu erkennen. Schlepper schieben sich tutend durchs Bild, eine Möwe krächzt heiser ... Eigentlich sollte jeder Besucher hier seinen Hafenbesuch beginnen.

› *Idyllische Ecke im Stadtteil Ottensen*

61 Ottensen ★ [F10]

Wer vom Bahnhof Altona den Ausgang zur **westlichen Seite** wählt, landet in der Fußgängerstraße **Ottenser Hauptstraße**, die zum Stadtteil Ottensen zählt – ursprünglich ein kleines Dorf, das (genau wie Altona) ab dem 17. Jh. zu **Dänemark** gehörte. Im Jahr 1854 ergriff Altona einmal Partei in einem Krieg, den die dänischen Landesherren führten, aber für die falsche Seite. Das bestraften die Dänen, indem sie **Zollschranken** aufbauten und Altona isolierten. Viele Handwerker und Kleinbetriebe wechselten daraufhin ins nahe gelegene Ottensen und so etablierte sich das kleine Dorf als **Viertel der Handwerker** und **Kleinbetriebe**. Das hielt so bis etwa in die 1970er-Jahre, dann schlossen viele Betriebe. Von diesem Image lebt Ottensen aber noch heute, obwohl viele alte Firmen schon lange nicht mehr existieren. Heute hat sich hier eine **legere Multikulti-Szene** angesiedelt mit vielen kleinen, schrägen Lokalen, mehreren Kulturzentren und vor allem einer Menge Atmosphäre.

› Altona erreichen: per S-Bahn mit Linien S1, S3 oder S31 bis Bahnhof Altona fahren

Kulinarisches in Ottensen

27 [F10] **Goldene Gans** €€-€€€, Ottenser Hauptstr. 53, Tel. 39909878, Mo.–Fr. 9–24, Sa./So. 9–23 Uhr. Kleines Lokal, das gehobene Bistro-Küche bietet, außerdem einen Mittagstisch.

28 [F10] **Kleine Brunnenstraße** €€€, Kleine Brunnenstraße 1, Tel. 39907772, Mo.–Fr. 12–15, Mo.–So. 18–22 Uhr. Kleines Restaurant mit ambitionierter, abwechslungsreicher Karte. Gehobene Qualität.

29 [G10] **Knuth** €, Große Rainstr. 21, S Altona, Tel. 46008708, Mo.–Sa. 9–24 Uhr, So. 10–20 Uhr, Frühstück bis 15 Uhr. Sehr beliebtes Café zum Früh- oder auch Spätstücken. Vormittags kommen Studenten, Lebenskünstler sowie junge Mütter und gegen Mittag die Leute aus den umliegenden Büros. Bei halbwegs gutem Wetter ist der nicht gerade kleine Außenbereich meist proppenvoll, was für das Frühstücksangebot spricht.

30 [G10] **Tarifa** €, Große Rainstraße 23, Tel. 39903529, Mo.–Fr. ab 9 Uhr, Sa./So. ab 10 Uhr. Kleinigkeiten, Tapas und ein gepflegter „vino" wird ausgeschenkt sowie Frühstück bis 16 Uhr.

Schöne Villen mit Elbblick in Blankenese

62 Blankenese ★★★

Blankenese gilt als Hamburgs vornehmster Stadtteil und die dorthin führende Elbchaussee zu der edelsten Straße. Geprägt wird das Viertel von vielen kleinen, aber ungemein schmucken Häusern, die direkt am Elbhang stehen.

Die **Elbchaussee** verbindet das Arbeiterviertel Altona **58** mit dem vornehmeren Blankenese. Wer hier wohnt, der wohnt nicht nur, der **residiert** – und zwar hoffentlich an der „richtigen" Seite, an der mit Elbblick (also nur wer eine ungerade Hausnummer hat, hat auch die Sahnestückchen-Seite). Gute neun Kilometer ist die Elbchaussee lang und beginnt ganz unaufgeregt in Altona, aber das Bild ändert sich rasch. Entlang der Chaussee reihen sich wahre **Prachtvillen** in riesigen Gärten und Parks, die einen Reichtum jenseits aller Neidgrenzen ausdrücken. Hier ließen sich viele schwerstreiche Kaufleute schon im 18. und 19. Jh. Villen im Grünen bauen.

Blankenese war früher nur ein **Fischer- und Lotsendorf**, weit außerhalb des Hamburger Stadtgebietes.

Die Fischer wohnten am **Elbhang**, der sich vom Elbstrand hochzieht. Und genau dort liegen heute viele kleine, zum Teil ungemein hübsche Häuser, die richtig malerisch am Hang „kleben". Ein Gewirr von Treppen und engen Gassen durchzieht das Gebiet und verbindet den unteren Strandweg mit den höher gelegenen Häusern. Höchster Punkt ist der **Süllberg** (74 m), der mit einem turmartigen Restaurant aus dem Häusermeer hervorragt. Natürlich wohnt nicht jeder Blankeneser am Elbhang, aber irgendwie sind sie doch alle stolz auf „ihren" Stadtteil mit dieser einzigartigen Lage.

Besucher sollten einfach mal in das Häusermeer eintauchen und sich treiben lassen. Die Orientierung ist denkbar einfach, irgendwann landet man sowieso unten an dem Strandweg am Ufer der Elbe.

> **Blankenese erreichen: Per S-Bahn** mit der Linie S1 oder S11, beispielsweise vom Hauptbahnhof ❶, den Landungsbrücken ❹❸ oder auch ab Altona ❺❽.
> **Schnellbus Nr. 36** fährt ab Hamburg-City über die Elbchaussee bis zum S-Bahnhof Blankenese, hier ist 1.-Klasse-Zuschlag zu zahlen. Von dort fährt alle 10 Min. der Kleinbus Nr. 48 (genannt „Bergziege") durch das Häusergewirr bis hinunter zum Strand.
> **Per Schiff:** In der Saison (Ende März bis Anfang Oktober) schippert am Sa. und So. um 11.15 und 14.30 Uhr ab Landungsbrücken (Brücke 2) ein HADAG-Dampfer vor der großartigen Kulisse der prächtigen Gärten und Villen bis nach Blankenese und weiter bis Wedel. Zurück um 12.45 und 16 Uhr ab Blankenese. Aber Achtung: HVV-Tickets gelten hier nicht. Auch die Reederei FRS bietet viermal tägl. die Tour Landungsbrücken–Blankenese an, ab Brücke 8, Infos: www.frs-hanse-ferry.de.

❻❸ HSV-Stadion ★★ [B4]

Die Fußballmannschaft vom HSV spielte jahrzehntelang in einer relativ unattraktiven Betonschüssel. Doch dann entschied man sich zum großen Wurf, baute ein neues Stadion und alle Welt ist begeistert!

Das **Volksparkstadion**, wie das Stadion nun auch wieder heißt, ist ein echtes Schmuckstück geworden und kann natürlich auch besichtigt werden. Es werden Führungen angeboten, die sich kein Fußballfan entgehen lassen sollte: Während dieser Tour dürfen nämlich Bereiche betreten werden, die einem sonst verschlossen bleiben, so beispielsweise die **Kabinen der Spieler**, die **VIP-Zone** oder die **Pressetribüne**.

Echte Fans werden dann sicherlich auch noch das **HSV-Museum** besuchen, das einen eindrucksvollen Querschnitt durch die wechselvolle Geschichte dieses Traditionsvereins gibt. An mehreren Stationen kann man beispielsweise alte Radio- und TV-Reportagen noch einmal verfolgen, viele Pokale bewundern und sich einen Kurzfilm über 100 Jahre HSV-Geschichte anschauen. Und wer den Profifußballern dann auch noch beim Training zuschauen möchte: Vor der Südtribüne liegt der **Trainingsplatz**.

> **HSV-Museum**, tägl. 10–18, bei Heimspielen ab 10 Uhr bis 15 Min. vor Anpfiff, Erw. 6 €, erm. 4 €, Stadionführung und Museum: Erw. 12 €, erm. 8 €
> **Stadionführungen:** April–Okt. tägl. 10, 14, 16 Uhr, Nov.–März Mo.–Do. 12, 14, Fr.–So. 12, 14, 16 Uhr
> **Infos:** Tel. 41551550, www.hsv.de
> **HSV-Stadion erreichen: Per S-Bahn** mit der Linie S3 oder S21 bis Stellingen und dann ca. 15 Min. zu Fuß der Ausschilderung bis Sylvesterallee 7 folgen.

Hamburg, meine Perle

Es ist nicht weniger als ein Phänomen! Anders kann es kaum ausgedrückt werden. Hamburger sind ja selten rheinisch-überschwänglich oder berlinerisch-prahlerisch, aber seitdem **Lotto King Karl** *die Arena betreten hat, hat sich was geändert. Und mit „Arena" ist das HSV-Stadion gemeint. Lotto King Karl, ein Ur-Hamburger, hat ein* **Lied** *geschrieben mit dem hart an der Kitsch-Grenze vorbeischrammenden Titel „Hamburg, meine Perle". Aber von wegen „Kitsch"! Seit etlichen Jahren singt Lotto dieses Lied vor den Heimspielen des HSV und das* **ganze Stadion** *(bis vielleicht auf ein paar Gäste-Fans, das sei ihnen verziehen!) singt, gröhlt, brüllt begeistert mit. Niemandem ist es auch nur eine Sekunde peinlich, Textstellen wie diese lauthals und mit Überzeugung zu schmettern:*

„Ohh Hamburg, meine Perle, du wunderschöne Stadt
du mein zu Haus, du bist mein Leben
du bist ne Stadt auf die ich kann, auf die ich kann
und der Michel und Hans Albers, die Fans beim Stadion
das bin ich, das is' mein Leben
und wo anders möcht' ich wirklich nich' wohn', wirklich nich' wohn'"

Das ganze Stadion (wie gesagt, mit wenigen Ausnahmen) steht auf und macht mit. Das ist sozusagen Pflicht und ein bißchen wie im Gottesdienst: Da kann man schließlich auch nicht einfach beim Gebet sitzen bleiben. So was nennt man dann zumeist **„heimliche Hymne".** *Aber mal ehrlich, wer kennt schon die „echte"? Die heißt „Hammonia" und geht so:*

„Stadt Hamburg in der Elbe Auen,
wie bist Du stattlich anzuschauen!
Mit deinen Thürmen hoch und her
Hebst du dich schön und lieblich sehr!
Heil über dir, Heil über dir, Hammonia, Hammonia!
Oh wie so glücklich stehst du da!"

Muss man die kennen? Nun, als Hamburger vielleicht schon. Aber ganz ehrlich: Wer kann die tatsächlich? Eben! Jedoch „Hamburg, meine Perle" - diese Hymne kann jeder. Zumindest jeder HSV-Fan. Ist schließlich Kult!

160ha Abb.: fr

🐘 Hagenbecks Tierpark ★★ [H2]

„Geh'n wir mal zu Hagenbeck", war früher unter Hamburgern ein geflügeltes Wort. Ein Besuch in diesem Zoo war für viele Stadtbewohner Pflicht, denn er gehört zur Hansestadt wie die Elbe und die Alster.

Bereits 1848 stellte **Carl Hagenbeck** auf St. Pauli dem staunenden Publikum Seehunde zur Schau, ein Anfang war gemacht. Aber erst 1907 wurde dann in **Stellingen** der noch heute existierende Zoo eröffnet. Auf einem riesigen, 25 ha großen parkähnlichen Gelände liegen insgesamt 65 Stationen mit **1850 Tieren aus allen Erdteilen**, die der Besucher auf einem Rundgang ansteuert. Die Tiere leben in Freigehegen, die ihrer **natürlichen Lebenswelt** nachempfunden wurden. Vor jedem Gehege vermitteln Schilder die wichtigsten Informationen, einschließlich Hinweisen auf neugeborene Tiere. Sehr beliebt ist auch das Füttern der Tiere oder ein Ritt auf den Elefanten. An der Kasse kann man Termine erfragen.

Das **Tropen-Aquarium** kann separat besucht werden. Hier sind auf 8000 m² immerhin über 14.000 Tiere (300 Arten) in ihrem jeweiligen Lebensraum zu bewundern. Dazu zählen **Giftschlangen, exotische Vögel, Fledermäuse** und **exotische Fische.** Besucher erforschen diese einzigartige Tierwelt auf einem Rundgang, zuerst überirdisch, dann geht es hinab unter die Erde in eine Höhle. Anschließend wird die Unterwasserwelt betreten. Hier bestaunt man in mehreren Aquarien bunte Fische. Sicherlich ein Höhepunkt ist am Ende des Rundganges das große Aquarium „**Hai-Atoll**" mit der riesigen Panoramascheibe. Beliebt sind auch die sogenannten Dschungel-Nächte. An bestimmten Samstagen im Mai und Juni öffnet der Zoo auch abends von 18 bis 24 Uhr und bietet obendrein ein buntes Programm.

› **Tierpark Hagenbeck,** Lokstedter Grenzstraße 2 (Haupteingang), Tel. 5300330, www.hagenbeck.de, tägl. 9–18 Uhr, Juli und Aug. bis 19 Uhr, Nov.–Feb. bis 16.30 Uhr, eine Stunde vorher ist Kassenschluss, Tropenaquarium: tägl. 9–18, Juli/Aug. 9–19 Uhr. **Eintritt:** Tierpark: Erw. 20 €, Kinder 4–16 Jahre 15 €, Familienkarte 60–70 €. Tropen Aquarium: Erw. 14 €, Kinder 10 €, Familien 43–49 €. Kombi-Karte für beide Bereiche: Erw. 30 €, Kinder 21 €, Familien 85–98 €

› **Hagenbeck erreichen:** Mit der U-Bahn-Linie U2 bis zur Station „Hagenbecks Tierpark"

65 Friedhof Ohlsdorf ★★

Der Ohlsdorfer Friedhof gilt mit einer Größe von 391 Hektar nach dem in Chicago als größter Parkfriedhof der Welt. Er ist damit nicht nur die letzte Ruhestätte für bislang 1,4 Mio. Hamburger, sondern auch die größte Parkanlage der Hansestadt. 555 Fußballfelder könnte man auf der Friedhofsanlage unterbringen

1877 wurde der Zentralfriedhof eröffnet und ersetzte mehrere kirchliche Friedhöfe, die damals vor den

◁ *Eingang zum HSV-Stadion* 63 *und zum HSV-Museum*

Toren der Stadt lagen. Friedhofsdirektor **Wilhelm Cordes** legte eine großzügige **Parklandschaft** mit weit geschwungenen Wegen und Straßen an. Ab 1920 erweiterte sein Nachfolger **Otto Linné** den Friedhof nach Osten, hier dominieren heute mehr geometrische Strukturen und schnurgerade Wege.

Neben seiner ursächlichen Bedeutung als letzte Ruhestätte (320.000 Gräber und 12 Kapellen), ist der Friedhof Ohlsdorf aber auch eine **grüne Lunge** der Millionenstadt mit gärtnerisch sehr schön gestalteten Zonen. Etwa 450 verschiedene Laub- und Nadelgehölzarten wachsen hier und neben einigen nett angelegten Teichanlagen locken vor allem die großen **Rhododendren** zur Blütezeit im Juni viele Besucher an. Gleich 36.000 Rhododendren von 200 verschiedenen Sorten blühen auf dem Parkfriedhof. Viele der Pflanzen sind bereits über 100 Jahre alt.

Auf dem Ohlsdorfer Friedhof kann jeder beigesetzt werden, ohne Einschränkung durch Wohnort und Konfession. Auch etliche **prominente Hamburger** wurden hier bestattet, aber deren Gräber kann man ohne Hilfe einer Karte, in der der gesamte Friedhof in Planquadrate eingeteilt ist, kaum finden. **Pläne** gibt es kostenlos im Informationszentrum am Haupteingang. Die Wege sind sehr lang, insgesamt verlaufen 17 km Autostraßen durch das Gelände und deshalb verkehren auch zwei Buslinien nach Fahrplan über den Friedhof. Die Haltestellen sind ebenfalls im Plan markiert. Neben diesen Straßen gibt es aber auch noch viele Wege, auf denen Fußgänger in Ruhe spazieren können.

Unmittelbar links vom Haupteingang befindet sich der **Althamburgische Gedächtnisfriedhof** mit einer markanten weißen Christusfigur. Dort sind bekannte Hamburger begraben, die teilweise von anderen Friedhöfen hierher überführt wurden. Ein kleines **Museum** beim Haupteingang vermittelt Informationen zum Friedhof und seiner Geschichte und auch zu Gräbern von Prominenten.

Links des Haupteingangs befindet sich das **Krematorium** mit seiner auffälligen, trapezförmigen Fassade. Es enstand von 1930 bis 1932 nach Plänen von Fritz Schumacher im typisch Hamburger Klinkerbaustil und ersetzte das alte Krematorium aus dem Jahr 1891, das in der Alsterdorfer Straße 523 steht (ca. 300 m vom Haupteingang entfernt, außerhalb in einer Nebenstraße).

Genau gegenüber dem Krematorium ist seit 1949 ein **Mahnmal** für die Opfer der Nazizeit zu sehen: eine hoch aufgerichtete Stele mit etwa 100 Urnen, die Asche und Erde aus Konzentrationslagern enthalten.

Einige **Prominentengräber** befinden sich in einer Zone, die grob zwischen Talstraße und Kapelle 7 am Westring liegt, aber – wie schon gesagt – ohne Karte kaum zu finden ist. Unweit von Kapelle 8 wurde ein **Urnenfeld für anonyme Bestattungen** eingerichtet, mittlerweile die letzte Ruhestätte für über 15.000 Menschen.

Nahe der Kapellenstraße befindet sich einer von zwei Museumsbereichen, das **Grabmal-Freilichtmuseum der Ämtersteine**. Dort ist Grabschmuck aus vergangenen Jahrhunderten von Bruderschaften und Zünften zu sehen. Etwas weiter, schon im Linné-Teil, befindet sich das **Grabmal-Freilichtmuseum im Heckengarten**, wo Grabschmuck aus dem 19. Jh. ausgestellt ist. Die Exponate beider Museen stammen von aufgegebenen Friedhöfen.

Im Linné-Teil des Friedhofs sind neben vielen Einzelgräbern auch etliche **Massengräber** eingerichtet, so beispielsweise das für die Opfer der Hamburger Bombennächte von 1943. Insgesamt 36.918 Tote der fürchterlichen Bombardierungen im Juli und August 1943 fanden hier in einem kreuzförmig angelegten Massengrab ihre letzte Ruhestätte. Auf den vier Grashügeln sind die Namen der betroffenen Hamburger Stadtteile in dunklen Holzbalken eingraviert.

In der Südwestecke des Geländes befindet sich seit 1883 der von der Straße Ihlandkoppel direkt zugängliche **jüdische Friedhof**. Neben den jüdischer Grabkultur folgenden, nicht ausgeschmückten Gräbern wurde eine Synagoge errichtet und 1951 ein Mahnmal für die im Dritten Reich ermordeten Juden. Es enthält eine Urne mit Asche aus Auschwitz.

› Fuhlsbütteler Straße 756, S1, S11, U1 „Bahnhof Ohlsdorf", Tel. 593880, www.friedhof-hamburg.de, geöffnet: April–Okt. 9–21 Uhr, Nov.–März 9–18 Uhr, Informationszentrum: Mo.–Do. 9–16, Fr. 9–15 Uhr, Museum Mo.–Do., So. 10–14 Uhr. Auf dem Friedhof sind außer Blindenhunden keine Hunde erlaubt.

66 Ballinstadt ★★

Diese einzigartige Erlebnisausstellung trägt den Untertitel „Auswandererwelt Hamburg", denn über den Hamburger Hafen wanderten Millionen Menschen aus und verbrachten die letzten Tage vor ihrer Abreise in der sogenannten Auswandererstadt.

Auf historischem Grund wurden sogenannte **Auswandererhallen** nachgebaut, in denen Anfang des 20. Jh. Auswanderer nach Übersee ihre letzten Tage auf deutschem Boden verbrachten. Millionen von Menschen wollten Ende des 19. bzw. Anfang des 20. Jahrhunderts nach Amerika auswandern. Das ging damals nur per Schiff und wurde schnell als Geschäft erkannt. Zunächst strömten Auswanderungswillige aus vielen europäischen Staaten in die Hafenstädte, um auf eine Passage nach New York zu hoffen. Nicht selten wurden sie dabei von skrupellosen Wirten und Agenten um ihre Ersparnisse gebracht. Die Menschen mussten teilweise sehr lange auf eine **Überfahrt** warten und wenn es dann losging, reisten viele ohne jeglichen Komfort.

1847 wurde in Hamburg die **Hapag** (Hamburg-Amerikanische Packetfahrt-Actien-Gesellschaft) gegründet, die sich auch als Passagier-Reederei verstand. Sie setzte **Schraubendampfschiffe** ein und fuhr somit schneller und verlässlicher als die bisher eingesetzten Segelschiffe. Das sprach sich herum: Die Zahl der Auswanderer, die nach Hamburg kamen, wuchs. 1892 brach in der Stadt die **Cholera** aus und man machte die Auswanderer dafür verantwortlich, da diese unter menschenunwürdigen Umständen hausten. Auch für die USA war dies der Anlass, die **Einreisebestimmungen** zu verschärfen. Hapag-Generaldirektor **Albert Ballin** beschloss deshalb, eine eigene **Auswandererstadt** zu bauen, in der die Menschen die letzten Tage vor ihrer Abreise sicher, hygienisch einwandfrei und vor allem bezahlbar verbringen sollten. Diese Stadt entstand vor den Toren Hamburgs auf der **Elbinsel Veddel**. 1901 wurde die Stadt für 1200 Menschen eröffnet, schon fünf Jahre später musste erheblich angebaut werden. Allein im Jahr 1913 passierten 170.000 Menschen die

Entdeckungen außerhalb des Zentrums

Auswandererstadt, aber nachdem die USA 1921 strenge **Einwanderungsquoten** eingeführt hatten, ebbte der Strom deutlich ab. Nach 1934 hatte die Stadt ihre Funktion verloren, die Hapag gab das Gelände an die Stadt zurück. Die Original-Auswandererhallen verschwanden im Laufe der Jahre und die letzten Reste wurden Anfang der 1960er-Jahre **abgerissen.**

Nun wurden exemplarisch drei Hallen nachgebaut, in denen Besucher hautnah nacherleben können, wie es den Auswanderern damals erging. Exemplarisch werden an vielen **Hörstationen** Einzelschicksale vor der Abreise und noch einmal nach Ankunft in Amerika erzählt. Beispielhaft wird die **Unterkunftssituation** dargestellt und der Papierkrieg erklärt, dann betritt der Besucher, genau wie damals die Auswanderer, ein Schiff und landet schließlich vor der amerikanischen Immigrationsbehörde, wo erneut ein Papierkrieg beginnt. Abschließend werden einige erfolgreiche Auswanderer vorgestellt.

Die ganze Ausstellung zeigt sehr anschaulich, welchen Herausforderungen sich die Menschen damals stellten. Wer möchte, kann auch im Gebäude 1 das **Familienforschungszentrum** nutzen und in einer Datenbank nach möglichen Familienmitgliedern suchen.

› **Auswanderermuseum Ballinstadt,** Veddeler Bogen 2, Tel. 31979160, www.ballinstadt.de, Nov.–März 10–16.30, April–Okt. 10–18 Uhr, Erw. 13 €, Kinder (5–12 Jahre) 7 €, Familien 21 bzw. 28 €

› **Ballinstadt erreichen:** Per **S-Bahn** beispielsweise ab Hauptbahnhof ❶ mit der Linie S3 oder S31 in Richtung „Neugraben" oder „Stade" bis zur Station „Veddel-Ballinstadt", von dort etwa 5 Minuten Fußweg. Per **Schiff:** Eine Barkasse der Maritime-Circle-Line fährt tägl. um 11, 13 und 15 Uhr (Nov.–Anf. April nur Sa./So.) ab Landungsbrücke 10 direkt zur Ballinstadt. Auf dem Rückweg (11.35, 13.35, 15.35 Uhr) wird dann auch die Speicherstadt ㉗ und die Elbphilharmonie ㉞ passiert, wo man aussteigen und mit einem späteren Schiff weiterfahren kann, wenn man möchte (Preis: 18 €, Kinder 7–15 Jahre 9 €).

◨ *Der Friedhof Ohlsdorf ist auch eine grüne Lunge mit lauschigen Ecken*

▷ *Bei gutem Wetter zieht es die Hamburger immer ans Wasser*

HAMBURG ERLEBEN

Hamburg für Kunst- und Museumsfreunde

Die Hamburger Museumslandschaft ist nicht klein, fast 50 Museen verteilen sich über das Stadtgebiet.

Museen

- 31 [G11] **Altonaer Museum – Norddeutsches Landesmuseum,** Museumstr. 23, S1/S3 Altona, Tel. 4281350, www.altonaermuseum.de, Mo., Mi.–Fr. 10–17, Sa./So. 10–18 Uhr, Erw. 8,50 €. Kunst- und kulturgeschichtliche Sammlungen aus dem norddeutschen Raum, mit speziellem Augenmerk auf Schifffahrt und Fischerei.
- 66 **Ballinstadt (Auswandererwelt Hamburg).** Rund 5 Mio. Menschen wanderten über Hamburg nach Übersee aus. Hier in den ehemaligen Auswandererhallen wird an diese Zeit erinnert (s. S. 77).
- 32 [O10] **Bucerius Kunst Forum,** Rathausmarkt 2, Tel. 3609960, www.buceriuskunstforum.de, tägl. 11–19 Uhr, Do. bis 21 Uhr, Erw. 9 €, erm. 6 €. Wechselnde Ausstellungen in einem historischen Gebäude neben dem Rathaus. WLAN.
- 33 [P11] **Chocoversum,** Meßberg 1, Tel. 41912300, www.chocoversum.de, Führungen Mo.–Do. 10–16.30, Fr.–So. bis 17.30 Uhr, Eintritt: Erw. ab 12 €, Kinder (6–17 Jahre) ab 11 €. Eine Mitmach-Ausstellung, die sich ganz dem Thema Schokolade widmet. Erklärt wird im Rahmen einer 90-minütigen Führung der Werdegang vom Anbau der Kakaobohne bis zur fertigen Schokolade, wobei die Gäste selbst auch ein Stück Schokolade kreieren können.
- 34 [Q11] **Deichtorhallen,** Deichtorstraße 1–2, U1 Steinstraße, Tel. 321030, www.deichtorhallen.de, Di.–So. 11–18 Uhr, 12 €, erm. 7 € je Halle, Kombi-Ticket 15/14 €, unter 18 Jahren frei. Wechselnde zeitgenössische Kunst in den ehemaligen Markthallen, in der südlichen befindet sich das Internationale Haus der Fotografie. Dort wird alte und zeitgenössische Fotografie in wechselnden thematischen Ausstellungen gezeigt.
- 35 [P11] **Deutsches Zollmuseum,** Alter Wandrahm 16, Tel. 30087611, Di.–So. 10–17 Uhr, Eintritt 2 €, unter 18 Jahren frei. Museum in der Speicherstadt, die früher „Zollausland" war. Hier wird über die vielfältige Geschichte von Schmugglern, Schmuggelversuchen und Zöllnern informiert.
- 36 [P9] **Hamburger Kunsthalle,** Glockengießerwall 1 (Hauptbahnhof), Tel. 428131200, www.hamburger-kunsthalle.de, Di.–So. 10–18 Uhr, Do. bis 21 Uhr, Eintritt 14 €, erm. 8 €, Do. 17.30–21 Uhr 5 €. Meisterwerke von der Renaissance bis zur aktuellen Zeit. Die angeschlossene Galerie der Gegenwart zeigt internationale zeitgenössische Kunst ab 1960.
- 35 [P12] **Internationales Maritimes Museum.** Mitten in der neuen HafenCity steht dieses Museum, das sich den vielen Facetten der Schifffahrt widmet (s. S. 47).
- 37 [M10] **Komponistenquartier,** Peterstraße 28, Tel. 63607882, www.komponistenquartier.de, geöffnet: Di.–So. 10–17 Uhr, Eintritt: 9 €, ermäßigt 7 €. Schön gemachte Ausstellung zum Leben und Wirken mehrerer Komponisten des 17. und 18. Jh. in Hamburg: Telemann, Carl Philipp Emanuel Bach, Hasse Fanny, Mendelssohn und Mahler. Gezeigt werden Originalobjekte aus der damaligen Zeit. Außerdem kann man an Medienstationen über Kopfhörer Beispiele der jeweils typischen Musik hören.
- 38 [M11] **Kramerwitwenwohnungen.** Hier erhält man in den ehemalige Witwenwohnungen des Krameramtes (einer Art Kaufmannsinnung) Informationen über

eine typische Wohnsituation im 17. Jh. (s. S. 52)

38 [N7] **MARKK**, Rothenbaumchaussee 66, U1 Hallerstraße, Tel. 4288790, www.markk-hamburg.de, Di.–So. 10–18 Uhr, Do. bis 21 Uhr, Erw. 8,50 €, ermäßigt 4 €, Kinder unter 18 Jahren frei, Do. ab 16 Uhr frei für alle. Völkerkundliche Sammlungen aus allen Erdteilen.

39 [P10] **Museum der Illusionen**, Lilienstraße 14–16, https://hamburg.museumderillusionen.de, Tel. 30707105, tägl. 10–20 Uhr, Erw. 12 €, Kinder 5–18 Jahre 8 €, Familien 30 €. Eine Sammlung zum Anfassen und Mitmachen, bei der permanent die Sinne getäuscht und verblüffende Effekte erzielt werden.

40 [L10] **Museum für Hamburgische Geschichte**, Holstenwall 24, U3 St. Pauli oder Bus Nr. 112, hält vor der Tür, Tel. 428132100, www.hamburgmuseum.de, Mo., Mi.–Fr. 10–17 Uhr, Sa./So. bis 18 Uhr, Erw. 9,50 €, ermäßigt 6 €. Hamburgs Geschichte von den Anfängen rund um die Hammaburg bis zur aktuellen Millionenmetropole wird anhand von etlichen Stadtmodellen sehr plastisch dargestellt. Spezielle Highlights: Entwicklung des Hafens, Wohnhäuser im Wandel der Zeit und jüdisches Leben in Hamburg.

41 [Q10] **Museum für Kunst und Gewerbe**, Steintorplatz 1 (Hauptbahnhof), Tel. 428134880, www.mkg-hamburg.de, Di.–So. 10–18 Uhr, Do. bis 21 Uhr, Erw. 12 €, ermäßigt 8 €, Do. ab 17 Uhr 8 €. Das Museum bietet einen breiten Querschnitt der Kunst und Kultur der Antike, des Mittelalters und der Moderne sowie aus dem Orient, aus Asien und Europa. WLAN.

55 [D12] **Museumshafen Övelgönne**. Historische Boote und Schiffe, die alle noch funktionstüchtig sind und aus der Arbeitswelt stammen, liegen hier (s. S. 65).

41 [M12] **Museumsschiff Cap San Diego**. Hierbei handelt es sich um ein Motorschiff, das viele Jahre als Stückgutfrachter fuhr. Besucher können bis tief in den Maschinenraum hinuntersteigen (s. S. 54).

42 [L11] **Museumsschiff Rickmer Rickmers**. Die Rickmer Rickmers ist ein ehemaliger Frachtensegler, der komplett besichtigt werden kann (s. S. 55).

Blick auf den Haupteingang der Kunsthalle

❹ [K11] **Panik City.** Ausstellung über den Sänger Udo Lindenberg (s. S. 60).
❽ [K11] **Panoptikum.** Wachsfigurenkabinett mit über 100 Personen der Zeitgeschichte (s. S. 60).
㉟ [P12] **Prototyp.** Ein Automuseum, das frühe Nachkriegs- und Sportwagen, vor allem viele von Porsche, zeigt (s. S. 46).
🏛42 [N12] **Speicherstadtmuseum,** Sandtorkai 36, U1 Meßberg, Tel. 321191, www.speicherstadtmuseum.de, Dez.–Febr. Di.–So. 10–17, März–Nov. Mo.–Fr. 10–17, Sa./So. 10–18 Uhr, Erw. 4 €, ermäßigt 2,50 €. Auf einem „Boden" in einem Speicherblock wird die Geschichte der Speicherstadt gezeigt. Historische Fotos, Arbeitsgeräte und Stapeltechniken werden erklärt.
🏛43 [N12] **Spicy's Gewürzmuseum,** Am Sandtorkai 34, U1 Meßberg, Tel. 367989, www.spicys.de, tägl. 10–17 Uhr, Erw. 5 €, Kinder bis 14 Jahre 2 €. Gewürze aus aller Welt.
❾ [K11] **St. Pauli Museum,** Das kleine Museum gibt einen historischen Abriss und zeigt vor allem auch die Entwicklung St. Paulis der letzten Jahre (s. S. 60).

Galerien

🖼44 [N11] **Galerie Deichstraße,** Deichstraße 28–30, Tel. 365151, Mo.–Fr. 10–18, Sa. 10–14 Uhr. Maritime Bilder und Hamburger Motive.
▸ **Kunstgalerien in der HafenCity.** Entlang der Straße Am Sandtorpark und Am Dalmannkai [O12] befinden sich verschiedene Galerien in direkter Nachbarschaft.
🖼45 [N11] **Produzentengalerie Hamburg,** Admiralitätsstraße 71, S1/S3 Stadthausbrücke, www.produzentengalerie.com, Tel. 378232, Di.–Fr. 11–18, Sa. 11–15 Uhr. Mehrere Galerien.

▷ *Und es ist doch lecker:*
Hamburger Labskaus

Hamburg für Genießer

Die Hamburger Gastronomieszene zeigt sich unglaublich vielfältig. Mittlerweile kochen mehrere Sterneköche in der Hansestadt, aber auch die Ebene darunter ist stark besetzt. Der Hamburger hat die kulinarischen Genüsse eindeutig entdeckt und ist auch bereit, dafür zu zahlen. Wer es etwas rustikal-einfacher wünscht, wird ebenfalls ein breites Spektrum finden. Vor allem im Schanzenviertel, aber auch umweit der Landungsbrücken in der Dietmar-Koel-Straße, wo sehr viele iberische Lokale zu finden sind. In der Hamburger Innenstadt haben sich die Restaurants vornehmlich auf die Mittagspausen-Kundschaft der umliegenden Büros eingestellt. Dort gibt es aber auch einige Traditionslokale, die seit vielen Jahren gute Hausmacherkost anbieten und deshalb sehr geschätzt sind.

Hamburger Spezialitäten

Gibt es so etwas wie echte Hamburger Küche? Sagen wir mal so: Es gibt einige spezielle Gerichte, die im Norden sehr beliebt sind. Vielleicht sind bestimmte hamburgerische Begriffe nicht jedem Besucher so ganz geläufig. Hier eine Übersicht zu typischen kulinarischen „Hamburgensien".

Speisen

▸ **Aalsuppe:** Aal ist auch drin, aber ansonsten war es früher eher eine Art Resteverwertungssuppe („aal in de Supp" – alles in die Suppe). Fleisch, Fleischklößchen, Gemüse und eben auch Aalstücke werden zusammen gekocht.
▸ **Bauernfrühstück:** Ein sättigendes Mahl aus Kartoffeln, Zwiebeln und Schinkenspeck, das wie ein Omelette überbacken und mit Gurke serviert wird.

Smoker's Guide

Generell darf in Hamburg in Lokalen nicht geraucht werden. Eine Ausnahme bilden kleine Lokale unter 75 m², es sei denn, dort werden warme Speisen angeboten. In größeren Gaststätten kann ein separater Raucherbereich eingerichtet werden. Geraucht werden darf beispielsweise in der RehBar in Ottensen (s. S. 91).

- **Franzbrötchen:** Ein leckeres Plundergebäck mit Zucker und Zimt, für viele Hamburger Pflichtteil des täglichen Frühstücks.
- **Hamburger Speck:** Ist ein süßes Naschwerk, das speziell auf dem dreimal im Jahr stattfindenden Dom verkauft wird.
- **Labskaus:** Für viele eine undefinierbare rote Pampe, aber für Kenner ein gehaltvolles, kräftiges Essen, bestehend aus Pökelfleisch, gestampften Kartoffeln, Spiegelei, Gurke und Roter Bete. Letztere gibt die etwas befremdliche Farbe.
- **Rote Grütze:** Lecker! Eine Nachspeise aus dem angedickten Saft von Himbeeren oder Johannisbeeren mit Früchten, serviert mit Milch oder Vanillesoße.
- **Rundstück:** So heißt in Hamburg ein Brötchen.
- **Scholle „Finkenwerder Art":** Kann recht fettig ausfallen, da sie mit Schinkenspeck angebraten und zusammen mit Bratkartoffeln serviert wird.
- **Stint:** Gibt es zumeist im Frühjahr. Kleine, dem Hering ähnliche Fische, die dann in Massen gefangen und in etlichen Lokalen frittiert angeboten werden – unter dem Motto „Stint satt".

Getränke

- **Alsterwasser:** Das ist ein Mischgetränk, bestehend aus Bier und weißer Brause.
- **Eisbrecher:** Sozusagen die Steigerung von Grog: statt Wasser nimmt man erwärmten Rotwein.
- **Grog:** Den gibt es im Winter. Eine Mischung aus heißem Wasser und einem gehörigen Schuss Rum, die mit Zucker in einem relativ kleinen Glas serviert wird. Ein steifer Grog enthält besonders viel Rum.
- **Kalter Kaffee:** Ein Mischgetränk aus Cola und gelber Brause.
- **Köm:** Ein Korn bzw. eigentlich sogar nur ein Kümmelschnaps.
- **Lütt un' Lütt:** Ein kleines (lüttes) Glas Bier und ein kleiner Schnaps.

Ausgewählte Lokale

Ein Mittagsgericht lässt sich in Hamburg für etwa 10–13 € bekommen, teilweise schon für 7 bis 9 €. Abends sieht das anders aus: Die Sternelokale haben natürlich ihre ganz eigene Qualität, was sich in entsprechenden Preisen niederschlägt. Auch die Ebene unterhalb von „besternten" Lokalen (beispielsweise etliche an der Großen Elbstraße) haben eine gute Qualität mit entsprechenden Preisen. Hier muss man schon mit 25 € aufwärts kalkulieren – oder eher vielleicht mit deutlich mehr.

Die Mittelklasse ist auch in Hamburgs Gastronomie breit vertreten, da kann ein Abendessen bei 15 bis 25 € (ohne Getränke) liegen.

Preiskategorien

€ günstig (bis 15 €)
€€ mittelpreisig (15–30 €)
€€€ hochpreisig (über 30 €)

(Preis für ein Hauptgericht)

Restaurants

46 [K8] **Altes Mädchen** €, Lagerstraße 28B, Tel. 800077750, Mo.–Sa. ab 12, So. ab 10 Uhr. Liegt in den Schanzenhöfen im Viertel Sternschanze (Nr. 56). Größeres, rustikal-gemütliches Lokal, in dem hausgemachtes Bier und 60 weitere Biere aus aller Welt sowie deftige Speisen angeboten werden.

47 [N11] **Alt Hamburger Aalspeicher** €€, Deichstraße 43, Tel. 362990, tägl. 12–23 Uhr. Nettes Lokal in einem Gebäude aus dem 16. Jh. in der historischen Deichstraße gelegen. Serviert werden Fischgerichte, die Hausspezialität ist geräucherter Aal.

48 [J11] **Alt Helgoländer Fischerstube** €€, St. Pauli Fischmarkt 4 (Hafenrand), Tel. 3194696, tägl. 12–24 Uhr (Küche bis 22 Uhr). Ein traditionsreiches Fischlokal, das direkt beim Fischmarkt liegt und durchgehend geöffnet hat.

49 [P10] **Barefood Deli** €-€€, Lilienstraße 5–9, Tel. 36930540, Mo.–Do. 11.30–23, Fr./Sa. 11.30–24, So. 10–23 Uhr. Dieses Lokal gehört dem Schauspieler Til Schweiger und liegt mitten in der Hamburger City. Das in hellen Farben sehr schick gehaltene, ziemlich große Lokal erstreckt sich über zwei Ebenen. Der Tresen steht unten, genau wie einige etwas rustikale Tische, oben folgt dann ein größerer Raum. Es gibt klassische Bistroküche, So. Brunch 10–15 Uhr, anschließend z. B. Sandwiches, Burger, Salate, Fisch, Fleisch und Pasta.

50 [L11] **Block Bräu** €€, Landungsbrücken, Brücke 3, Tel. 44405000, tägl. 11–24 Uhr. Rustikal-gemütliches Lokal mit einem großem Gastraum mit langen Bänken und einer ebenso großen Terrasse, von der man einen superben Hafenblick genießt. Serviert wird herzhafte Küche (Fisch, Fleisch, Brezel, aber auch Salate) und selbstgebrautes Bier.

51 [K10] **Brachmanns Galeron** €€, Hein-Hoyer-Str. 60, Tel. 67305123, Mo.–Sa. 18.30–22.30 Uhr. Das ist doch mal etwas anderes: schwäbische Küche auf St. Pauli etwas abseits der Reeperbahn in einem urigen Restaurant. Do. bis Sa. öffnet eine Whiskybar.

52 [D12] **Café Elbterrassen** €-€€, Övelgönne 1, Tel. 3904443, tägl. 10–23 Uhr, Okt.–April nur bei schönem Wetter 12–18 Uhr. Vom Museumshafen kommend, läuft man genau darauf zu. Eine gemütliche Freiluftkneipe mit Stühlen im Sand und Blick auf die historischen Schiffe, zwischen verrosteten Ankern und Schiffsschrauben werden kleine Speisen serviert. Frühstück bis 12 Uhr.

53 [L11] **Churrascaria O Frango** €€, Reimarusstr. 17, Tel. 31794085, Di.–

Hamburg für Genießer

EXTRATIPPS

Lecker vegetarisch
Vegetarische Küche wird in folgenden Lokalen serviert:

❷54 [Q9] **Café Koppel** €, Lange Reihe 75/Koppel 66, www.cafekoppel.de, Tel. 249235, tägl. 10–22 Uhr. Das rein vegetarische Café, das auch viel Veganes im Angebot hat, bietet neben einem täglich wechselnden Tagesgericht, einigen warmen Speisen und Frühstück natürlich auch Kuchen. Das Café befindet sich im Haus für Kunst und Handwerk/Koppel 66 (s. S. 96).

❷55 [M10] **Loving Hut** €, Markusstr. 2, Tel. 57221029, Mo.–Fr. 11.30–15 und 17.30–21, Sa. 17.30–22 Uhr. Hier wird vegane vietnamesische Küche aufgetischt. So bestehen beispielsweise „vegane Meeresfrüchte" nicht aus Shrimps, sondern aus Wurzeln.

❷56 [M10] **Piccolo Paradiso** €–€€, Brüderstr. 27 (Großneumarkt, nicht weit vom Michel), Tel. 35715358, geöffnet: Di.–Sa. ab 17 Uhr. Gute vegetarische Gerichte und ökologisch angebaute Weine.

Lokale mit guter Aussicht
In der Hansestadt gibt es an Elbe und Alster etliche Lokale mit fantastischer Aussicht:
› **Alex im Alsterpavillon** (s. S. 88)
› **Alster Cliff** (s. S. 103)
› **Bodos Bootssteg** (s. S. 103)
› **Engel** (s. S. 86)
› **La Vela** (s. S. 87)

Dinner for one
In folgenden Lokalen können Gäste in angenehmer Atmosphäre auch alleine speisen:
› **Alex im Alsterpavillon** (s. S. 88)
› **Café Paris** (s. S. 88)
› **Gasthaus an der Alster** (s. S. 86)
› **Rive** (s. S. 88)

Für den späten Hunger
Hier gibts auch noch in der Nacht was auf den Teller:

❶57 [K8] **Erika's Eck** €, Sternstraße 98 (Schanzenviertel), Tel. 433545, Mo.–Fr. 17–14 Uhr durchgehend (!), Sa./So. 17–9 Uhr. Die Öffnungszeiten sind kein Druckfehler, hier versorgen sich früher die Mitarbeiter vom Schlachthof mit herzhaften Gerichten, heute auch vor allem Taxifahrer und Nachtschwärmer. Deshalb gibt es Frühstück bereits ab Mitternacht und die belegten Brötchen kosten lediglich einen Euro.

❷58 [Q9] **Frau Möller** €, Lange Reihe 96, Tel. 25328817, www.fraumoeller.com, Mo.–Do. 8–4, Fr./Sa. bis 6 Uhr offen, Küche bis 1 Uhr, Fr./Sa. Küche sogar bis 3 Uhr, So. 8–4 Uhr. Rustikale und gemütliche Pinte im Herzen von St. Georg. Es gibt einen Mittagstisch und deftige, sattmachende Hausmacherkost – und eine insgesamt sehr lässige Atmosphäre.

❷59 [K11] **Lucullus-Imbiss** €, Reeperbahn 77/79 (vor der Davidwache). Der Pavillon fällt durch seine grellbunte Leuchtreklame auf und hat von 11 bis 24 Uhr, Fr./Sa. bis 5 Uhr geöffnet.

❶60 [K11] **Man Wah** €, Spielbudenplatz 18, Tel. 3192511, So.–Do. 12–2, Fr./Sa. 12–3 Uhr. Authentische chinesische Küche – das zeigen schon die chinesischen Schriftzeichen, die zusätzlich auf der Speisekarte stehen. Angeblich kommen hierher sogar Kellner anderer chinesischer Lokale nach Beendigung ihrer eigenen Schicht zum Essen.

› **Olympisches Feuer** (s. S. 70), Mo.–Fr. 11–1, Sa./So. 11–2 Uhr. Altbewährtes griechisches Lokal im Schanzenviertel mit großen Portionen und lässiger Stimmung.

So. 12–23 Uhr. Lokal im Portugiesenviertel am Hafen, in dem portugiesische Spezialitäten vom Holzkohlegrill serviert werden.

🚇**61** [K11] **Cuneo** €–€€€, Davidstraße 11, Tel. 312580 (St. Pauli), Mo.–Sa. 18–0.30 Uhr. Alteingesessener Italiener unweit der Reeperbahn, sehr beliebt bei Promis und Medienleuten. Gute, aber nicht ganz billige Gerichte.

🚇**62 Engel** €€–€€€, Fähranleger Teufelsbrück, Tel. 824187, Mo.–Sa. ab 12 Uhr, warme Küche 12–15 Uhr, 18–22 Uhr, So. ab 10 Uhr, So. Brunch in zwei Schichten (10–12 und 12.15–14.30 Uhr). Fährt ein Containerriese vorbei, schaukelt der ganze Laden. Kein Wunder, er liegt ja auch auf einem Ponton. Der Ausblick auf die Elbe ist unschlagbar. Bei Kaffee, Kuchen oder auch guten warmen Mahlzeiten kann man glatt die Zeit vergessen.

🚇**63** [G11] **Fischereihafen Restaurant** €€€, Große Elbstraße 143 (Hafenrand), Tel. 381816, tägl. 11.30–22 Uhr durchgehende Küche. Ausgezeichnete Fischgerichte und eine hervorragende Lage mit Elbblick lockten schon viele Promis in das Lokal von Rüdiger Kowalke, der mittlerweile selbst schon zu den Prominenten zählt.

🚇**64** [J11] **Fischerhaus** €–€€, St. Pauli Fischmarkt 14, S Reeperbahn oder Bus Nr. 112 bis Hafentreppe, Tel. 314053, www.restaurant-fischerhaus.de, tägl. 11.30–22.30 Uhr. Traditionslokal am Hafenrand und gegenüber vom Fischmarkt gelegen. Große Auswahl an Nordseefisch-Gerichten, aber auch Nicht-Fisch-Esser werden auf der Speisekarte fündig. In der oberen Etage toller Hafenblick in insgesamt etwas gehobenerem Ambiente, unten speist man eher gemütlich-rustikal.

🚇**65** [K10] **Freudenhaus** €€, Hein-Hoyer-Str. 7–9 (St. Pauli), Tel. 314642, tägl. 17–23 Uhr. Auch das gibts auf St. Pauli: ein hervorragendes Lokal mit deutschen Gerichten, die auch noch pfiffig arrangiert sind.

🚇**66** [09] **Galatea** €€–€€€, Am Ballindamm auf einem Alsterdampfer, U/S Jungfernstieg, www.alsterschiff-galatea.com, Tel. 337227, tägl. 11.30–23.30 Uhr. Gute italienische Küche auf dem relativ kleinen Alsterdampfer, der aber auch noch einen überdachten Ponton als Vorbau hat. Man sitzt also wunderschön direkt oberhalb des Wassers der Binnenalster.

🚇**67** [P10] **Gasthaus an der Alster** €–€€, Ferdinandstraße 65, S1/S3 Jungfernstieg, Tel. 327209, tägl. 11–24 Uhr. Der Name stimmt nicht ganz, direkt an der Alster liegt dieses rustikal-gemütliche Lokal nämlich nicht, aber nur einen Block entfernt. Hier treffen sich Cliquen vor dem Besuch des nahen Thalia Theaters und Kollegen nach der Arbeit. Das Bier kommt flott und die deftigen norddeutschen Speisen ebenso.

🛒**68** [N9] **Hamburger Fischerstube** €–€€, Colonnaden 49, U1 Stephansplatz, Tel. 35716380, täglich ab 11 Uhr. Fischgerichte in allen Variationen in rustikal-gemütlichem Ambiente.

🚇**69** [H11] **Henssler & Henssler** €€€, Große Elbstraße 160 (Hafenrand), Tel. 38699000, Mo.–Sa. 12–15 und 17.30–23 Uhr. Vater und Sohn betreiben dieses Lokal als einen Mix aus Sushibar und Restaurant. Geboten wird hervorragende eurasische Küche.

🚇**70** [Q8] **Kouros** €€, An der Alster 28, U1 Lohmühlenstraße, Tel. 244540, www.kouros-restaurant.de, Mo.–Sa. 18–24 Uhr. Eines vorweg: Dieses Lokal zählt nicht zur Kategorie „Grieche-um-die-Ecke" mit Fleischbergen und Ouzo-bis-zum-Abwinken. Auch das Ambiente ist schon etwas feiner, die übliche Weißes-Haus-am-Meer-Folklore fehlt. Es gibt wunderbare Vorspeisen und das Fleisch vom Hauptgang stammt ausschließlich vom Bio-Bauern.

Hamburg für Genießer

71 [E11] **Landhaus Scherrer** €€€, Elbchaussee 130, Tel. 883070030, Mo.–Sa. 12–15 und ab 18.30 Uhr. Traditionsreiches Restaurant mit perfekter Küche und dem ewigen Klassiker „Vierländer Ente". Der guten Küche angemessene Preise. Angeschlossen sind „Wehmanns Bistro", wo es regionale Gerichte gibt, sowie das kleinere Bistro „Ö1" mit einer Sonnenterrasse (dort WLAN), geöffnet: Mo.–Sa. 12–23 Uhr.

72 [I11] **La Vela** €€€, Große Elbstraße 27, Tel. 38699393, tägl. 12–23 Uhr. Gute italienische Küche jenseits von Einheitspizza und -pasta, elegante Einrichtung, ausgezeichneter Elbblick. WLAN.

73 [H11] **Marseille** €€, Große Elbstraße 164, Tel. 41307221, www.restaurant-marseille.de, geöffnet: Di.–Sa. 12–24 Uhr. An der Großen Elbstraße sitzen noch immer einige Fischhändler und folgerichtig gibt es im Marseille auch gute Fischgerichte. Alle Gerichte können als große und als kleine Portion bestellt werden. So kann sich jeder Gast seine Vor- und Hauptspeise nach Gusto zusammenstellen. Die Bouillabaisse (Fischsuppe) gibt es übrigens à la Altona (milder) und à la Marseille (kräftig-würziger).

74 [O11] **O Café Central** €€, Große Bäckerstraße 4 (Innenstadt), Tel. 37518280, Mo.–Fr. 12–15 Uhr, 18–23 Uhr, Sa. 17–23 Uhr. Kleines portugiesisches Restaurant mit sehr angenehmer Stimmung. Mittags wird hier wird ein dreigängiges Menü angeboten.

75 [M11] **Old Commercial Room** €€, Englische Planke 10 (Nähe Landungsbrücken), Tel. 366319, tägl. 12–24 Uhr. Vis-à-vis vom Michel gelegen. Geboten werden Fischgerichte, regionale Speisen und vor allem das weithin geschätzte Labskaus.

76 [O10] **Picasso** €€, Rathausstr. 14, Tel. 326548, Mo.–Sa. 11.30–23 Uhr. Wunderbare, authentische spanische Spezialitäten, darunter etwa fünfzig Tapas, aber auch argentinische Steaks. Sehr bemühter und sympathischer Patron.

Gastro- und Nightlife-Areale
Bläulich hervorgehobene Bereiche in den Karten kennzeichnen Gebiete mit einem dichten Angebot an Restaurants, Bars, Klubs, Discos etc.

Unerwartetes in Hamburg: Beachclub mit Blick auf den Hafen

🚇77 [N10] **Rheinische Republik** €, Stadthausbrücke 1–3, Tel. 3600 6001, tägl. 12–1 Uhr. Rheinische Lockerheit in der Stadt der Pfeffersäcke! Am Schaufenster steht das Motto: „Wenn wir schon leben, dann soll es wenigstens lustvoll sein." Drinnen gibts Kölsch, rheinische Gerichte sowie allerlei Polit-Andenken als Deko an den Wänden. Bier wird so lange unaufgefordert nachgebracht, bis man einen Deckel aufs Glas legt.

🚌78 [H12] **Rive** €€€, Van-der-Smissen-Str. 1 (Hafenrand), Tel. 3805919, Di.–So. 12–24 Uhr. Fischküche (bis 22 Uhr) und ein tadelloser Blick auf die Elbe.

🚇79 [P9] **Sala Thai** €€, Brandsende 6, Tel. 335009, tägl. 11.30–23.30 Uhr. Charmant und hübsch dekoriertes Lokal mitten in der City. Serviert wird hervorragende, aber etwas höherpreisige Thai-Küche.

🚇80 [J11] **Überquell** €, St. Pauli Fischmarkt 28–32, Tel. 3344212260, geöffnet: tägl. ab 12 Uhr, Brew Pub Mi.–Sa. ab 18 Uhr. Das Lokal unterteilt sich in den Brew Pub, wo es 30 verschiedene Biere gibt, das Pizza-Restaurant und den großen Terrassenbereich. Sehr lässiges Ambiente am Hafenrand.

Cafés & Bistros

🚇81 [O10] **Alex im Alsterpavillon** €€, Jungfernstieg 54, Tel. 3501870, ab 8 Uhr geöffnet, am So. ab 9 Uhr, Frühstück bis 12 Uhr, So. Brunch 9–14.30 Uhr. Die Lage ist nur schwer zu toppen, formidabler Blick auf die Alster. Bei warmem Wetter kann hier auf der Terrasse oftmals ein sehr großer Andrang herrschen.

🚇82 [O10] **Café Paris** €€, Rathausstr. 4, Tel. 32527777, tägl. 9–23.30 Uhr, Sa./So. ab 9.30 Uhr. Ein richtig schickes Bistro mit viel französischem Charme in einer ehemaligen Schlachterei. Im Jugendstil eingerichtet, kleine Bistrotische, leicht eng gestellt. Kleine und größere Gerichte werden von Kellnern mit „Fronkroisch"-Akzent serviert.

🚌83 [H11] **Café Schmidt & Schmidtchen** €, Große Elbstraße 212, Tel. 4130671013, tägl. 8–18 Uhr. Auch das gibt's an der Elbstraße: ein Café mit richtig leckerem Kuchen, Torten, Gebäck, Brot und Brötchen.

› **Grand Café Roncalli**, im Levante Haus (s. S. 96), Mo.–Sa. 9–20, So. 10–18 Uhr. Schönes Kaffeehaus mit historischem Charme, Stühlen mit rotem Samt, schickem Holztresen, Bistrotischen mit Marmor und vielen Zirkusutensilien als Deko. Das Café befindet sich im Obergeschoss, unten ist ein Ladengeschäft untergebracht.

🚌84 [D12] **Kleinhuis' Restaurantschiff** €, Ponton Neumühlen (Övelgönne), Tel. 397383, Mitte März bis Mitte Oktober Mo.–Sa. 12–22, So. 10–22 Uhr. Das Café liegt auf einer alten HADAG-Fähre und schaukelt im Elbwasser direkt am Steg des Fähranlegers Övelgönne.

🚇85 [N11] **Ti Breizh** €–€€, Deichstr. 39, Tel. 37517815, tägl. 12–22 Uhr. Kleine, gemütliche bretonische Crêperie, in der oberleckere „Galettes" mit köstlichen Füllungen serviert werden. Vom Fenster aus schöner Blick auf das Fleet.

▷ *Das Thalia Theater (s. S. 94) ist in Hamburg eine Institution*

Hamburg am Abend

Nicht nur auf der berühmten Reeperbahn ❹ tobt das Nachtleben, auch im Schanzenviertel ❺, in Ottensen ❻ oder auch in St. Georg ❺ bleibt kein Auge trocken. Nur direkt in der City läuft abends nicht viel. Im Zentrum wird mehr gearbeitet als gefeiert und die Lokale leben überwiegend von der Mittagspausenkundschaft.

Nachtleben

Ausgehzonen

Die **Reeperbahn** ❹ ist wieder „in"! Das war auch schon mal ganz anders, aber nachdem die meisten Neppläden verschwanden, kehrte das Partyvolk zurück. Und wie! Vor allem drei Zonen locken mit einer Vielzahl von Lokalen: In der Straße **Große Freiheit** ❺ liegen überwiegend angesagte Musikklubs, hier wird aber auch Table Dance geboten. Auch ehrliche Pinten gibt es noch, wie beispielsweise „Gretel und Alfons", in dem schon die Beatles während ihrer Hamburger Zeit zechten. Die Straße **Hamburger Berg** ist da ein wenig der Gegenentwurf. Dort gibt es kultige, erdgebundene Kneipen mit teilweise leicht trashigem Charme. Der **Hans-Albers-Platz** ❺ bietet das ganze Programm, sowohl Kult-Disco, als auch schmantige Pinten.

Die **Innenstadt** dagegen zeigt sich nach Büro- und spätestens nach Geschäftsschluss verwaist. Viele Lokale leben von der Mittagspausenklientel und haben am Abend nur begrenzt geöffnet. Richtige Szeneläden gibt es bis auf wenige Ausnahmen weder in der Alt- noch in der Neustadt.

Wo viele **Studenten** sind, da gibts auch viele Kneipen, das kann auch in Hamburg nicht anders sein. Zwischen Grindelallee und Rotherbaum (unweit vom Bahnhof Dammtor) muss man nicht lange suchen, um einen Tresen zu finden, wenngleich nun auch nicht gerade eine Kneipe neben der nächsten liegt.

Schrille Läden, gemütliche Cafés und ein kunterbuntes Völkchen treffen sich im **Schanzenviertel** ❺, vor allem entlang der Straßen Schulterblatt und Schanzenstraße.

Ähnlich kultige Läden liegen im alten Arbeiterviertel **Ottensen** ❻, und zwar an der Ottenser Hauptstraße und rund um den Alma-Wartenberg-Platz.

„Hummel Hummel", der Hamburger Gruß

Ist noch gar nicht so lange her, da grüßten sich zwei Hamburger, wenn sie sich in der Fremde trafen, sehr freiwillig. Sagt der eine: „Hummel, Hummel", antwortet der andere: „Mors, Mors". Hintergrund ist die Geschichte mit dem Wasserträger (solche Tätigkeiten gab es wirklich!) Johann Bentz (1787-1854), genannt „Hummel". Wenn er mit seinen schweren Wassereimern vorbeikam, neckten ihn die Jungen mit dem Ruf „Hummel, Hummel". Johann Bentz konnte sich dann nur mit Worten wehren und verkürzte das bekannte Götz-Zitat „ ...er kann mich am Arsche lecken!" (auf Platt: „Klei mi an Mors") plattdüütsch-kernig zu „Mors, Mors".

So richtig zum Tragen kam der Hamburger Gruß aber erst, nachdem die Hamburger als Autokennzeichen HH bekamen, was eigentlich für „Hansestadt Hamburg" steht, aber gerne zu „Hummel, Hummel" umgedeutet wurde.

Etwas gediegener geht es in den Lokalen in **Eppendorf** und **Winterhude** zu. Hier leben Menschen mit einem zumeist überdurchschnittlichen Einkommen, die dieses auch gerne wieder ausgeben.

In **St. Georg** 66, gleich hinterm Hauptbahnhof 1, trifft sich die Gayszene, aber eben nicht nur. Dieses kleine Viertel hat sich zu einem multikulturellen Bereich entwickelt, was an den unterschiedlichsten Lokalen und Läden in der Straße Lange Reihe besonders augenfällig wird.

Bars, Kneipen, Klubs und Co.

86 [K11] **Angie's Live Music Club,** Spielbudenplatz 27 (Reeperbahn), Tel. 31778811, Fr./Sa. ab 22 Uhr. Kein steifer Nachtklub, sondern ein Musikklub, in dem es Soul, Funk und Rock auf die Ohren gibt.

87 [F10] **Aurel,** Bahrenfelder Straße 157 (Ottensen), Tel. 3902727, So.-Do. ab 12, Fr./Sa. ab 10 Uhr. Treff für halb Ottensen, prima Abfeier-Location. Geschlossen wird um 5 Uhr.

88 [K11] **Beachclubs.** Seit etlichen Jahren öffnen Anfang Mai, sobald die ersten Sonnenstrahlen sich zeigen, mehrere Strandklubs - vor allem am Hafenrand. Man nehme ein paar Tonnen Sand, baue eine Bar, stelle Liegestühle und Strandkörbe auf und schon hat man eine coole Location mit sensationellem Hafen- und Elbblick.

89 [P9] **Cascadas,** Ferdinandstr. 12, www.cascadas.club. Kleiner Liveklub mitten in der City nahe der Binnenalster. Partys, Konzerte, dienstags ist „Caribbean Night".

90 [P9] **Ciu,** Ballindamm 15 (Innenstadt), Tel. 32526060, tägl. Mo.-Sa. ab 16, So. ab 18 Uhr. Geschmackvolle Bar (im Sommer mit Terrasse) mit exzellenten Cocktails. Schöner Blick auf die Alster.

91 [K11] **Docks,** Spielbudenplatz 19 (Reeperbahn), Tel. 3178830. Mal Musikklub, mal Konzertbühne. Und wenn die Fußballer vom FC St. Pauli mal wieder was zu feiern haben, dann fallen sie gerne ins Docks ein.

92 [O11] **Gröninger Braukeller,** Willi-Brandt-Str. 47, U1 Meßberg, Tel. 570105100, Mo.-Fr. ab 11 Uhr, Sa. ab 17 Uhr, So. ab 15 Uhr. Ein richtig uriger Brauereikeller aus dem Jahr 1750, in dem noch eigenes, süffiges Bier gebraut wird. In den verwinkelten Kellergängen gibt es genügend Nischen zum ungestörten Plausch, aber auch lange Holzti-

Hamburg am Abend

sche zum heftigen Abfeiern. Wer Hunger kriegt, bestellt sich eine deftige Portion von der warmen Theke oder speist etwas ruhiger oben im Restaurant.

⊕93 [K11] **Klubhaus St. Pauli**, Spielbudenplatz 21, T. 31778835, http://klubhaus-stpauli.de. Bunt schillerndes Gebäude mit mehreren Klubs und Konzerträumen für Livemusik und Entertainment, u. a. „Sommersalon", „Kukunn", „Schmidtchens Alte Liebe" und eine Dachbar.

⊕94 [K9] **Knust**, Neuer Kamp 30, U3 Feldstraße, Tel. 87976230. Liegt am Rande von St. Pauli in der alten Rinderschlachthalle mit Konzerten, wechselndem Musikprogramm und wenn St. Pauli Fußball spielt, ist man per TV auch immer dabei.

⊕95 [K10] **Lehmitz**, Reeperbahn 22, Tel. 314641, Mo.–Do. ab 16, Fr. ab 14, Sa./So. ab 12 Uhr. Livemusik auf dem Tresen, Eintritt frei. Eine Institution auf St. Pauli. Ehrlich und geradeaus mit Rundtresen.

⊕96 [K10] **Mojo Club**, Reeperbahn 1, www.mojo.de, Mi.–Sa. ab 15 Uhr. Nach dem Aus für den (damals) vielleicht bekanntesten Klub von Hamburg vor etlichen Jahren tauchte das Mojo komplett neu gestaltet wieder auf. Unterirdisch, auf zwei Ebenen angeordnet, mit Bühne, Dancefloor und seitlichen Bars, öfters Konzerte. Daneben gibt es noch das Mojo Jazz Café.

⊕97 [J10] **Molotow**, Nobistor 14, www.molotowclub.com. Einer der angesagtesten Klubs der Stadt, Do.–Sa. ab 23 Uhr, manchmal auch schon früher geöffnet, aber immer noch wie seit vielen Jahren mit der unverwüstlichen Motorbooty-Party am Samstag. Unter der Woche Konzerte und gelegentlich Lesungen.

⊕98 [J10] **Moondoo**, Reeperbahn 136, Tel. 31975530, www.moondoo.de, Do.–Sa. ab 23 Uhr. Zählt momentan zu den hippsten Klubs der Hansestadt. Hier will jeder rein, aber längst nicht alle schaffen es. Leicht elegantes Ambiente, aber ohne strengen Dresscode.

⊕99 [F10] **RehBar**, Ottenser Hauptstraße 52 (Ottensen), Tel. 39906363, tägl. ab 10 Uhr. Keine reine Nightlocation, auch tagsüber kann man in dieser Szenebar sehr nett abhängen. WLAN.

⊕100 [L11] **Tower Bar**, im 12. Stock des Hotels Hafen Hamburg (s. S. 133), Tel. 3111370450, tägl. 18–2 Uhr, Happy Hour von 18–19 Uhr. Gigantischer Ausblick auf den Hafen aus 62 m Höhe!

▷ *Kleine Pause am Kaiserkai in der HafenCity*

Hamburg am Abend

➊101 [L9] **Uebel & Gefaehrlich,** Feldstraße 66e, U3 Feldstraße, www.uebelundgefaehrlich.com, Öffnungszeiten variieren je nach Veranstaltung. Der Club liegt im unübersehbaren Weltkriegsbunker am Heiligengeistfeld. Konzerte und Musik-Veranstaltungen, oben auf dem Dach gibt's einen tollen Blick über Hamburg als Dreingabe.

Bühnen

Jazz

➊102 [K5] **Birdland,** Gärtnerstr. 122, Tel. 405277, www.birdlandhamburg.de. Seit vielen Jahren eine feste Größe in der Jazz-Gemeinde. Nachdem sich die Eltern als Betreiber zurückgezogen haben, führen deren Söhne nun das Birdland.

➊103 [M10] **Cotton Club,** Alter Steinweg 10, Tel. 343878, www.cotton-club.de. Ein Jazzklassiker mit täglicher Livemusik, So. 11–14.30 Uhr Jazz-Frühschoppen.

Kabarett

○104 [N2] **Alma Hoppes Lustspielhaus,** Ludolfstr. 53, U1 Hudtwalckerstr., Tel. 55565556, www.almahoppe.de. Klassisches Kabarett! Neben den zwei männlichen Machern des Ganzen treten regelmäßig diverse Gastkabarettisten auf.

○105 [Q10] **Hansa-Theater,** Steindamm 17, Tel. 47110644, www.hansa-theater.de. Eine Hamburger Legende lebt wieder auf! Zumindest zwischen Oktober und März findet alljährlich ein buntes Varieté-Programm mit namhaften Kabarettisten, Zauberern, Akrobaten und anderen Künstlern statt. Richtig nett mit Gastronomie am Platz.

○106 [R9] **Polittbüro,** Steindamm 45, S/U Hauptbahnhof oder U1 Lohmühlenstraße, Tel. 4528055467, www.polittbuero.de. Zwei Kabarettisten („Herrchens Frauchen") führen dieses 200-Plätze-Theater und treten auch selbst auf. Es gibt auch viele Gastspiele.

Kino

➊107 [M7] **Abaton,** Allende-Platz 3, Tel. 41320320, www.abaton.de. Um die Ecke liegt die Uni, entsprechend wird hier „anderes" Kino gezeigt.

➊108 [O10] **Passage-Kino,** Mönckebergstr. 17, Tel. 468668628, www.das-passage.de. Hamburgs ältestes Kino wurde runderneuert, hat aber noch seinen Art déco-Stil und es werden meist Filme jenseits des Mainstreams gezeigt.

Konzerte

› In der **Elbphilharmonie** ❸❹, Hamburgs neuem Wahrzeichen, werden in zwei unterschiedlich großen Sälen Konzerte aufgeführt (www.elbphilmonie.de).

➊109 [F9] **Fabrik,** Barnerstr. 36, Tel. 391070, www.fabrik.de. Ehemals ein alternativer, heute ein fest etablierter Veranstaltungsort, an dem auch renommierte Künstler auftreten.

➊110 [J10] **Große Freiheit 36,** Große Freiheit 36 (St. Pauli), http://grossefreiheit36.de. Viele Konzerte, aber auch Tanzveranstaltungen, die an bestimmte Zielgruppen gerichtet sind.

➊111 [R4] **Kampnagel,** Jarrestr. 20–26, U3 Borgweg, Tel. 27094949, www.kampnagel.de. Auf dem Gelände einer im 19. Jahrhundert gegründeten Industriefirma zog nach deren Stilllegung die alternative Kultur ein. Festivals, Konzerte und Off-Theater finden heute hier statt.

➊112 [M9] **Laeiszhalle,** Johannes-Brahms-Platz, U2 Messehallen, www.elbphilharmonie.de, Tel. 3576660, 35766666 (Tickets). Musiker, die klassische Werke aufführen, treten in diesem vor rund 110 Jahren errichteten barocken Haus auf.

➊113 [M8] **Logo,** Grindelallee 5 (S-Bahn: Dammtor), www.logohamburg.de, Tel. 4105658. Auftritte von lokalen Bands, halbwegs bekannten Künstlern, Nachwuchsleuten und manchmal auch Stars.

Hamburg am Abend

114 [Q11] **Mehr! Theater am Großneumarkt,** Banksstraße 28, Tel. 01805 2001, www.mehr.de. Große Bühnenhalle im Bereich des Großneumarkts. Hier finden Musicals und große Shows, aber auch Konzerte statt.

115 [S1] **Stadtpark,** S1 Alte Wöhr oder U3 Saarlandstraße, www.hamburgerstadtpark.de. Alle Jahre wieder hofft man in Hamburg auf einen schönen Sommer und plant große Freiluftkonzerte im Stadtpark.

Leichte Muse

116 [O2] **Komödie Winterhuder Fährhaus,** Hudtwalckerstr. 13, U1 Hudtwalckerstraße, Tel. 48068080, www.komoedie-hamburg.de. Der Name sagt es: die leichte Muse regiert hier. Keine schenkelklopfende Derbheit, aber intelligente Komödien oder Boulevardtheater mit fernsehbekannten Schauspielern.

117 [Q9] **Ohnsorg-Theater,** Heidi-Kabel-Platz, im Bieberhaus (S- und U-Bahn: Hauptbahnhof), Tel. 35080321, www.ohnsorg.de. Hier regiert Platt! Früher wurden die Stücke am Samstag zur besten Sendezeit live im Fernsehen übertragen (in einer mehr oder weniger hochdeutschen Version), heute strömen mehr Leute denn je in das Haus.

118 [K11] **Schmidts Tivoli, Schmidtchen und Schmidt Theater,** Spielbudenplatz 24–28, S1/S3 Reeperbahn, Tel. 31778899, www.tivoli.de. Schräge Shows mit wechselndem Programm. Seit Jahren laufen Erfolgs-Programme wie „Caveman" und das Musical „Heiße Ecke" oder es wird „Schmidts Mitternachtsshow" zelebriert. Im Tivoli vor allem Varieté und Musicals.

119 [K11] **St. Pauli Theater,** Spielbudenplatz 29–30, S1/S3 Reeperbahn, Tel. 47110666 (Tickets), www.st-pauli-theater.de. Auf der sündigen Meile kanns nur locker hergehen, und das tut es auch. Neben bekannteren Stücken auch Kabarett und Comedy.

Musicals

Vor über drei Jahrzehnten begann der Boom: Mit dem Dauerbrenner „Cats" fing alles an. Weitere erfolgreiche Stücke folgten. Heute laufen die Musicals nicht mehr ganz so lange wie der Urklassiker, aber immer noch über viele Monate, teilweise über Jahre. In Hamburg gibt es vier spezielle Bühnen für Musicals, alle liegen sehr zentral.

120 [I8] **Neue Flora,** Stresemannplatz, Ecke Alsenplatz, S-Bahnen Holstenstraße

121 [K11] **Operettenhaus,** Spielbudenplatz 1, U3 St. Pauli

122 [L12] **Theater im Hamburger Hafen,** Norderelbstraße 6, gegenüber der Landungsbrücken (U- u. S-Bahn: Landungsbrücken, Fähr-Shuttle ab Brücke 1). Das zugehörige **Stage Theater** an der Elbe liegt gleich nebenan und kann auch per Fähr-Shuttle erreicht werden.

› Infos: www.stage-entertainment.de, Tel. 01805 4444

Theater

Die Theater-Szene in Hamburg zeigt sich sehr vielfältig und bietet eigentlich alles: Klassiker und Kleinkunst, Comedy und Komödie, Theater auf Englisch und auf Plattdüütsch. Vor allem gibt es aber auch zwei mehrfach preisgekrönte Bühnen, das Thalia-Theater und das Deutsche Schauspielhaus.

123 [Q9] **Deutsches Schauspielhaus,** Kirchenallee 39, Tel. 248713, www.schauspielhaus.de. Eines der führenden Theater Hamburgs. Klassiker, moderne Stücke, aber auch mal zeitgenössische Werke kommen zur Aufführung. Außerdem gibt es noch zwei kleinere Bühnen.

124 [S7] **Ernst Deutsch Theater,** Friedrich-Schütter-Platz 1, U3 Mundsburg, Tel. 22701420, www.ernst-deutsch-theater.de. Komödien, Klassiker und vereinzelt Avantgarde.

125 [N7] **Hamburger Kammerspiele,** Hartungstr. 9–11, U1 Hallerstraße, Tel. 4133440, http://hamburger-kammerspiele.de. Traditionshaus, in dem anspruchsvolle, zeitgenössische Stücke gespielt werden.

126 [P10] **Thalia Theater,** Alstertor 1 (U- und S-Bahn: Jungfernstieg), Tel. 32814444, www.thalia-theater.de. Eines der größten Häuser in Hamburg. Hauptsächlich Klassiker, manchmal Modernes sowie hin und wieder Experimentelles.

Oper

127 [N9] **Hamburgische Staatsoper,** Große Theaterstraße 25, U2 Gänsemarkt, Karten: Tel. 356868, www.hamburgische-staatsoper.de. Wechselnde Opern und ständiges Programm von John Neumeiers Ballettkompanie, außerdem Konzerte vom Philharmonischen Staatsorchester Hamburg.

Hamburg für Shoppingfans

In der Innenstadt liegen mehrere Shoppingzentren – sowohl riesige Kaufhäuser, als auch überdachte Passagen. Etwas schräger oder auch etwas feiner geht es in speziellen Stadtvierteln außerhalb vom Zentrum zu.

Die Haupteinkaufsmeile ist die vom **Hauptbahnhof** ❶ zum **Rathaus** ❺ verlaufende **Mönckebergstraße** ❷. Dort haben sich die großen Kaufhäuser angesiedelt, in denen man auf 4–6 Etagen wohl alles findet, was das Herz begehrt. Parallel zur „Mö“ verläuft die **Spitalerstraße** [P10], durch die nur Fußgänger flanieren können. Hier bieten zumeist Ableger größerer Ketten ihre Waren an, aber auch der eine oder andere kleinere Händler ist noch zu finden.

Unweit vom **Rathaus** ❺ liegen am **Jungfernstieg** ❽ ebenfalls etliche Geschäfte und mit dem **Alster-**

Die Laeiszhalle (s. S. 92) ist eines der schönsten Konzerthäuser der Stadt

134ha Abb.: fr

Hamburg für Shoppingfans

haus (s. S. 98) ein großes Kaufhaus mit langer Tradition.

Einmal um die Ecke beginnt die Straße **Neuer Wall**. Dies ist die **Luxusmeile** der Hanseaten. Hier werden Edelmarken angeboten, die Schaufensterauslagen erscheinen minimalistisch und Preisschilder muss man auch erst mal suchen. Aber noch gibt es immerhin auch einige der traditionsreichen Geschäfte am Neuen Wall, zu denen die Hamburger Kaufmannschaft schon im letzten Jahrhundert ging. Diese werden aber immer weniger.

Eine sehr schöne Shoppingzone bieten die **Passagen** zwischen Rathausmarkt und Gänsemarkt. Nicht, dass hier nun ausgesprochene Billiganbieter säßen, aber durch die Vielfalt der zumeist kleineren Läden wird eine große Bandbreite abgedeckt. Die größte Passage ist die **Europa Passage** (s. S. 96), die zwischen Binnenalster ❻ und Mönckebergstraße ❷ liegt und 120 Geschäften auf fünf Etagen Platz bietet.

Eine weitere Einkaufszone in dieser Ecke ist die Fußgängerstraße **Colonnaden**, die vom **Jungfernstieg** ❽ zum Bahnhof Dammtor verläuft. Hier dominieren v. a. kleinere Geschäfte, es gibt aber auch einige Restaurants.

Der **Rödingsmarkt** ist eine relativ kurze Straße bei der gleichnamigen U-Bahn-Station, an der etliche Geschäfte mit maritimer Ausrichtung (Bücher, Bekleidung, Ausrüstung, Antikes) liegen.

Wer etwas Schrilles, etwas Ausgefallenes, etwas Anderes möchte, sollte die bunten Läden im **Schanzenviertel** ❺❼, besonders die in der Susannenstraße, oder im benachbarten **Karolinenviertel** – hier vor allem die Marktstraße – aufsuchen. Ähnlich spannend ist die **Lange Reihe** in

Shoppingareale
Die wichtigsten Shoppingbereiche der Stadt sind im Kartenmaterial mit einer rötlichen Fläche markiert.

St. Georg ❺❻, wo sich schräge Läden und Straßencafés befinden.

Auch nicht zu verachten wäre ein ausgedehnter Bummel durch die **Bahrenfelder Straße** in **Altona** ❺❽, wo sich ein kleines, uriges Geschäft ans nächste reiht.

Eine weitere Einkaufszone mit etwas besserem und auch teuerem Geschäften findet man im Stadtteil **Eppendorf**, an der Eppendorfer Landstraße, der Hegestraße und am Eppendorfer Baum.

Bücher

🔴**128** [O10] **Bücherstube Felix Jud,** Neuer Wall 13, Tel. 343409, Mo.–Fr. 10–18.30, Sa. 10–16 Uhr. Eine richtig schöne, alte Buchhandlung mit ausgefallenen Werken und viel Fachwissen.

🔴**129** [O10] **Dr. Götze,** Alstertor 14–18, Tel. 3574630, Mo.–Fr. 10–19, Sa. 10–18. Hier findet man alles, was es an Reiseführern und Landkarten gibt.

🔴**130** [P10] **k Presse & Buch,** Glockengießerwall 8–10, im Hauptbahnhof, Tel. 040 321724, Mo.–Fr. 5–23, Sa./So. 6–23 Uhr. Gut sortierte Bahnhofsbuchhandlung mit Postzweigstelle.

🔴**131** [O10] **Marissal-Bücher am Rathaus,** Rathausmarkt 7, Tel. 337781, www.marissal.de, Mo.–Sa. 10–18 Uhr. Kleine, liebevoll eingerichtete Buchhandlung auf zwei Etagen.

🔴**132** [N11] **Sautter & Lackmann,** Admiralitätsstr. 71, www.sautter-lackmann.de, Tel. 373196, Mo.–Fr. 10–19, Sa. 11–18 Uhr. Sehr große Auswahl an Büchern zu Kunst, Design u. Ä.

Hamburg für Shoppingfans

- **133** [P12] **Schiffsbuchhandlung Fuchs,** Shanghaiallee 21, Tel. 3193542, Mo.-Fr. 9.30-18.30, Sa. 9.30-16 Uhr. In einer Hafenstadt darf ein Fachgeschäft für Bücher zu Schiffen und zur Schifffahrt einfach nicht fehlen. Hier gibt es eine schier unerschöpfliche Auswahl an aktuellen Büchern und auch Raritäten, daneben auch Schiffsminiaturen.
- **134** [P10] **Thalia Buchhandlung,** Spitalerstraße 8, Tel. 485010, Mo.-Sa. 10-20 Uhr. Sehr großer Laden mit einem netten, kleinen Café neben der Reise-Ecke.

EXTRATIPP: Passagen-Highlights

- **141** [O10] **Europa Passage,** Ballindamm 40, www.europa-passage.de, Mo.-Sa. 10-20 Uhr. Einer der größten Shoppingmalls Hamburgs mit gut 120 Geschäften auf fünf Einkaufsebenen. Liegt äußerst zentral zwischen Alster und Mönckebergstraße und bietet die gesamte Bandbreite vom Discounter bis zum edlen Juwelier. Oben gibt es mehrere Restaurants, die vor allem mittags immer schwer umlagert sind.
- **142** [N10] **Hanse-Viertel,** Poststraße 33, www.hanse-viertel.de, Mo.-Sa. 10-20 Uhr. Eine großzügige, lichtdurchflutete Passage mit zwei zentralen Bereichen, wo auch ein Lokal liegt. Viele Geschäfte mit breiter Auswahl, teils edel, teils mit netten Alltagswaren. WLAN.
- **143** [P10] **Levante Haus,** Mönckebergstraße 7, www.levantehaus.de, Mo.-Fr. 10-19, Sa. 10-18 Uhr. Auf zwei Etagen befinden sich etliche Geschäfte in einem historischen Kontorhaus. Obendrein existieren ein paar ruhige Lokale, darunter das charmante Grand Café Roncalli (s. S. 88).
- **144** [N10] **Passage Galleria,** Große Bleichen 31, www.galleria-hamburg.de, Mo.-Fr. 10-19, Sa. 10-18 Uhr. Ist im Art-déco-Stil erbaut und wird von nicht wenigen als die schönste Passage Hamburgs angesehen.

Design und Accessoires

- **135** [N10] **Duske und Duske,** Große Bleichen 36, Tel. 343385, Mo.-Fr. 7-20, Sa. 9-20 Uhr. Hochwertige Zigarren, Rum und Portwein sowie Magazine in einem winzigen Laden.
- **136** [L11] **Elbufer,** Ditmar-Koel-Str. 32, Tel. 3196961, www.elbufer.de, Mo-Fr. 11-18 Uhr, Sa. 10-16 Uhr. Viele Produkte für Hamburg-Liebhaber.
- **137** [Q10] **Freitag,** Klosterwall 9, Tel. 3287020, www.freitag.ch, Mo.-Fr. 10-19 Uhr, Sa. 10-18 Uhr. Hier werden Taschen aus LKW-Planen, Fahrradschläuchen oder Autogurten verkauft. Jede Tasche ist ein Unikat.
- **138** [Q9] **Kaufhaus Hamburg,** Lange Reihe 70, Tel. 28056617, Mo.-Fr. 10-19, Sa. 10-18 Uhr. Hier gibt es typische Hamburg-Produkte, darunter viele ausgefallene Dinge, aber auch Bücher, Schmuck, Lebensmittel und Taschen.
- **139** [Q9] **Koppel 66,** Koppel 66, Tel. 38641930, www.koppel66.de. Eine bunte Palette aus Kunst und Handwerk versprechen elf Ateliers und eine Galerie. Hier finden sich u. a. Werkstätten mit handgefertigten Schuhen oder Seifen, mit Schreibgeräten und Möbeln, ein Fotostudio, ein Schmuckhersteller, Strick- und Hutdesign. Für das leibliche Wohl vor Ort sorgt das vegetarische Café Koppel (s. S. 85).
- **140** [P11] **Manufaktum,** Fischertwiete 2 (im Chilehaus), Tel. 30087743, Mo.-Sa. 10-19 Uhr. Hochwertige Alltagswaren.

Hamburg für Shoppingfans

145 [I11] **Stilwerk,** Große Elbstraße 68, Mo.–Fr. 10–19, Sa. 10–18 Uhr, www.stilwerk.com. Designermöbel und exklusiver Einrichtungsbedarf auf mehreren Etagen.

146 [L11] **The Art of Hamburg,** Ditmar-Koel-Str. 19, Tel. 41424419, www.the-art-of-hamburg.de, Mo.–Sa. 11–19 Uhr. Im „klitzekleinen Kaufhaus der Künstler" gibt es Unikate und limitierte Auflagen von Produkten mit Hamburg-Touch und vor allem auch das echt „handbeschmierte" Maschinisten-Shirt.

Kulinarisches

147 [F10] **Bonscheladen,** Friedensallee 12, Tel. 41547567, www.bonscheladen.de, geöffnet: Di.–Fr. 11–18.30, Sa. 11–16 Uhr. „Bonsche" sagt man in Hamburg und meint „Bonbons" und die werden hier von Hand gefertigt und vorne in dem kleinen Laden verkauft.

148 [N10] **Confiserie Paulsen,** Große Bleichen 36 (im Hanse-Viertel), Tel. 367781, www.confiserie-paulsen.de, geöffnet: Mo.–Sa. 10–20 Uhr. Pra-

KURZ & KNAPP

Elbsegler

Manchmal sieht man sie noch und ganz vereinzelt werden sie auch verkauft: Elbsegler. Das ist eine **Kopfbedeckung für Seemänner,** die früher die Elbe befuhren. Eigentlich bloß eine einfache, flache Schirmmütze in dunkler Farbe, aber vor allem mit einem Sturmriemen aus Leder vorne am Mützensteg. Den konnte man sich bei starkem Wind unters Kinn klemmen, damit die Mütze auch ja nicht wegwehte.

Einer der letzten, der diese Mützen noch in Handarbeit herstellt und verkauft, ist der Mützenmacher:

149 [P10] **Mützenmacher Eisenberg,** Steinstraße 21, Tel. 335703, Mo.–Fr. 9–18, Sa. 10–13 Uhr

Ladage & Oelke (s. S. 99): stilvolle Tradition seit 1845

linen und Schokolade aus eigener Herstellung, auch mit Hamburger Motiven.
- 150 [H11] **Frischeparadies Goedeken**, Große Elbstraße 210, Tel. 38908220, Geschäft: Mo.–Mi. 9–19, Do./Fr. 9–20, Sa. 9–18 Uhr, Bistro: Mo.–Fr. 11.30–15, Sa. 11–16 Uhr. Ambitionierte Bistro-Küche mit Produkten aus dem Frischeparadies-Laden, der ein breites Angebot an exotischen und heimischen Lebensmitteln hat.
- 151 [Q9] **Mutterland**, Ernst-Merck-Str. 9, Tel. 28407978, Mo.–Sa. 8–21, So. 9–19 Uhr (nur Café). Ein Feinkosthandel mit ausgewählten Delikatessen aus 200 kleinen Manufakturen, darunter Marmelade, Honig, Senf, Essig, Obstbrände, Salate – Letztere kann man auch vor Ort probieren.

Märkte

- 152 [O12] **Der.Die.Sein-Markt**, Unileverhaus, Strandkai 1 in der Hafencity, www.derdiesein.de, Sa. 11–18 Uhr. Hier stellen Hamburger Designer aus. Angeboten wird ein breites Spektrum an Mode, Schmuck, Accessoires und Fotokunst.
- 45 [J11] **Fischmarkt**, So. 5–9.30 Uhr, Nov.–März ab 7 Uhr. Fisch wird natürlich auch noch gehandelt, aber ansonsten gibt es alles Mögliche und Unmögliche. Stars sind einige Marktschreier mit schauspielerischem Talent. Treff von Frühaufstehern und Reeperbahn-Nachteulen, die nicht ins Bett finden.
- 153 [K9] **Flohschanze**. Neuer Kamp 30 (vor dem ehemaligen Schlachthof), U3 Feldstraße, jeden Samstag 8–16 Uhr.
- 154 [M4] **Isemarkt**, Isestraße in Eppendorf, unterhalb der hier oberirdisch verlaufenden U-Bahn-Linie U3, Di. und Fr. 8.30–14 Uhr. Eine lang gezogene Budenmeile mit hochwertigen Produkten. Insgesamt etwas hochpreisiger, dem Eppendorfer Publikum angepasst. Vereinzelt shoppen hier auch Promis.

EXTRATIPP **Shops mit Cafés**
› In der großen **Europa Passage** befindet sich eine ganze Reihe von Lokalen, und zwar sowohl im Untergeschoss als auch oben (s. S. 96).
- 159 [O10] **Alsterhaus**, am Jungfernstieg 16–20, Mo.–Sa. 10–20 Uhr. Mit Gourmet-Ecke in der oberen Etage. Sogar eine eigene Champagner-Bar gibt es.
› **Karstadt Sports** (Adresse s. r.), ganz oben befindet sich ein Restaurant mit Sonnenterrasse.
- 160 [P10] **Karstadt**, in der Mönckebergstraße 16 (U3 Mönckebergstraße), Mo.–Sa. 10–20 Uhr. Hat im 5. Stock einen sehr großen Restaurantbereich.

- 155 [K10] **Nachtmarkt**, am Spielbudenplatz auf St. Pauli. Mal etwas anderes. Einkaufen zu später Stunde an der Reeperbahn (April–Sept. Mi. 16–23, Okt.–März Mi. 16–22 Uhr).

Mode

- 156 [N10] **Claudia Obert**, Stadthausbrücke 1–3, S1/S3 Stadthausbrücke, Tel. 37517854, www.claudiaobert.de, Mo.–Fr. 11–19 Uhr, Sa. 10–18 Uhr. Hochwertige Damenmode zu Schnäppchenpreisen.
- 157 [O10] **Closed**, Bergstraße 11, Tel. 30392196, Mo.–Sa. 10–20 Uhr. Ein Hamburger Label, das vor allem Jeans, aber auch andere Kleidungsstücke für Damen und Herren anbietet.
- 158 [O10] **Ernst Brendler**, Große Johannisstr. 15, Tel. 373425, Mo.–Mi. 9.30–18, Do./Fr. 9.30–18.30, Sa. 9.30–16 Uhr. Spezialgeschäft für Tropen- und Marinebekleidung. Hier decken sich seit

Hamburg für Shoppingfans

1879 Hamburger Kaufleute mit der richtigen Bekleidung aus reinen Naturfasern ein, wenn die Geschäfte in schwül-heiße Gefilde führen. Tropenhelme, Panamahut und Marinekleidung gibt es hier auch gleich.

- 161 [F10] **Hello,** Bahrenfelder Str. 133, Tel. 69212727, Mo.–Mi. 11–19, Do./Fr. 11–20, Sa. 11–18 Uhr. Mode von zwei Hamburger Designerinnen, außerdem gibt es fair produzierte, schicke und elegante Mode, die auch Hamburger Prominente zu schätzen wissen.
- 162 [K8] **Kauf dich glücklich,** Susannenstraße 4, Schanzenviertel, Tel. 49222221, geöffnet: Mo.–Sa. 11–20 Uhr. Verwinkelter Laden für Bekleidung, Schuhe und Accessoires von europäischen Labels mit Schwerpunkt auf Skandinavien und Berlin. Außerdem gibt es selbstgebackene Waffeln.
- 163 [N4] **Kaufrausch,** Isestraße 74 (Eppendorf), www.kaufrausch-hamburg.de, Mo.–Fr. 11–19, Sa. 11–18 Uhr. Angesagter Mix aus Café und Shops.
- 164 [O10] **Ladage & Oelke,** Neuer Wall 11, Tel. 35018900, Mo.–Fr. 10–19, Sa. 10–18 Uhr. Traditionshaus, das seit 1845 (!) den Hamburger Kaufmann mit Handgefertigtem und Maßgeschneidertem einkleidet.
- 165 [N11] **Sea Shop,** Deichstraße 35, Tel. 365968, Mo.–Sa. 10–18 Uhr. Jahrzehntealter Laden mit kernigem Charme und ausgesuchter maritimer Mode, darunter Klassiker wie der Seemannspullover Troyer aus Wolle oder die Matrosenhemden Armor Lux aus der Bretagne.
- 166 [P10] **Schuh Görtz,** Spitalerstraße 11, Tel. 3571760, Mo.–Fr. 11–20, Sa. 10–20 Uhr. Eines der größten Schuhgeschäfte in der Innenstadt mit breiter Auswahl für Damen, Herren und Kinder.
- 167 [N10] **Secondella,** Hohe Bleichen 5, Tel. 352931, Mo.–Fr. 10–19, Sa. 10–18 Uhr. Hochwertige Secondhandmode.

Musik

- 168 [L9] **Groove City,** Marktstraße 114, Tel. 4302149, Mo.–Sa. 11–19 Uhr. Plattenladen für Vinyl-Fans im Karo-Viertel.
- 169 [K9] **Hanseplatte,** Neuer Kamp 32, U3, Feldstraße, das Geschäft liegt ganz hinten in der rechten Halle, Tel. 28570193, www.hanseplatte.de, Mo.–Fr. 11–19, Sa. 10–19 Uhr. Hier wird Musik von, über und aus Hamburg verkauft, auch und gerade wenig Bekanntes, dazu Bücher über Hamburg und passende Shirts und Schmuck.
- 170 [P10] **Michelle,** Gertrudenkirchhof 10, Tel. 326211, Mo.–Fr. 11–20, Sa. 11–19 Uhr. Neben CDs gibt es hier auch noch gutes altes Vinyl und Raritäten. Außerdem finden regelmäßig „Schaufensterkonzerte" statt.

Sport

- 171 [V3] **Globetrotter,** Wiesendamm 1, U3/S1 Barmbek, Tel. 291223, www.globetrotter.de, Mo.–Sa. 10–20 Uhr. Riesiger Laden mit allem, was das Globetrotterherz begehrt. Hier kann man die Ausrüstung fast unter Echtbedingungen prüfen, beispielsweise in einer Kältekammer, an der Kletterwand oder unterm Regensimulator.
- 172 [P10] **Karstadt Sports,** Lange Mühren 14, Tel. 30940, Mo.–Sa. 10–20 Uhr. Das Geschäft liegt direkt gegenüber vom Hauptbahnhof an der Ecke zur Mönckebergstraße. Auf sechs Einkaufsebenen wird hier so ziemlich alles zu allen möglichen Sportarten angeboten.
- 173 [O10] **Sport-Scheck,** Mönckebergstraße 18, U3 Mönckebergstraße, Tel. 30298119, Mo.–Sa. 10–20 Uhr. Auf vier Etagen findet man hier alles rund um den Sport und das Wandern.

Hamburg zum Träumen und Entspannen

In einer Großstadt ist man selten alleine und in der Hamburger City oder am Hafen schon mal gleich gar nicht. Da sehnt man sich dann manchmal nach einem Plätzchen zum Verschnaufen. Gar nicht so einfach, eine stille Ecke zu finden, wo Besucher mal durchatmen können. Aber es gibt sie.

Planten un Blomen [M/N8]

Für alle, denen Plattdeutsch nicht geläufig ist: „Planten un Blomen" bedeutet „Pflanzen und Blumen". Und genau das zeigt diese 45 ha große Parkanlage, die mitten im Herzen der Stadt liegt. Sie ist ein Treffpunkt für Flaneure, Botaniker, aber auch für Ruhesuchende. Mehrere gärtnerisch unterschiedlich gestaltete Themenbereiche wurden angelegt. Beispielsweise kleine idyllische Wasserläufe, ein größerer, vielgenutzter Kinderspielplatz, ein Musikpavillon und nicht zuletzt die farbigen Wasserspiele am Parksee machen den Reiz aus.

Ursprünglich befand sich hier die Wallanlage, die zwischen 1616 und 1625 zum Schutz der Hamburger Stadt angelegt wurde. Nachdem die Anlage Ende des 18. Jh. bedeutungslos geworden war, wurde sie umgestaltet. Das war aber nur ein erster Schritt, weitere Umgestaltungen folgten und seit 1935 trägt die Anlage ihren heutigen Namen.

Stille Ecken findet man überall, aber einige Themengärten verdienen besondere Aufmerksamkeit wie beispielsweise der 5000 m² große **Rosengarten** mit 300 verschiedenen Sorten, der gleich neben dem riesigen Congress Centrum am Dammtor-Bahnhof zu finden ist. Im Sommer eine Blütenpracht sondergleichen!

◿ Entspannung pur im Park Planten un Blomen

▷ Das Bürgerhäuserensemble in der Peterstraße

Auch ein sehr interessanter Bereich ist der **Apothekergarten**, der etliche Kräuter zeigt, die gegen diverse Krankheiten helfen. Der **Japanische Garten**, zwischen Messegelände und Congress Centrum gelegen, ist einer der größten seiner Art in Europa. Hier findet man Felsen, Wasserläufe und stille Teiche sowie ein japanisches Teehaus, in dem im Sommer Teezeremonien zelebriert werden.

Die **Wasserkaskaden** stammen aus dem Jahr 1935 und zählen zu den ältesten Anlagen, hier im Umfeld stehen etliche Gartenstühle für die Besucher bereit.

Im ehemaligen Alten Botanischen Garten steht auch das **Tropenschauhaus** des Botanischen Instituts. Auf einem Rundgang bewundert man tropische Nutzpflanzen, Palmen, Zierpflanzen, Bromelien, Orchideen oder Kletterpflanzen, um nur einige zu nennen. Ein klein wenig Dschungel-Feeling kommt tatsächlich auf, die Luftfeuchtigkeit ist ziemlich hoch und manchmal tropft es einem schon in den Nacken.

› Tropenschauhaus, März–Okt. Mo.–Fr. 9–16.45 Uhr, Sa. und So. 10–17.45 Uhr, Nov.–Feb. Mo.–Fr. 9–15.45 Uhr, Sa. und So. 10–15.45 Uhr, Eintritt frei

Dort in der Nähe liegen auch die **Mittelmeerterrassen**. Sie haben Mauern aus Schiefer, der die Sonnenwärme speichert, und viele südländische Pflanzen. Ein schöner, sonniger Platz!

Ein Highlight ganz besonderer Art ist die **Wasserlichtorgel** im größten See. Vom 1. Mai bis 30. September findet hier allabendlich um 22 Uhr (September 21 Uhr) eine Wasser-Lichtshow mit musikalischer Untermalung statt. Diese Darbietung wirkt nur vor dem nachtdunklen Himmel so richtig, aber

Peterstraße [L/M10]

Knapp außerhalb von Planten un Blomen liegt etwa in Höhe des Museums für Hamburgische Geschichte die historische Peterstraße. Dort stehen mehrere schick restaurierte Alt-Hamburger Bürgerhäuser. Die Häuser aus dem 17. und 18. Jh. standen ursprünglich meist an anderer Stelle und wurden gezielt hierher „verpflanzt". Kleine Schildchen an den Gebäuden erklären den jeweiligen Hintergrund. Z. B. befindet sich dort im Haus Nr. 39 die Gedächtnisstätte zu Ehren des Komponisten Johannes Brahms, der 1833 hier im Viertel geboren wurde. Ihm zu Ehren gibt es dort auch ein kleines Museum:

174 [M10] **Brahms-Museum Hamburg**, Peterstraße 39, www.brahms-hamburg.de, Di.–So. 10–17 Uhr, 9 €, Kombiticket mit Komponistenquartier (s. S. 80) 7 €

077ha Abb.: fr

Hamburg zum Träumen und Entspannen

KLEINE PAUSE

Kleine Pause am Elbufer

› Direkt am Anleger Teufelsbrück liegt das Restaurant **Engel** (s. S. 86). Manchmal schaukelt es ein wenig, wenn ein Schiff vorbeischwimmt, ansonsten sitzt man sehr gemütlich bei Kaffee, Kuchen und kleineren Gerichten und blickt versonnen auf die Elbe.

175 [A11] **Brücke 10 im Strandhaus,** Övelgönner Hohlweg 12, Tel. 85352351, tägl. 11–18 Uhr (bei schönem Wetter spontan auch länger). Kleines Lokal mit großer Terrasse, etwa 200 m hinter dem unübersehbaren Findling, der am Elbstrand unweit vom Lotsendorf Övelgönne **54** steht. Angeboten werden Fischbrötchen, kleine Speisen und hausgebackener Kuchen, dazu kühle oder heiße Getränke.

176 [C11] **Strandperle** €, Övelgönne 60, tägl. ab 10 Uhr. Kultlokal am Elbufer! Nicht viel mehr als eine Bude mit Selbstbedienung. Wer einen Tisch ergattert, hat Glück, sonst hockt man sich einfach in den Sand. Zwanglose Atmosphäre mit In-Status bei Bockwurst und Bier.

es gibt auch um 14 Uhr, 16 Uhr und 18 Uhr Vorführungen ohne Licht.
› **Planten un Blomen erreichen:** Per **S-Bahn** (mehrere Linien) bis Dammtor oder per **U-Bahn** mit der Linie U1 bis Stephansplatz.

Elbspaziergang

Zugegeben, dieser Tipp taugt nur bedingt, wenn man Einsamkeit und Stille sucht, denn an halbwegs schönen Tagen flaniert halb Hamburg an der Elbe entlang. Und trotzdem gibt es kaum einen schöneren Flecken zum Durchpustenlassen, Entspannen und eine Prise Fernweh einatmen.

Von **Övelgönne 54** führt ein Wanderweg weit ab vom Autolärm über mehrere Kilometer direkt am Elbufer entlang bis zum **Fähranleger Teufelsbrück**. Es ist eine schöne Strecke, man schaut auf die Elbe, wo sich dicke Containerschiffe durchs Bild schieben, spaziert plaudernd unter Bäumen und genießt die leichte Brise. Auch wenn man tatsächlich nicht alleine unterwegs ist, lässt man sich doch gegenseitig in Ruhe, denn jeder träumt still vor sich hin.

Am Fähranleger Teufelsbrück beenden die meisten Hamburger ihren Spaziergang und kehren mit der Elbfähre zurück. Wer aber weiterläuft, erreicht nach einigen Kilometern schließlich **Blankenese 62**. Dieser Abschnitt ist weniger stark frequentiert, aber auch noch eine Spur länger.

› **Elbuferweg erreichen:** Övelgönne als **Startpunkt** kann mit Bus Nr. 112 ab der Innenstadt (Haltestelle „Spitalerstraße" gegenüber dem Hauptbahnhof) oder dem Bahnhof Altona direkt erreicht werden. Die **Elbfähre** Nr. 62 fährt ab den Landungsbrücken in Richtung Finkenwerder bis zum Museumshafen Övelgönne. **Zurück** von Teufelsbrück per **Bus** Nr. 36 direkt bis zum Rathaus (nur mit 1.-Klasse-Zuschlag). Per **Elbfähre** Nr. 64 von Teufelsbrück auf die andere Elbseite nach Finkenwerder, dort umsteigen in die Elbfähre Nr. 62 und zurück zu den Landungsbrücken.

Hirschpark

Dieser englisch inspirierte, 26 ha große **Landschaftspark** liegt kurz vor Blankenese **62** und wurde 1786 von Johann Caesar IV. Godeffroy erworben. Der Name „Hirschpark" erinnert an ein Hirschgehege, das Godeffroy hier anlegen ließ und das auch heute noch existiert. Neben dem **Dammwild** werden auch **Pfauen** gehalten. Ein weiteres markantes Merkmal sind die gewaltigen Rhododendren und die zweihundertjährige Lindenallee, deren Blütenpracht im Mai eine wahre Augenweide darstellt. Da der Hirschpark etwa 20–30 m über dem Elbufer liegt, genießt man von dort oben einen tollen Blick, außerdem führt ein Fußweg direkt an der Kante vom Geesthang parallel zur Elbe entlang.

Die Godeffroys beauftragten außerdem den dänischen Architekten C. F. Hansen mit dem Bau eines **Landsitzes**, der zwischen 1789 und 1792 entstand. Das Hirschparkhaus (Elbchaussee 499) steht noch heute mitten im Park und beherbergt die Lola Rogge Schule für Tanz und Bewegung. Um 1800 entstand nebenan das hübsche, reetgedeckte Witthüs, das heute ein beliebtes Café ist.

› **Hirschpark erreichen:** Per **Schnellbus** Nr. 36 ab Innenstadt, beispielsweise ab Rathaus (Achtung: 1.-Klasse-Ticket erforderlich!) bis zur Haltestelle Mühlenberg.

Alstervorland [P6/7]

Das Alstervorland ist ein Park von überschaubarer Größe vor der Außenalster. Ein **Spazierweg** führt direkt am Ufer entlang. Wer Ausdauer hat, kann sogar einmal die Außenalster umrunden, das wären dann allerdings 7,5 km.

Auch dieser Tipp ist für Menschen, die vollkommene Ruhe suchen, prinzipiell etwas kritisch zu sehen, denn richtig einsam ist es hier höchstens an einem Montagmorgen im November bei Nieselregen. Umgekehrt spaziert hier an einem Sonntagnachmittag bei Sonnenschein die halbe Stadt entlang. Trotzdem möchte ich Ihnen einen Spaziergang am Ufer der Alster nahelegen, denn man kann hier wunderbar schlendern. Hunde tollen herum, Jogger joggen, Radler radeln und alle genießen den Blick auf die Alster und die Silhouette der Stadt. Wer müde wird, fläzt sich in einen der urgemütlichen **Holzstühle**, die von der Stadt zum allgemeinen Gebrauch aufgestellt wurden. Über allem liegt eine ruhige Atmosphäre. Auf der Alster blitzen die weißen Segel diverser Segelboote, Ruderer legen sich mächtig in die Riemen und der Alsterdampfer zieht seine Runden.

Im Rücken des Alstervorlandes stehen einige prachtvolle **Villen**, erbaut von zumeist schwerreichen Kaufleuten zu einer Zeit, als das Alstervorland noch draußen vor den Stadttoren im Grünen lag.

Für **Jogger** ist die Runde eine Hausstrecke, viele laufen hier regelmäßig die 7,5 km einmal um die Außenalster herum (Läuferschnack: einmal herum ist nix, zweimal ist „Oha!", dreimal ist „Profi"). Für **Spaziergänger** ist die Strecke vielleicht ein wenig weit, wenn auch machbar. Der Weg lohnt sich, denn auch wenn die gegenüberlie-

---

KLEINE PAUSE

Entspannen im Alstervorland

○**177** [P6] **Alster Cliff**, Fährdamm 13, Tel. 442719, tägl. ab 10 Uhr, WLAN. Angesagter Treff mit großer Terrasse. Bei Sonnenschein immer voll, kein Wunder, hockt man dort doch direkt am Wasser. Einfach nur göttlich!

○**178** [P7] **Bodos Bootssteg**, Harvestehuder Weg 1b, Tel. 4103525, Mo.–Sa. ab 11 Uhr, So. ab 10 Uhr. Noch ein sehr beliebter Klassiker an der Alster. Der Clou sind Liegestühle direkt auf dem Bootssteg.

gende Seite sich vielleicht nicht mehr ganz so idyllisch zeigt, kann man gerade von dort einen sagenhaften Blick auf die Hamburger Skyline werfen. Die Türme der fünf Hauptkirchen sowie der Rathausturm und natürlich der Fernsehturm sind zu erkennen.

> **Das Alstervorland erreichen:** Per **U-Bahn** mit der Linie U1 bis Hallerstraße fahren und dann ca. 10 Minuten Fußweg über die Hallerstraße und die sich anschließenden Alsterchaussee. Per **Alsterdampfer** vom Jungfernstieg ❽ bis zum Anleger Rabenstraße fahren. Das Schiff startet noch in der Binnenalster, unterquert die Lombards- und Kennedybrücke, stoppt einmal vor dem Hotel Atlantic und überquert dann die Außenalster zum Anleger Rabenstraße. Frequenz: stündlich, aber Achtung: Hier gelten keine HVV-Tickets (Infos: Alster-Touristik, Tel. 3574240, www.alstertouristik.de).

Stadtpark [Q–S2]

Oben im Stadtteil **Winterhude** liegt diese grüne Lunge, die recht groß ausfällt. Hier finden sich eine große **Wiese**, ein **See**, eine kunstvoll gestaltete **Parklandschaft** und ein **Freibad**. Außerdem gibt es mehrere **Lokale**, wie beispielsweise Schumachers Biergarten mit einer ziemlich großen Terrasse. An warmen Tagen verwandeln sich die großen Wiesen in ein riesiges Grillfest, nur vereinzelt unterbrochen von Fußball spielenden, kunterbunt gemischten Gruppen.

> **Stadtpark erreichen:** Mit der **U-Bahn**-Linie U3 bis Borgweg oder dem **Metro-Bus** Nr. 6 vom Rathaus bis zur Endstation Borgweg.

▷ *Dreimal im Jahr findet der Hamburger Dom statt. Immer dabei: das berühmte Riesenrad.*

Zur richtigen Zeit am richtigen Ort

In einer Stadt wie Hamburg ist natürlich immer eine Menge los. Einen kurzen Überblick über die „wichtigsten" Veranstaltungen soll die folgende Liste vermitteln. Details zu aktuellen Veranstaltungen finden sich aber auch im Internet unter www.hamburg.de.

Januar
> **Eisvergnügen** auf der Außenalster, allerdings leider nur, wenn die Alster 20 cm tief zugefroren ist.

Februar
> **Reisen Hamburg:** Internationale Tourismus-Ausstellung in den Messehallen neben dem Dammtor-Bahnhof (www.reisenhamburg.de).

Das gibt es nur in Hamburg

- *Von der U-Bahn auf die Fähre mit dem gleichen Ticket. Die Hafenfähren sind in das Netz vom* ***Hamburger Verkehrsverbund (HVV)*** *integriert und können deshalb mit HVV-Tickets genutzt werden (s. S. 136).*
- *Zu Fuß einen breiten Fluss unterqueren, der* ***Alte Elbtunnel*** *㊹ machts möglich. Runter per Fahrstuhl, knapp 500 m durch eine gekachelte Röhre laufen, wieder rauf per Fahrstuhl – und dann das einmalige Hafenpanorama genießen!*
- *Von Null auf (mindestens) Hundert, das schafften die Macher des* ***Miniatur Wunderlandes*** *㉛. Aus dem Nichts bauten sie eine der größten Modelleisenbahnanlagen überhaupt auf. Mit unendlicher Liebe zum Detail entstanden (und entstehen neue) thematische Landschaften, durch die nun Züge rollen. Eine tolle Anlage zum Staunen!*
- *Eine ganze Straße nur für Männer. Durch die* ***Herbertstraße*** *auf St. Pauli (s. S. 59) sollen keine Frauen und keine Jugendlichen gehen, denn alle Häuser dort haben eine Bordellkonzession.*
- *Die größte Kirchturmuhr Deutschlands klebt am* ***„Michel"****, an der St. Michaeliskirche ㊲. Allein das Ziffernblatt hat einen Durchmesser von 8 m und ist weit über Hamburgs Dächer zu sehen.*
- ***Paddeln*** *mitten in der Großstadt. Hamburg wird von vielen Kanälen und vor allem von der Alster durchzogen. An vielen Stellen bieten Bootsverleiher Ruderboote und Kajaks an, mit denen man bis in die City paddeln könnte (s. S. 131).*

März

- **Frühlingsdom** (großer Jahrmarkt) auf dem Heiligengeistfeld in St. Pauli (www.hamburg.de/dom).

April

- **Marathon Hamburg:** Knapp 17.000 Hobbyläufer und einige Laufprofis rennen bei diesem großen Marathon durch die Stadt (www.haspa-marathon-hamburg.de).
- **Die lange Nacht der Museen:** An einem Samstag haben viele Museen bis in die Nacht geöffnet. Per Gemeinschaftsticket können alle, mit Shuttlebussen verbunden, besucht werden (www.langenachtdermuseen-hamburg.de).

Mai

- **Hafengeburtstag:** Eine dreitägige Megaparty mit diversen Veranstaltungen findet um den 7. Mai herum bei den St. Pauli Landungsbrücken ㊸ statt. Jede Menge Boote, Schiffe und Segler laufen in den Hafen ein, Hunderttausende kommen zum Gucken und Feiern (www.hamburg.de/hafengeburtstag).
- **Japanisches Kirschblütenfest an der Außenalster,** mit einem tollen, farbenfrohem Feuerwerk
- **Spring- und Dressurderby** im Derby Park Klein Flottbek (http://engarde.de)

Juni

- **Sommer in der HafenCity:** vielfältige Veranstaltungen in Hamburgs neuem Stadtteil, u. a. mit Tango- und Salsatänzen unter freiem Himmel (www.hamburg.de/sommer-in-der-hafencity)

Juli

- **Altonale:** Zweiwöchiges Stadtteilfest rund um das Altonaer Rathaus (59) (www.altonale.de).

- **Derby-Woche der Galopper** auf der Horner Rennbahn mit dem Deutschen Derby am ersten Juliwochenende (www.galopp-hamburg.de).
- **Triathlon Hamburg:** Beliebter Triathlon mitten im Zentrum der Hansestadt. Geschwommen wird in der Alster, die Lauf- und Radstrecke führt am Rathaus ❺ vorbei (http://hamburg.triathlon.org).
- **Schlagermove:** Großer Umzug von Schlagerfans auf Thementrucks (www.schlagermove.de)
- **Christopher Street Day,** schrille Parade der Hamburger LGBT-Szene (www.hamburg-pride.de)

August
- **Sommerdom** auf dem Heiligengeistfeld (beginnt bereits Ende Juli, www.hamburg.de/dom)
- **EuroEyes Cyclassics:** Radrennen für Profis und deutlich kürzere Strecken für jedermann. Tausende radeln auf drei unterschiedlich langen Strecken durch Hamburg. Die Veranstaltung ist jedes Jahr ruck-zuck ausgebucht (http://cyclassics.euroeyes.de).

September
- **Alstervergnügen:** Eine regelrechte Buden- und Feiermeile entsteht rund um die Binnenalster ❻ (www.hamburg.de/alstervergnuegen).
- **Nacht der Kirchen:** Etwa 125 christliche Kirchen öffnen für eine Nacht die Pforten und bieten ein umfassendes Programm (www.ndkh.eu).
- **Reeperbahn Festival:** In und vor St. Paulis Klubs und Kneipen finden vier Tage lang etwa 500 Konzerte an 70 Spielstätten statt (www.reeperbahnfestival.com).
- **Hamburger Theaternacht:** An einem Samstagabend öffnen die meisten Theater der Hansestadt und laden zu Kurzvorstellungen ein. Besucher können so mit einem Gemeinschaftsticket verschiedene Bühnen ansteuern, spezielle Busse pendeln zwischen den Spielstätten (www.hamburger-theaternacht.de).

Oktober
- **Filmfest Hamburg:** In diversen Kinos laufen ausgesuchte Filme (www.filmfesthamburg.de).

November
- **Winterdom:** Jahrmarkt auf dem Heiligengeistfeld in St. Pauli (www.hamburg.de/dom).
- **Markt für Kulturen und Künste,** MARKK (s. S. 81), Rotenbaumchaussee

Dezember
- **Weihnachtsparade** durch die Mönckebergstraße ❷: Ein von den „Amis" abgegucktes Spektakel an allen vier Advents-Samstagen.
- **Weihnachtsmärkte** gibt es u. a. in der Innenstadt vor dem Rathaus ❺, auf dem Gerhard-Hauptmann-Platz und am Gänsemarkt. Sehr beliebt sind auch die Weihnachtsmärkte der skandinavischen Kirchen in der Dietmar-Koel-Straße ㊵, Termin: meist das Wochenende vor dem 1. Advent.
- **Silvesterparty** an den Landungsbrücken ㊸ mit Feuerwerk, Schiffssirenen, aber auch Zehntausenden von Gästen.

HAMBURG VERSTEHEN

Hamburg – ein Porträt

Hamburg hat eine lange Geschichte und viele Traditionen, die gepflegt werden, dennoch ist die Hansestadt eine moderne Metropole, die sich Neuerungen gegenüber aufgeschlossen zeigt. Mehrfach wurde die Stadt schon im großen Stil baulich verändert, was einerseits an Katastrophen lag, die über die Stadt hereinbrachen, andererseits aber auch an zukunftsweisenden Visionen.

Die mit 1,8 Mio. Einwohnern zweitgrößte Stadt Deutschlands, wird ganz entscheidend vom Wasser geprägt. Insgesamt 8 % des Stadtgebietes bestehen aus Wasserflächen und Flüssen. Die bekanntesten – und auch prägendsten – Flüsse sind die Elbe und die Alster. Die **Elbe** ist und war schon immer die wirtschaftliche Hauptschlagader der Stadt, denn über sie kamen die Schiffe und brachten Waren, Güter und Reichtum nach Hamburg. Demzufolge war der **Hafen** schon seit den Anfängen äußerst wichtig für die Stadt. Er wird noch heute gehegt und gepflegt und bei Bedarf auch ausgebaut. Der Hafen und ganz allgemein die seemännische Atmosphäre prägt deshalb auch noch heute ganz entschieden das Gesicht der Stadt. Wer von Süden kommt, egal ob per Bahn oder Auto, nimmt zunächst kurz vor dem Queren der Elbe die gewaltigen Containeranlagen wahr. Erst nach dem Passieren der Elbe (mit dem Zug oberirdisch, mit dem Auto unterirdisch durch den Elbtunnel) nähert man sich dem Herzen der Stadt. Früher lag der Hafen direkt vor der City. Das geht heute nicht mehr, denn die Schiffe sind zu groß geworden, die Containerterminals wanderten ins Hinterland ab.

Hamburg ist von einer Vielzahl an **Flussarmen** und **Kanälen** (in Hamburg „Fleete" genannt) durchzogen. Insgesamt **2479 Brücken** überspannen all diese Wasserläufe, mehr als in Amsterdam und Venedig zusammen.

Das Zentrum wird von einem anderen Fluss geprägt, der **Alster**. Dieser nur 51 km kurze Fluss wurde schon vor vielen Jahrhunderten mitten in der City aufgestaut, deshalb glauben Besucher auch immer wieder, dass es sich bei der Alster um einen See handele, was aber falsch ist. Dieser „See" wird ebenfalls seit Jahrhunderten durch zwei Brücken in die **Außenalster** (1,6 km² groß) und die deutlich kleinere **Binnenalster** geteilt. Die aufgestaute Wasserfläche liegt mitten im Zentrum, nur wenige Schritte vom **Rathaus** ❺ und der Haupteinkaufsmeile **Mönckebergstraße** ❷ entfernt, was wohl ziemlich einmalig sein dürfte. So richtig schön kann man dieses Phänomen aber erst aus der Vogelperspektive erkennen (s. S. 8).

Hamburg ist mit 753 km² flächenmäßig relativ groß, Berlin als bevölkerungsmäßig deutlich größere Stadt kommt auf etwa 890 km². Dennoch bleibt das Hamburger Zentrum überschaubar – oder wie man in Hamburg auch sagt: „fußläufig". Die wichtigsten Sehenswürdigkeiten können also gut zu Fuß erreicht werden.

Eine klassische Altstadt gibt es nicht mehr, wofür drei schlimme

◁ *Vorseite: Die Brücken zur Speicherstadt* ㉑ *werden nicht nur von Fußgängern gerne genutzt*

Hamburg – ein Porträt

Katastrophen verantwortlich sind: **1842** brannte im wahrsten Sinn des Wortes die halbe Stadt ab. **1892** grassierte vor allem in den äußerst eng besiedelten ärmeren Vierteln eine Choleraepidemie. Daraufhin wurden kurzerhand die lebensfeindlichen Häuser im engen Gängeviertel am Hafenrand komplett abgerissen, die Menschen umgesiedelt und ein völlig neues Kontorhausviertel gebaut, das überwiegend aus Büros bestand. Auch bereits nach dem Großen Brand waren neue grandiose Bauwerke (Alsterarkaden, Rathaus ❺) entstanden, die noch heute das Stadtbild prägen. **1943** wurden dann im Zweiten Weltkrieg durch Bombardements nochmals ganze Straßenzüge dem Erdboden gleichgemacht.

Die **Innenstadt** erlebte in den 1980/1990er-Jahren erneut prägende Veränderungen, denn unweit des Rathauses ❺ entstanden etliche Einkaufspassagen.

Auch der **Hafen** wandelt sich (mal wieder): Da die Schiffe immer größer werden, können sie heute nicht mehr direkt im innerstädtischen Hafenbereich festmachen, was früher Alltag war. Heute liegen die Kaianlagen und Containerterminals relativ weit außer-

KURZ & KNAPP
Die Stadt in Zahlen
- Gegründet: 8. Jahrhundert n. Chr.
- Einwohner: 1.800.000
- Bevölkerungsdichte: 2307 Einwohner pro km²
- Fläche: 755 km²
- Höhe ü. M.: 6 m
- Stadtbezirke: 7

An den Landungsbrücken ㊸ verkehren viele Hafenbarkassen

halb. Dennoch prägt der Hafenrand bei den Landungsbrücken ㊸ ganz entscheidend das Stadtbild und vermittelt immer noch einen großartigen „hafenmäßigen" Eindruck.

Als die bislang letzte und neueste Veränderung im innerstädtischen Bereich entsteht hinter der Speicherstadt ㉗ mit der **HafenCity** ㉝ ein völlig neues Viertel. Auch hier wurde Altes abgerissen, damit im großen Stil etwas Neues entstehen kann. Diesmal soll eine Verbindung zwischen **Wohn- und Arbeitswelt** geschaffen werden. Also eine Mischung aus hochmodernen Bürokomplexen und modern-stilvollen Apartmenthäusern, unterbrochen von lauschigen Plätzen mit maritimem Touch. Die ersten Projekte sind fertig, gefallen aber nicht jedem. Im Gegensatz zur roten Backsteinbauweise, die die Speicherstadt ㉗ prägt, wurden hier die meisten Gebäude mit großen Glasflächen erstellt. Ähnliche „Glaspaläste" entstanden bereits in den letzten Jahren auch am Hafenrand und manchem wird das nun doch zu viel. Aber bei aller Kritik darf festgestellt werden, dass die Nachfrage sehr hoch ist und die Gebäude im Gesamtbild modern und zukunftsweisend wirken. Und genau so will Hamburg ja auch sein.

Hamburg – ein Porträt

EXTRATIPP

Kostenloser Panoramablick auf Hafen und Elbe

Das Hafenpanorama aus einer angesagten Bar genießen oder hoch oben vom Michel ㊲, das geht gut – kostet aber auch Geld. Hier sind fünf Tipps zusammengestellt, bei denen man kostenlos einen Top-Ausblick auf die Elbe und den Hafen genießen kann.

› **Stintfang**: Der Stintfang ist ein Hang, der sich unmittelbar vor den Landungsbrücken erhebt. Ganz oben befindet sich eine Jugendherberge und vom dortigen Vorplatz genießt man einen phänomenalen Blick über den Hafen und die Landungsbrücken. Zu erreichen: S/U „Landungsbrücken", Ausgang „Helgoländer Allee", dann gleich scharf rechts die Treppen hoch.

› **Aussichtsplattform der Elbphilharmonie** ㉞: Von der „Plaza" genannten Plattform genießen Besucher einen tollen Blick über den Hafen und die HafenCity. Der Besuch ist kostenlos, die Besucherzahl allerdings limitiert. Wer sicher gehen möchte, reserviert ein Ticket über die Homepage, was 2 € kostet.

› **Alter Elbtunnel** ㊹: Den Alten Elbtunnel kann man zu Fuß passieren und auf der anderen Elbseite liegt ein Aussichtspunkt, von dem man das berühmte Hamburg-Panorama betrachten kann: die Landungsbrücken, beide Museumsschiffe, den Michel und die Stadtsilhouette vom Hafenrand. Zu erreichen: S/U „Landungsbrücken", dann erst über die Brücke zum Wasser und weiter 200 m nach rechts zum Eingang „Alter Elbtunnel". Per Fahrstuhl nach unten, durch die gekachelte Röhre laufen, auf der anderen Seite wieder per Fahrstuhl hoch. Das Gebäude verlassen und nach ungefähr 100 m zweigt ein schmaler Weg nach links ab, der zum Aussichtspunkt an die Elbe führt.

› **Altonaer Balkon** ㊿: Dies ist ein Aussichtspunkt am Elbhang in Altona, der einen imposanten Blick auf das Hafenpanorama und die Köhlbrandbrücke in ihrer vollen Breite bietet. Sogar einige Sitzbänke gibt es. Zu erreichen: S „Altona", dann den Ausgang „Museumsstraße, Elbe" wählen und an einem Park vorbei bis zum weißen Altonaer Rathaus ㊾ gehen. Dahinter die stark befahrene Straße überqueren und schon ist der Aissichtspunkt erreicht. Alternativ mit Bus 112 oder 36 bis zum Rathaus Altona fahren.

◁ *Blick auf den Hafen von der Aussichtsplattform der Elbphilharmonie* ㉞

Von den Anfängen bis zur Gegenwart

8. Jh.: Hamburg ist eine winzige Siedlung der Sachsen, die vom slawischen Stamm der Abodriten verdrängt werden. Diese errichten eine erste Festung und nennen sie „Hammaburg".

834: Erzbischof Ansgar kommt zur Hammaburg, um von dort aus den Norden zu missionieren.

845: Wikinger überfallen und zerstören die Hammaburg. Bischof Ansgar flüchtet nach Bremen.

1035: Bau eines steinernen Wehrturms unter Bischof Alebrand. Reste existieren noch im Schauraum neben der St. Petrikirche ❹.

1060: Eine neue Burg entsteht am Alsterufer als weltlicher Gegenpol zur bischöflichen Festung.

1066: Slawische Stämme erobern ein letztes Mal die Hammaburg.

1111: Die Hammaburg (im Weiteren nun „Hamburg") fällt an die Herzöge von Schauenburg.

1188: Graf Adolf III. lässt einen Markt mit Hafen in der neuen Stadt gründen.

1189: Am 7. Mai bekommt Graf Adolf III. von Kaiser Barbarossa einen Brief ausgehändigt, in dem Hamburg das Privileg zugestanden wird, Waren frei von Zoll handeln zu können. Dieses Datum wird jedes Jahr ganz groß als Hafengeburtstag gefeiert, obwohl die heutige Forschung von einem gefälschten Dokument spricht.

1201: Besetzung der Stadt durch die Dänen.

1216: Graf Adolf IV. regiert über die nun vereinte Neu- und Altstadt.

1270: Kaufleute und auch Handwerker formulieren ein eigenes Stadtrecht. Dieses legt u. a. fest, dass ein dreißigköpfiger „Rat" mit zwei Bürgermeistern, die für ein Jahr bestimmt werden, regiert.

1290: Das erste Rathaus entsteht unweit der Trostbrücke.

1350: Die Pest wütet in der Stadt und fordert etwa 6000 Menschenleben.

Ende 14. Jh.: Hamburg wird durch Handel und durch den Schutz der Hanse wohlhabend. Piraten überfallen deshalb verstärkt die reich beladenen Schiffe der Hamburger Kaufleute. Besonders gefürchtet sind die „Vitalienbrüder" unter Gödeke Michels und Klaus Störtebeker.

1401: Störtebeker und seine Kumpane werden vor Helgoland von einer Flotte unter dem Kommando von Simon von Utrecht gefasst und in Hamburg hingerichtet. Zur Abschreckung nagelt man die abgeschlagenen Köpfe fest und stellt sie zur Schau. Einige Schädel stehen im Museum für Hamburgische Geschichte (s. S. 81).

15. Jh.: Die Kaufleute werden immer reicher, die Bevölkerung nicht. Die Unzufriedenheit entlädt sich mehrfach, der Rat muss Zugeständnisse machen.

1460: Dänenkönig Christian I. erhält formell die Oberhoheit über Hamburg, da der letzte Schauenburger Graf Adolf VIII. ohne Nachkommen stirbt.

Ende 15. Jh.: Hamburg bekommt das „Erststapelrecht": Sämtliche auf der Elbe transportierten Waren müssen zuerst auf dem Hamburger Markt angeboten werden!

1528: Die Reformation schwappt auch nach Hamburg. Johannes Bugenhagen, ein Freund von Luther, besorgt die Umsetzung. Hamburg wird evangelisch.

1529: Bugenhagen gründet die Gelehrtenschule Johanneum, die noch immer existiert.

1558: Eine Börse wird eingerichtet.

1567: Britische Kaufleute werden nach Hamburg gelockt und etablieren sich hier. Noch heute gilt Hamburg als ein wenig (oder sogar ein wenig mehr …) britisch geprägt.

1600: Hamburg zählt etwa 40.000 Einwohner.

1619: Kaufleute gründen eine Bank und geben die „Marc Banco" als wertkonstantes Zahlungsmittel heraus.

Mitte 17. Jh.: Hamburg bekommt einen geschlossenen Festungswall und übersteht auf diese Weise auch ganz gut den Dreißigjährigen Krieg.

1676: Nachdem ein Feuer mehrere Häuser zerstört hat, wird die „Hamburger General-Feuerkasse" als Pflichtversicherung für alle Hausbesitzer gegründet.

1686: Dänenkönig Christian V. belagert Hamburg, nachdem die Hamburger sich geweigert hatten, eine hohe Tributzahlung zu leisten. Die Belagerung ist vergeblich, der Festungswall hält stand.

1712: Hamburg bekommt eine neue Verfassung, die Macht liegt nun hauptsächlich in den Händen von vier Bürgermeistern und 24 Ratsherren.

1786: Hamburg kauft sich endgültig von den Dänen frei und erhält den Titel „Kaiserliche Freie Reichsstadt".

19. Jh.: Die reichen Kaufleute bauen sich Landsitze außerhalb der Stadt, während die Bevölkerung innerhalb der Stadtmauern zum Teil in drangvoller Enge lebt.

1806: Französische Truppen unter Napoleon besetzen die Stadt und stellen unerfüllbare Forderungen. Durch eine Blockade der Elbe bricht der Handel zusammen.

1813: Die Franzosen fordern im Dezember von allen Hamburgern den Nachweis, dass sie Lebensmittel bis Juli hätten. Wer das nicht kann, muss die Stadt verlassen.

1814: Am 31. Mai ziehen die Franzosen ab, Hamburg ist ausgeplündert.

1815: Hamburg tritt dem Deutschen Bund bei.

1819: Hamburg erhält den Zusatz „Freie und Hansestadt".

1842: Am 5. Mai bricht ein Feuer aus, frisst sich durch die Stadt und kann erst am 8. Mai gelöscht werden. Die Bilanz: über 1000 zerstörte Häuser, 20.000 obdachlose Menschen, 51 Tote. Danach wird die Innenstadt völlig neu konzipiert.

Mitte 19. Jh.: Der Handel mit Nord- und Südamerika blüht, auch und vor allem dank der neuen Dampfschiffe. Hamburger Reeder befördern auch Zehntausende Auswanderer nach Übersee. Ein eigenes Auswandererzentrum wird auf der Elbinsel Veddel gegründet.

1861: Die Torsperre wird aufgehoben, vor der Stadt gelegene Gemeinden werden integriert, Hamburg wächst.

1867: Beitritt zum Norddeutschen Bund

1888: Hamburg tritt dem Reichszollgebiet bei, erhält aber das Recht auf einen Freihafen, wo Waren in der völlig neu gebauten „Speicherstadt" zollfrei gelagert werden können.

◁ *Barbarossa gewährte den Hamburgern (angeblich) die Zollfreiheit*

1892: Choleraepidemie mit mehreren Tausend Toten durch unhaltbare hygienische Zustände in den Armenvierteln. Zwanzig Jahre später wird das sogenannte „Gängeviertel" am Hafenrand abgerissen.
1897: Hamburg erhält ein neues Rathaus.
1906: Der Hauptbahnhof entsteht.
Anfang 20. Jh.: Die Innenstadt wird umgestaltet. Das Kontorhausviertel mit gewaltigen Bürokomplexen aus rotem Backstein entsteht, die Mönckebergstraße verbindet Hauptbahnhof und Rathaus.
1911: Der erste Elbtunnel wird gebaut, er heißt heute „Alter Elbtunnel".
1918: Nach dem Ersten Weltkrieg beklagt Hamburg 40.000 Tote. Die Hamburger Reeder müssen nach dem Versailler Friedensvertrag über 700 Schiffe ausliefern.
1932: Die Massenarbeitslosigkeit trifft auch Hamburg. 173.000 Menschen sind ohne Arbeit.
1932: Die NSDAP marschiert am 17. Mai durch das traditionell „rote" Altona, was zu schweren Kämpfen mit 17 Toten führt. Dieser Tag ist älteren Hamburgern noch als „Altonaer Blutsonntag" ein Begriff.
1933: Die Nationalsozialisten ziehen ins Rathaus ein.
1937: Das Groß-Hamburger-Gesetz wird verabschiedet, die bis dahin eigenständigen Städte Altona, Wandsbek und Harburg-Wilhelmsburg werden eingemeindet. Die Bevölkerung wächst um eine halbe Million.
ab 1941: Etwa 8000 jüdische Hamburger werden deportiert.
1943: Die Alliierten bombardieren Hamburg neun Tage lang und zerstören die halbe Stadt. Ca. 35.000 bis 45.000 Menschen sterben.
um 1949: Mehrere Presseorgane werden gegründet, u. a. „Bild", „Spiegel", „Stern" und „Die Zeit".
1957: Die SPD erringt die absolute Mehrheit. Max Brauer wird Erster Bürgermeister.
1962: Eine fürchterliche Nordseesturmflut schwappt auch nach Hamburg (am Ende mit 300 Toten). Nicht der Erste Bürgermeister Neevermann leitet die Rettungsmaßnahmen, sondern der zupackende Innensenator Helmut Schmidt (der spätere Bundeskanzler). Seine tatkräftige und alle Hierarchien ignorierende Koordination haben ihm viele Hamburger bis heute nicht vergessen.
1966: Die SPD erzielt bei der Wahl nie wieder erlangte 59 %, Herbert Weichmann wird Bürgermeister. In folgenden Jahren bleibt die SPD an der Regierung, verliert aber immer an Rückhalt in der Bevölkerung, was sich in deutlichen Stimmverlusten ausdrückt
1968: Studentenproteste an der Uni mit dem unvergessenen Plakat „Unter den Talaren der Muff von 1000 Jahren".
1974: Die Köhlbrandbrücke wird eröffnet.
1975: Der neue Elbtunnel wird eröffnet.
1982: Erstmals kommen die Grünen (GAL) ins Parlament. Die Mehrheiten sind unklar, deshalb gibt es im Dezember Neuwahlen. Jetzt schafft die SPD 51,3 %.
1988: Bürgermeister Dohnanyi (SPD) scheitert im hochemotional geführten Konflikt um die besetzten Häuser an der Hafenstraße. Ihm folgt Henning Voscherau, der neun Jahre Bürgermeister bleibt.

EXTRATIPP

Geschichte einmal anders

Heinz-Joachim Draeger hat ein Buch herausgebracht, in dem **Hamburgs Geschichte** einmal ganz anders dargebracht wird, nämlich **gezeichnet.** Herausragende Momente in der gut tausendjährigen Historie der Hansestadt werden bildlich dargestellt: nicht bierernst, sondern leicht humoristisch, aber mit als Text unterlegten, seriösen Fakten. Ein höchst vergnüglicher Lesespaß!

› Heinz-Joachim Draeger: „Hamburg anschaulich", Convent Verlag

1993: Die SPD sackt bei den Wahlen auf 40,4 % ab und müsste eigentlich eine Koalition mit der GAL eingehen, was aber nicht klappt. Es kommt zu einem Bündnis mit der neuen STATT-Partei, die aus CDU-Abweichlern besteht.
1997: Die Idee der HafenCity, eines völlig neuen Stadtteils, wird vorgestellt.
2001: Hamburg geht es insgesamt nicht schlecht, aber es gibt auch viele Unzufriedene. Die SPD schafft nur noch 36,5 %, die neugegründete Schill-Partei jedoch 19,4 %. Sie tritt damit in eine Regierungskoalition mit der CDU und FDP. Rot-Grün ist klassisch abgewählt.
2003: Bürgermeister Ole von Beust feuert seinen Stellvertreter Ronald Schill und es kommt zu Neuwahlen. Die CDU gewinnt haushoch, die Schill-Partei erhält nur noch 3,1 %.
2008: Die erste schwarz-grüne Koalition auf Länderebene entsteht.
2010: Bürgermeister von Beust tritt zurück, drei Monate später lässt die GAL die Koalition platzen.
2011: Bei den Neuwahlen fährt die SPD einen deutlichen Sieg ein (48,3 %). Neuer Bürgermeister wird Olaf Scholz.
2013: Senat und Baufirma beschließen, die Elbphilharmonie zu einem Festpreis fertig zu bauen. Die Gesamtkosten für die Stadt werden auf 789 Mio. € beziffert.
2017: Im Januar wird die zunächst umstrittene Elbphilharmonie ❹ eröffnet; die lange skeptischen Hamburger reißen sich um die Konzerttickets.
   Der G-20-Gipfel findet im Sommer statt, es kommt zu teils heftigen Auseinandersetzungen zwischen Demonstranten und Polizei, die auch die politischen Ergebnisse überschatten.
2018: Erstmals in der Geschichte der Fußballbundesliga steigt der HSV ab.

Leben in der Stadt

Der **Stadtstaat**, wie die Freie und Hansestadt auch genannt wird, ist zugleich ein **Bundesland.** Deshalb gibt es auch ein **Parlament** und eine **Regierung.** In Hamburg heißt das Parlament „Bürgerschaft" und die Regierung „Senat". Alle vier Jahre wird neu gewählt, die Volksvertretung ist ein klassisches „Feierabend-Parlament", was für eine Millionenstadt wohl etwas ungewöhnlich sein dürfte. Die Bürgerschaft tagt alle zwei Wochen am Mittwoch ab 15 Uhr und alle vier Wochen zusätzlich am Donnerstag. Aus der Mitte der Parlamentarier stammen die „Senatoren", wie hier die Minister genannt werden. Der **Erste Bürgermeister** steht dem Senat vor.

Hamburger waren schon immer **nach außen orientiert**, aber nicht ohne den **Stolz** auf „ihre" Stadt zu bewahren. „Mit der Heimat im Herzen die Welt umfassen", so steht es noch heute oben im Titel der Tageszeitung „Hamburger Abendblatt". Das könnte auch das Motto eines Hamburger Kaufmanns sein, denn die Kaufleute waren schon immer auf gute Außenkontakte angewiesen. So entstand tatsächlich bereits frühzeitig eine gewisse **Weltoffenheit** und **Liberalität.**

Umgekehrt kamen schon früh Auswärtige nach Hamburg. Bereits 1611 gab es einen jüdischen Friedhof, seit 1929 einen chinesischen. 1965 entstand eine russisch-orthodoxe Kirche und seit 1968 steht eine schiitische Moschee an der Alster. Heute leben neben Deutschen ca. 250.000 Menschen aus 183 Ländern in Hamburg. Kein Wunder, dass Hamburg **einer der größten Konsulatsplätze** weltweit ist.

Leben in der Stadt

Do you speak Hambooorgisch?

Es ist ja nun nicht so, dass die Hamburger irgendwie unverständlich sprächen. Oder einen kaum identifizierbaren Dialekt hätten. Dennoch, ein echter „Hambooorger" spricht schon etwas „anners". Etwa so, wie der Schauspieler Jan Fedder in seiner Rolle als Polizist Dirk Matthies in der Endlosserie „Großstadtrevier": Der Hamburger spricht, sagen wir mal, eine Nuance entfernt vom dialektfreien Hochdeutsch, generell eine Spur breiter. Er zieht Vokale gerne etwas in die Länge und benutzt natürlich auch einige spezielle Begriffe. Hier eine Auswahl:

Bangbüx	*Angsthase*
bannich	*sehr viel*
begöschen	*betreuen, gut zureden*
beipulen	*erklären*
Bordsteinschwalben	*Prostituierte*
bregenklöterig	*kaputt, durcheinander sein*
Dösbaddel	*Dummkopf*
duhn	*angetrunken*
durch'n Tüdel komm'	*durcheinander sein*
eben un eben	*so gerade eben*
fofftein moken	*Pause machen*
fünsch	*böse, wütend*
högen	*grinsen, freuen (Schadenfreude: „sich ein' högen")*
klönen	*plaudern*
Klüsen	*Augen*
Knallköm	*(billiger) Sekt*
Knolle	*kleine, bauchige Flasche Bier*
krüsch	*sich anstellen, nicht mögen (best. Speisen)*
maddelig	*schlecht, matt, kaputt*
muksch sein	*eingeschnappt sein*
Peterwagen	*Polizeiauto*
rumsabbeln	*labern, nerven*
sabbeln	*zu viel reden*
schnacken	*reden, eher: vertraulich reden*
spiddelig	*dünn*
auf'n Swutsch geh'n	*auf die Piste gehen*
Tüünkromm	*Blödsinn*
Udel	*Polizist*
verdaddeln	*vergeuden, vertun*
Viz	*Vorarbeiter im Hafen*
zu Tante Meier	*zum Klo gehen*

Wer sich näher mit dem Thema befassen möchte, dem sei der Kauderwelsch-Band „Hamburgisch – die Sprache an Elbe und Alster" von Hans-Jürgen Fründt aus dem Hause Reise-Know-How *ans Herz gelegt.*

Die **Innenstadt** wird mehr durch Büros und Geschäfte geprägt, weniger durch Wohnbezirke. Natürlich leben auch Menschen in der City, aber nach Feierabend wirken manche Straßen doch arg verwaist. Ganz anders Stadtviertel wie das **Schanzenviertel** ❺❼, **Altona** ❺❽ oder **St. Georg** ❺❻. Diese drei Zonen liegen nicht sehr weit von der Innenstadt entfernt, haben aber ihr ganz eigenes Leben. In allen drei Vierteln hat sich eine bunte, multikulturelle Szene etabliert. Viele Studenten, Ausländer, Lebens-

Leben in der Stadt

künstler und Kleinverdiener wohnen nicht nur dort, sondern leben auch "ihr" Viertel. St. Georg gilt außerdem als "Gay Village", nirgendwo sonst in Hamburg sieht man häufiger die bunte Regenbogenfahne.

Das genaue Gegenstück hierzu befindet sich im Elbstadtteil **Blankenese** ⓬. Dort lebten ursprünglich einmal arme Fischer, heute ist es ein Stadtteil, in dem reiche und teilweise "schwerstreiche" Menschen residieren. Dennoch gibt es dort natürlich auch Durchschnittsverdiener, die nichtsdestotrotz stolz auf "ihr" Blankenese sind und eine gewisse Distinguiertheit pflegen. Immer gut zu beobachten, wenn man mal mit dem Bus Nr. 36 aus der City hinaus nach Blankenese fährt. Diese Linie führt nämlich auch über die **Reeperbahn** ⓭ und die betrachten einige Blankeneser aus dem Busfenster immer ein wenig wie das "schwarze Schaf der Familie". Gehört irgendwie dazu, ist aber wenig geschätzt.

Hamburg ist auch eine **Studentenstadt**. Fast 80.000 Studierende sind an den 20 Hochschulen eingeschrieben. Auch dies trägt zu einer etwas offeneren Grundhaltung bei. Die Stadt ist groß genug, dass selbst diese vielen Studiosi nicht das Stadtbild prägen. Bestenfalls ein kleiner Bereich im Umfeld der Universität nahe des Bahnhofs Dammtor kann als ein klassisches Univiertel bezeichnet werden.

Touristisch betrachtet boomt Hamburg – man kann es kaum anders ausdrücken. Wie viele **Tagesbesucher** alltäglich in die Stadt strömen, weiß wohl niemand ganz genau zu sagen. Ein Indikator sind vielleicht die vielen Busse mit auswärtigem Kennzeichen, die immer bei den Landungsbrücken ⓭ parken. Aber auch und gerade der **Wochenend-Tourismus** boomt, nicht zuletzt dank der vielen Musicals. Hamburg verzeichnete zuletzt 13,8 Mio. Übernachtungen von 6,8 Mio. Gästen (Stand 2017). Damit liegt Hamburg im europäischen Städte-Vergleich auf Platz 11.

In Hamburg leben "Hamburger" und "Hanseaten". Hamburger sind natürlich alle Bürger dieser Stadt,

◩ Direktversorgung auf einem Kanal im Stadtteil Winterhude

aber als **Hanseat** wird nicht jeder betrachtet. Bis um die Wende vom 19. zum 20. Jh. gaben in Hamburg etliche „große" Familien den Ton an. Das taten sie teilweise schon seit Jahrhunderten. Sie stellten Bürgermeister, handelten mit Gott und der Welt und waren vor allem reich – teilweise sogar schwerreich. Diese Familien hatten einen gewaltigen politischen Einfluss, der sich hauptsächlich aus ihren wirtschaftlichen Erfolgen speiste. Die Hanseaten waren seit eh und je Kaufleute und unterhielten Kontakte zu allen Erfolg versprechenden Märkten. Sie schickten ihre Söhne als Lehrlinge und Statthalter in die weite Welt und verheirateten ihre Töchter „standesgemäß". Sie suchten zwar immer neue Chancen, versuchten aber vor allem, Besitz und Wohlstand zu wahren. Sie gingen Neuerungen mit einer gehörigen Portion Skepsis an, ohne jedoch überzeugende neue Projekte gänzlich abzulehnen. Mit **solider Skepsis,** gepaart mit einem Schuss **Neugier,** besah man sich die Welt und viele Dinge wurden erst lange und ausführlich geprüft, bevor man sich entschied. Das galt im Übrigen auch für Schwiegersöhne: Der „richtige" Familienstammbaum erleichterte so manches.

Und heute? Grundsätzlich hat sich wohl nicht allzu viel verändert, nur dass diese „großen" Familien nicht mehr eine derart betonte erste Geige spielen. Doch der Hanseat bewegt sich immer noch vorzugsweise in **seinen Kreisen.** Man kauft bei „seinem" Händler, hat „seinen" Arzt, Anwalt und Steuerberater. Man kennt sich aus dem Ruder-, Segel- oder Hockeyklub. In einen „Verein" würde ein Hanseat kaum gehen. Verein, das klingt nach Kleingarten oder Fußball – nein, dann doch lieber Tennis.

Der Hanseat ist liberal, eher Mitterechts eingestellt. Die Linken nimmt man wohlwollend zur Kenntnis, ohne sie laut zu verurteilen. Man bleibt dezent, achtet auf Qualität und zeigt sich distinguiert-zurückhaltend. Doch natürlich engagiert man sich sehr wohl für die Allgemeinheit. Das **Mäzenatentum** hat eine lange Tradition in Hamburg, aber man wirkt auch hier zumeist im Verborgenen. Selten nur werden Millionen-Schenkungen bekannt – die gibt es sehr wohl, aber großer Medienrummel bleibt verpönt.

Und wie verhält sich der „**gemeine Hamburger**", der nicht zur hanseatischen Oberschicht gehört? Eine gewisse Distanziertheit, eine Spur Skepsis, nicht wirklich zufrieden, aber auch nicht gänzlich unzufrieden dürfte wohl die Grundhaltung sein. Außerdem darf man einem Hafenarbeiter, einem Malocher aus Barmbek oder einem Eimsbütteler, Altonaer, Harburger wohl einen teilweise raubeinigen Charme unterstellen. Tendenziell eher sozialdemokratisch eingestellt und „stolz wie Oskar" auf seinen HSV (oder St. Pauli oder den Fußballverein um die Ecke), auf den Hafen, auf die Alster oder ganz einfach auf „seine" Stadt. Und natürlich hat auch der Barmbeker „seine" Kneipe, „seinen" Skatklub und „seine" Kumpels. Und die halten zusammen! Neue kommen da nicht so leicht rein. Die sieht man sich erst mal eine Weile an, leicht skeptisch, leicht neugierig, leicht abwartend. Wenn man aber jemand Neuen akzeptiert, dann richtig. Dann gehört er dazu. Das geht aber nicht von heute auf morgen, weder bei den Hanseaten noch bei den Barmbekern. Sind die Hamburger also steif und distanziert? Keinesfalls, aber sie öffnen sich halt nicht sofort. Das kann schon ein paar Jährchen dauern.

Hamburgs neuer Stadtteil – HafenCity

Es dürfte heutzutage schon etwas ungewöhnlich sein, dass mitten in einer Großstadt ein **nagelneuer Stadtteil** entsteht, doch in Hamburg passiert genau das. Im Rücken der Speicherstadt ㉗, also mitten im Hafengebiet, wird heftig gebaut. Mit dem **Großprojekt HafenCity** ㉝ sollen die Bereiche Arbeiten, Wohnen, Einkaufen und Leben nebeneinander verwirklicht werden.

Als der damalige Hamburger **Bürgermeister Runde** 1997 die Pläne für die HafenCity vorstellte, prägte er das Bonmot von „Ships and Chips, die doch wunderbar zusammenpassen." Gemeint war die Nähe zum Wasser und die Hoffung, dass sich vor allem Firmen aus der Computerbranche hier ansiedeln würden. Was ja auch durchaus schon eingetreten ist.

Eine gewaltige **Baufläche von 155 ha** wurde zur Verfügung gestellt – das entspricht fast der Größe der Außenalster. Alte Industriegebäude wurden abgerissen, Brachland neu erschlossen und das Projekt in ganz großem Stil angegangen. Ein **Masterplan** wurde festgelegt, der aber noch Freiraum bieten sollte, um auf neue Ideen eingehen zu können. **International bekannte Architekten** konnten gewonnen werden und sie alle arbeiten nun an einem Stadtteil, in dem in 5.500 Wohnungen etwa 12.000 Menschen leben und insgesamt rund 40.000 Menschen arbeiten sollen. Die gesamte **Investitionssumme** liegt bei geschätzten 6 bis 7 Mrd. Euro.

Die HafenCity soll außerdem auch **touristisch genutzt** werden: Neue Museen wurden eingeplant. Das Internationale Maritime Museum ㊱ und Prototyp ㉟ sind bereits fertig, weitere sollen folgen. Zudem entsteht ein großer **Kreuzfahrt-Terminal**, über den vor allem ausländische Gäste nach Hamburg kommen sollen. Man hat also große Pläne mit Hamburgs neuem Stadtteil. Es soll keine sterile Bürostadt entstehen, in der nach Feierabend „die Bürgersteige hochgeklappt" werden, sondern ein **lebendiges Viertel**, in dem Menschen gerne ihre Freizeit verbringen und eben auch wohnen wollen. So wurde obendrein daran ge-

◳ *Blick über die Marco-Polo-Terrassen [O12] in der HafenCity* ㉝

Hamburgs neuer Stadtteil – HafenCity

dacht, die Freiräume gezielt unter maritimen Gesichtspunkten zu gestalten.

Das neue Viertel erfordert eine ganz **neue Infrastruktur**. Beispielsweise wurden Grünflächen und ein Spielplatz angelegt und Geschäfte und Gastronomie sollen das Viertel beleben. Nicht zuletzt benötigt man auch eine Schule.

Als eine Art „Leuchtturm" erstrahlt die **Elbphilharmonie** ㉞ kulturell weit über Hamburgs Grenzen, aber erst einmal gab es Krach, da das Budget um das Zehnfache überschritten wurde. Es gab einen heftigen Streit mit der Baufirma, lange Zeit wurde überhaupt nicht weitergearbeitet, aber schließlich rauften sich alle zusammen und vollendeten dieses spektakuläre Bauwerk. Kaum ist die „Elphi", wie sie auch schon genannt wird, fertig, wird sie auch schon von den Hamburgern gestürmt. Konzerttickets sind praktisch nicht zu bekommen und erzielen bei eBay wahnwitzige Preise. Selbst für einen Besuch der Aussichtsterrasse „Plaza" muss an bestimmten Tagen angestanden werden. Keine Frage, Hamburg hat „seine" Elbphilharmonie angenommen.

Viele Gebäude im neuen Stadtteil stehen schon, aber noch wird kräftig gebaut. Erste **Kritik** gab es natürlich auch bereits: Nicht jedem gefallen die (bislang vor allem errichteten) Glaspaläste, aber trotzdem ist die Nachfrage ungetrübt hoch, obwohl viele Wohnungen eher hochpreisig sind. Aber auch da wird reagiert: In einem späteren Schritt werden auch gezielt Sozialwohnungen gebaut. Auch die ersten Büros sind schon bezogen und zwei ansprechende Plätze sind fertiggestellt, die Magellan-Terrassen und die Marco-Polo-Terrassen. Mittlerweile gibt es schon relativ viele Gastronomiebetriebe, einige Geschäfte und eine Schule.

> **EXTRAINFO**
> **Die HafenCity kennenlernen**
> Im HafenCity Info Center (s. S. 43) befindet sich ein maßstabsgerechtes Modell der HafenCity. Außerdem starten von hier kostenlose Führungen am Sa. um 15 Uhr und zwischen Mai und September am Do. um 18.30 Uhr.

Insgesamt ist schon eine ganze Menge entstanden, etwas mehr als die Hälfte aller Projekte ist fertig, darunter gut 1500 Wohnungen. Ca. 500 Firmen haben hier ihre Büros bezogen. Es gibt eine Reihe von Lokalen und Geschäften, ein Hotel und zwei U-Bahnhöfe. Die erste Station „Überseequartier" liegt 20 m unter der Erde. Blaue, nach oben hin heller werdende Kacheln symbolisieren Wasser und die aus Edelstahl bestehende Decke ist einer bewegten Wasseroberfläche nachempfunden. Die zweite U-Bahnstation „HafenCity Universität" zeigt am Wochenende und an Feiertagen zwischen 10 und 18 Uhr zur vollen Stunde eine tolle Licht- und Musikkomposition, die durch mehrere Leuchtcontainer realisiert wird. Einige **Gebäude stechen architektonisch deutlich heraus**, so der **Marco-Polo-Tower** mit seinen überkragenden Stockwerken. Die HafenCity entwickelt sich immer mehr zu einer Touristen-Attraktion und wird von den Besuchern vor allem am Wochenende überrannt – nicht immer zum Wohlgefallen der Bewohner. Es wird noch einige Jahren dauern, bis alles fertig ist, aber dann wird die HafenCity sicher ein ganz besonderer Stadtteil sein. Fortschritte gibt es auch im Kleinen: 2008 wurde der Sportverein „Störtebeker SV" gegründet, der gezielt Bewohner aus dem neuen Stadtteil gewinnen will. Das sollte doch gelingen, bei dem Namen!

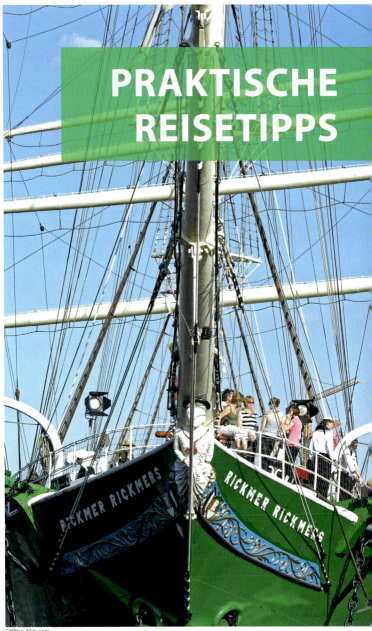

PRAKTISCHE REISETIPPS

An- und Rückreise

Mit dem Auto

A7

Aus Richtung Süden führt die Autobahn A7 durch den Elbtunnel, hoffentlich ohne Stau! Nach dem Passieren des Tunnels gibt es vier Abfahrtsmöglichkeiten.

› Abfahrt „Othmarschen" (29): liegt 200 m (!) hinter dem Tunnel. Ideal für Reisende nach Ottensen ❺ oder Altona ❺.
› Abfahrt „Bahrenfeld" (28): führt u. a. ins Schanzenviertel ❺ und nach St. Pauli.
› Abfahrt „Volkspark" (27): vor allem für HSV-Fans geeignet, denn sie führt zum Stadion ❻ und zur o2 World Hamburg, Hamburgs großer Multifunktionshalle. Hier weist aber auch ein Schild „HH Centre" den Autofahrer in die City.
› Abfahrt „Stellingen" (26): die letzte gute Möglichkeit, um in die City zu fahren, ganz egal, wohin man eigentlich möchte.

A24

Nur wer **aus Richtung Osten** (Berlin, Mecklenburg-Vorpommern) oder Nordosten (Lübeck) über die A24 anreist, erspart sich den Elbtunnel. Die Autobahn endet in **Hamburg-Horn** am Kreisverkehr „Horner Kreisel" und von dort geht es über die **Sievekingsallee** in die City.

Mit der Bahn

Alle Fernzüge passieren den **Hamburger Hauptbahnhof** ❶, aber die wenigsten enden dort. Es kann also nicht schaden, vor dem Aussteigen einen Blick auf den Stadtplan zu werfen. Bis auf ganz wenige Ausnahmen fahren nämlich alle Züge weiter, passieren noch den **Bahnhof Dammtor** und enden schließlich in **Hamburg-Altona**.

Bei längerer Anreise, z. B. aus Österreich oder der Schweiz, lohnt sich u. U. auch ein Nachtzug (nähere In-

« *Vorseite: Eine wahre Pracht – die Rickmer Rickmers* ❷ *an den Landungsbrücken*

‹ *Am besten gleich ohne Auto: Hamburg ist gut per Zug erreichbar – hier der Hauptbahnhof* ❶

formationen, auch über Spezialangebote der Bahn, findet man unter www.bahn.de).

Vom Hauptbahnhof kann man per U-Bahn oder S-Bahn weiterfahren, vom Dammtor per S-Bahn und von Altona per S-Bahn oder auch per Bus.
› **Infos:** Fahrplanauskünfte gibt es unter Tel. 01805 996633

Mit dem Bus

Der **Zentrale Omnibus-Bahnhof (ZOB)** liegt in Sichtweite zum Hauptbahnhof ❶ zwischen Kurt-Schumacher-Allee und Adenauerallee. Neben etlichen **regionalen Linien** stoppen hier **Fernbusse** aus dem Ausland. Nachdem das Verbot von innerdeutschen Busfernverbindungen, das dem Schutz der Deutschen Bahn diente, gefallen ist, fahren auch Busse aus anderen deutschen Städten hierher, vor allem die der Gesellschaft „Flixbus". Weiter geht es von der nahen U-Bahn-Station „Hauptbahnhof Süd".
› **Infos:** Tel. 247576, www.zob-hamburg.de

Mit dem Flugzeug

Der **Hamburg Airport Helmut Schmidt** liegt relativ stadtnah, deshalb herrscht auch ein Nachtflugverbot ab 23 Uhr. Natürlich fliegen auch die sogenannten „Billigflieger" wie Germanwings und EasyJet den Hamburger Flughafen an. Mitunter kann man aber auch bei **Linienfliegern** erstaunliche Preise realisieren, z. B. durch Sonderangebote oder auch bei Zubringerflügen.

Informationen zum **Flugplan** des Hamburger Flughafens und zu den verschiedenen **Fluglinien**, die ihn anfliegen, erhält man online unter www.airport.de.

In die City

› Der Flughafen ist an das **S-Bahn-Netz** angeschlossen. Die S1 fährt in 23 Minuten direkt bis zum Hauptbahnhof und in weiteren 12 Minuten bis Altona.
› Eine **Taxifahrt** bis in die Innenstadt kostet etwa 25 €.

Autofahren

Der innerstädtische Bereich, der speziell in diesem Buch vorgestellt wird, ist überschaubar. Um die jeweiligen Sehenswürdigkeiten anzufahren, benötigt also niemand ein eigenes Fahrzeug. An den markanten Sehenswürdigkeiten (Rathaus ❺, Landungsbrücken ⓭) ist es schwierig, überhaupt einen Parkplatz zu finden und obendrein ist die zentrale innerstädtische Achse, die Mönckebergstraße ❷, **für den Privatverkehr gesperrt**. Es sei also jedem geraten, den eigenen Pkw stehen zu lassen. Hamburg hat bislang übrigens **keine Umweltzonen** geplant. Eine Plakette ist also nicht notwendig.

🅿**179** [P10] **Cityparkhaus XXL**, Gertrudenstr. 2, U3 „Mönckebergstraße". Ideal für den Besuch der City, nur wenige Schritte zur Mönckebergstraße und zur Binnenalster. Schließt um 23.30, So. 23 Uhr und hat 1514 Plätze.

🅿**180** [O10] **Parkhaus Europa-Passage**, Hermannstraße 11, U-/S „Jungfernstieg". Zentrales Parkhaus mit 700 Plätzen in Hamburgs größter Einkaufspassage (s. S. 96). Schließt um 1 Uhr, aber eine Ausfahrt ist danach noch möglich.

🅿**181** [O12] **Speicherstadt Parkhaus**, Am Sandtorkai 6, U3 „Baumwall". Gut geeignet für Besucher der Speicherstadt und der HafenCity. Das Parkhaus verfügt über 814 Plätze und hat 24 Std. am Tag geöffnet.

Barrierefreies Reisen

Generell können auch Menschen mit Behinderungen die Hamburger Innenstadt erkunden, viele **Museen** und **Sehenswürdigkeiten** haben sich entsprechend eingestellt und **Rampen** und **Fahrstühle** für Rollstuhlfahrer eingebaut.

Die **Stadtbusse** haben sehr häufig eine **ausklappbare Rampe**, über die Rollstuhlfahrer hineinfahren können. S-Bahnen haben ebenfalls eine Rampe. Ihr Einsatz durch den Fahrer der S-Bahn ist an der **ersten Tür hinter der Fahrerkabine** möglich. Ebenso bieten viele **U-Bahn-Bahnhöfe** barrierefreien Zugang.

Auch für Sehbehinderte und blinde Mitbürger besteht oft ein **Blinden-Leitsystem**.

› **Informationen** bietet die Internetseite www.hvv.de unter der Rubrik „Mobilität für alle" (unter dem Menüpunkt „Service"). Dort kann man auch die **Broschüre „Barrierefrei unterwegs"** kostenlos herunterladen.

› Die Fahrplanauskunft auf **www.hvv.de** (persönlicher Fahrplan) zeigt Verbindungen, die barrierefrei nutzbar sind.

› Generelle Informationen gibt es auch bei der **Hamburger Landesgemeinschaft für behinderte Menschen e. V.**, Tel. 29995666, www.lagh-hamburg.de. Auf der Website findet man u. a. auch Informationen aus einem Stadtführer für Rollstuhlfahrer.

› *Das Völkerkundemuseum MARKK (s. S. 81) öffnet seine Tore donnerstags ab 16 Uhr kostenlos*

Geldfragen

Ist Hamburg eine teure Stadt? Sagen wir mal so: Sie ist umgekehrt keine billige Metropole. Ein **Hotel** mitten in der City, das deutlich unter 100 Euro kostet, muss man schon suchen. In den letzten Jahren sind etliche neue Häuser entstanden, deren Preisniveau aber eher die 200-Euro-Grenze erreicht. Diese Unterkünfte kommen dann wohl auch nicht in die engere Wahl eines Wochenendurlaubers.

Essen gehen kann teuer werden, muss es aber nicht zwangsläufig. Viele Lokale bieten einen günstigen Mittagstisch an – sogar manches Sternerestaurant. Abends sieht es dann anders aus. Aber auch hier gilt generell der alte Maklerspruch: Die Lage, die Lage, die Lage. Soll heißen: Ein Lokal am Wasser, also an der Großen Elbstraße, hat in der Regel ein höheres Niveau, als ein innerstädtisches Restaurant. Dagegen gibt es z. B. im Schanzenviertel ❺❼ und in St. Georg ❺❻ sehr viele ausgesprochen günstige Lokale und selbst auf St. Pauli zahlt man in den Restaurants nicht übermäßig viel. Mit 10–15 Euro kommt man dort schon gut klar, während an der Großen Elbstraße sowohl Preise als auch Ansprüche darüber liegen – teilweise deutlich.

Auch beim **Shopping** gibt es deutliche Unterschiede. In der Innenstadt liegen viele Geschäfte und Kaufhäuser, die sicher immer mal wieder Rabatte anbieten, aber generell eher normalpreisig sind. Exklusiver sind die Läden am Neuen Wall und auch in einigen Seitenstraßen. Auch in Eppendorf findet man eher etwas höherpreisige Angebote. Ganz anders dagegen die kleinen Shops im Schanzenviertel, im Karolinenviertel und teilweise auch in St. Georg ❺❻.

Hamburg preiswert

Wer bei seinem Besuch mehrere Museen besuchen und viel mit Öffentlichen Verkehrsmittel fahren will, sollte sich die **Hamburg Card** (s. S. 137) besorgen. Sie bietet über 100 Rabatte und freie Fahrt im HVV.

Auf jeden Fall lohnenswert ist eine **Fahrt mit der U3**, die ab der Station „Rathaus" oberirdisch langsam an den Landungsbrücken ㊸ vorbeifährt. Von hier aus hat man einen wunderbaren Panoramablick auf den Hafen und die Speicherstadt ㉗ (s. S. 49).

Mit dem **Bus Nr. 36** kann man zum normalen HVV-Tarif (allerdings mit 1.-Klasse-Zuschlag) von der Mönckebergstraße ❷ an verschiedenen Sehenswürdigkeiten vorbei über die Elbchaussee bis Blankenese ㊷ fahren (s. S. 62).

Noch interessanter aus touristischer Sicht ist die **Buslinie 111**. Dieser Bus **verbindet Altona mit der HafenCity** und befährt dabei die gesamte Große Elbstraße. Dann geht es hoch zur Reeperbahn und durch die Davidstraße wieder zurück zum Elbufer bei den Landungsbrücken. Von dort in die Speicherstadt und weiter in die HafenCity. Eine Verbindung wie geschaffen für Besucher!

Wer **Sightseeing gern vom Wasser aus** mag, kann von den Landungsbrücken ㊸ (Brücke 3) aus mit der Elbfähre Nr. 62 am Fischmarkt ㊺ vorbei nach Övelgönne zum Museumshafen ㊼ fahren und dann auf die andere Elbseite nach Finkenwerder. Dort steigt man auf die Elbfähre Nr. 64 um, die zurück ans andere Elbufer nach Teufelsbrück fährt. Man erlebt so das atemberaubende Panorama des Elbufers mit seinen tollen Villen. Für diese Tour gelten ebenfalls die normalen HVV-Tickets (und auch die Hamburg Card).

Fünf Kunstmuseen bieten ein Gemeinschaftsticket für 36 €, den „**Kunstmeilenpass**", der 12 Monate lang gültig ist (www.kunstmeile-hamburg.de).

Verschiedene **Museen** haben zudem an bestimmten Tagen Vergünstigungen oder sogar freien Eintritt:

› **Bucerius Kunst Forum** (s. S. 80), Mo. Einheitspreis 6 €
› **Deichtorhallen** (s. S. 80), am Di. ab 16 Uhr 6 € für alle Besucher
› **Hamburger Kunsthalle** (s. S. 80): Do. 17.30–21 Uhr 5 €
› **Internationales Maritimes Museum** ㊱, ab 16.30 Uhr 6 € („Störtebecker Ticket")
› **Museum für Kunst und Gewerbe** (s. S. 81), am Do. ab 17 Uhr Eintritt 8 €
› **MARKK** (s. S. 81), Do. 16–21 Uhr freier Eintritt

Informationsquellen

Die Informationsstellen sind mit Broschüren, Flyern und Stadtplänen gut bestückt und die kompetenten Mitarbeiter wissen auf fast jede Frage eine Antwort. Dort bekommt man die **Hamburg Card**, die eine ganze Menge an Vergünstigungen für den Besucher bietet (s. S. 137). Mit der Hamburg Card kann man auch die öffentlichen Verkehrsmittel des HVV (Hamburger Verkehrsverbund) nutzen.

Infostellen in der Stadt

- 182 **Hamburg Welcome Center,** Hamburg Airport, im Airport Plaza zwischen Terminal 1 und 2, täglich 6.30–23 Uhr
- 183 [L11] **Tourist Information am Hafen,** St. Pauli Landungsbrücken (zwischen Brücke 4 und 5), So.–Mi. 9–18, Do.–Sa. 9–19 Uhr
- 184 [Q10] **Tourist Information im Hauptbahnhof,** Ausgang „Kirchenallee", Mo.–Sa. 9–19 Uhr, So. 10–18 Uhr
- › **Tickets** für Theater, Konzerte und Musicals erhält man bei den Tourist Informationen im Hauptbahnhof und am Hafen. In der Tourist-Info am Hafen gibt es zudem eine Ticket-Tauschbörse.
- › **Hamburg-Hotline,** Tel. 040 30051701, Mo.–Sa. 9–19 Uhr. Bei der Hotline der Tourismuszentrale können Hotels gebucht, aber auch Eintrittskarten für diverse Veranstaltungen bestellt werden.

Die Stadt im Internet

- › www.hamburg.de: offizielle Website der Hansestadt
- › www.hamburg-tourism.de: Website der Hamburger Tourismuszentrale
- › www.hvv.de: alles über den Hamburger Verkehrsverbund inklusive genauer Fahrplanauskünfte
- › www.hamburg-magazin.de: Die Website stellt einen ausführlichen Wegweiser durch die Hansestadt dar und enthält viele praktische Tipps.

Unsere App-Empfehlungen zu Hamburg

- › **Hamburg:** offizielle App der Stadt, u. a. mit einem Veranstaltungskalender und aktuellen Verkehrshinweisen (kostenlos für Android und iOS).
- › **Kulturpunkte Hamburg:** Diese App gibt einen Überblick über etwa 300 Hamburger Kulturinstitutionen und Kunstwerke im öffentlichen Raum (gratis für iOS und Android).
- › **HVV:** Mit dieser App des Hamburger Verkehrsverbunds HVV können direkt Tickets erworben werden. Praktisch ist dabei, dass man direkt einen Mietwagen buchen oder ein Taxi rufen kannn, wenn es mit dem Anschluss einmal nicht klappen sollte (kostenlos für Android und iOS).
- › **HafenCity Hamburg Guide:** Die offizielle App zum neuen Stadtquartier liefert mittels eines Rundgangs eine Zeitreise durch die Hamburger Hafengeschichte (kostenlos für iOS).

Publikationen und Medien

- › Seit „Prinz" nur noch online erscheint, gibt es zwei monatlich erscheinende **Szene-Zeitschriften,** die im Handel erhältlich sind und das komplette Informationsspektrum zu Veranstaltungen, Kino- bzw. Theaterprogrammen und was sonst noch so los ist liefern: „Szene Hamburg" und „Oxmox"
- › Weiterhin bieten die **Tageszeitungen** „Hamburger Abendblatt" und „Hamburger Morgenpost" donnerstags eine umfangreiche Beilage mit zahlreichen Veranstaltungstipps für die jeweils kommende Woche.

Meine Buchtipps

> **Simone Buchholz:** *„Schwedenbitter"*, Droemer. Zwei tote Amerikaner werden in einer Villa gefunden: ein Fall für Staatsanwältin Chas Riley. Diese hasst ihr Büro, treibt sich lieber ermittelnd auf der Straße herum, trinkt gerne mal einen und fühlt sich auf St. Pauli einfach pudelwohl. Selten wurde dieser Stadtteil mit so liebevollem, aber auch unverstelltem Blick vorgestellt, wenn auch in etwas schnodderigem Tonfall. Einfach, ehrlich, geradeheraus und ohne Firlefanz, so stapft Chas Riley durch die Geschichte, klärt den Fall natürlich auf und der Leser bekommt nebenbei eine St.-Pauli-Lektion, die sitzt. Große Klasse! Weitere Titel dieser Reihe: „Knastpralinen", „Revolverherz", „Bullenpeitsche" und „Eisnattern".

> **Tino Hanekamp:** *„Sowas von da"*, KiWi. Die Silvesternacht steht an. Oskar betreibt einen der angesagtesten Klubs. Die letzte Party steht aber kurz bevor, denn der Klub soll abgerissen werden. Soweit das Grundgerüst der Handlung. Die hat es im Folgenden aber in sich! 24 Stunden rund um diese Party werden in einem irrwitzigen Tempo, mit Witz und hingefetzten Sätzen so packend beschrieben, dass der Leser sich fast ärgert, nicht dabei zu sein.

> **Frank Göhre:** *„Kiez Trilogie"*, Pendragon. Hier bekommt man gleich drei Krimis in einem Band. Frank Göhre beschreibt in seinem unnachahmlich direkten Stil die 1980er-Jahre auf St. Pauli mit seinen Bandenkriegen, schillernden Zuhältern und den Verstrickungen der Politik.

> **Henrik Siebold:** *„Inspektor Takeda und der leise Tod"*, Aufbau. Das ist mal eine neue Konstellation: Eine Hamburgerin und ein japanischer Ermittler im Austauschprogramm gehen in der Hansestadt auf Verbrecherjagd. Spannend geschrieben, inklusive einiger interkultureller Stolpersteine.

> **Petra Oelker:** *„Tod am Zollhaus"*, Rowohlt. Tief in die Geschichte steigt die Autorin Petra Oelker mit ihren Krimis um die fahrende Schauspielerin Rosina ein, nämlich ins Hamburg um das Jahr 1765. In eindringlicher Weise werden die damaligen Lebensverhältnisse in der Stadt beschrieben. Durch eine geschickte Verknüpfung der armen Protagonistin mit der Familie eines reichen Hamburger Kaufmanns bekommt der Leser Einblicke in zwei doch sehr unterschiedliche Welten. Mittlerweile sind bereits zehn Bände über die Ermittlungen um Rosina erschienen.

> **Uwe Timm:** *„Die Entdeckung der Currywurst"*, dtv. Hamburg in den letzten Tagen des Zweiten Weltkrieges. Ein Soldat versteckt sich bei einer Frau, die ihm das Ende des Krieges verheimlicht. In eindrucksvoller Sprache wird diese Liebesromanze vor dem Hintergrund der letzten Kriegstage in Hamburg mit viel Lokalkolorit dargestellt. Und nebenbei erfährt man noch, wie es zur Entdeckung der Currywurst kam.

Medizinische Versorgung

- 185 [Q10] **Apotheke im Hauptbahnhof,** Glockengießerwall 8, Nordsteg, obere Ebene, Tel. 32527383, Mo.–Mi. 7–21, Do./Fr. 7–21.30, Sa./So. 8–21 Uhr
- 186 [C10] **Asklepios Klinik Altona,** Paul-Ehrlich-Str. 1, Tel. 1818810
- 187 [R9] **Asklepios Klinik St. Georg,** Lohmühlenstr. 5, Tel. 1818850. Das wohl zentralste Krankenhaus Hamburgs.
- 188 [M3] **Uniklinik Eppendorf,** Martinistr. 52 (Eppendorf), Tel. 74100. Eine der größen Kliniken Hamburgs.
- › **Ärztlicher Notfalldienst**: Tel. 228022
- › Unter www.zahnaerzte-hh.de lässt sich der aktuelle Bereitschaftsplan des **zahnärztlichen Notdienstes** einsehen. Unter Tel. 01805 050518 erreicht man mit dem Telefon die **Notdienstansage**.

Mit Kindern unterwegs

- › Im **Chocoversum** (s. S. 80) einmal selber eine eigene Tafel Schokolade herstellen macht nicht nur den lieben Kleinen Spaß – vor allem, wenn sie dann noch hinterher das gute Stück verdrücken dürfen.
- › **Elbstrand.** Mit dem Bus Nr. 112 kann man bis zur Endstation fahren und dann an den Övelgönner Häusern vorbei bis zum Strand laufen. Einfach mal im Sand buddeln und den Rest der Welt vergessen, während Papa ein Bierchen zischt und Mama ein Eis schleckt – das ist in Övelgönne 54 am Elbstrand sehr gut möglich.
- 64 [H2] **Hagenbecks Tierpark.** Immer noch ein Hit ist der Besuch in diesem Zoo, in dem die Tiere in Freigehegen leben, die ihrer natürlichen Lebenswelt nachempfunden sind.
- › **Hamburger Dom.** Der Rummel findet im Frühjahr, Sommer und Winter jeweils für vier Wochen auf dem Heiligengeistfeld unweit der Reeperbahn statt. Alle Kids stürmen dann die Karussells, Achterbahnen und Zuckerstangenbuden.
- 189 [S10] **i-punktskateland,** Spaldingstr. 131 (U-Bahn: Berliner Tor), Tel. 234458, www.i-punktskateland.de, Mo.–Fr. 15–20, Mi./Fr. bis 24, Sa./So. 13–20 Uhr, der Eintritt in der Woche ist frei, Fr.–So., in Schulferien und an Feiertagen 3 € (bis 18 Jahre) bzw. 4 € (ab 18 J.). BMX- und MTB-Fahrer zahlen jeweils 1 € mehr. In einer 1500 m² großen Halle und in Freianlagen können Skater, BMX- und MTB-Fahrer so richtig loslegen.
- 31 [N11] **Miniatur Wunderland.** Sehr große Modelleisenbahnanlage mit mehreren thematisch unterschiedlich gestalteten Landschaften.
- › Der Besuch im **Museum der Illusionen** (s. S. 81) ist ein großes Abenteuer.
- › **Planten un Blomen** (s. S. 100). In der grünen Lunge der Stadt findet zwischen Mai und August ein spezielles Sommerprogramm statt, mit vielen Attraktionen, die auch für Kinder interessant sind. Zudem gibt es dort einen großen, gut bestückten Spielplatz.
- 190 [L10] **Rollschuh- und Eislaufbahn,** U-Bahnlinie U3 bis „St. Pauli". In den Wallanlagen am oberen Rand von Planten un Blomen lockt auch die Rollschuhbahn (geöffnet Mitte April bis Ende Sept. ca. 9–21 Uhr), die sich im Winter in eine Eislaufbahn (etwa ab 10 Uhr) verwandelt (www.eisarena-hamburg.de).
- › **Spielplätze:** Zumindest zwei größere und gut ausgestattete Spielplätze sind in der Innenstadt vorhanden: Im Park Planten und Blomen (s. S. 100) nahe den Messehallen befindet sich der größte der Stadt. Er verfügt über einzigartige Wasserspiele. Mitten in der HafenCity 33 liegt ein spannender Spielplatz am Grasbrookplatz [O12], der sogar Toiletten hat.

○**191** [H10] **Theater für Kinder,** Max-Brauer-Allee 76, Tel. 382538, www.theater-fuer-kinder.de, per S-Bahn bis „Altona". Eine Bühne nur für Kids mit einem Programm nur für Kids.

○**192** [J11] **Zaubertheater,** Fischmarkt 20, Tickets: Tel. 01806 570070, www.wunderkontor.de. Ein Profi-Zauberer verzückt sein Publikum am Hafenrand in einem kleinen, intimen Theater.

Notfälle

Notrufnummern

› **Polizei:** Tel. 110
› **Feuerwehr/Rettungsdienst:** Tel. 112
› **Apotheken-Notdienst:** Tel. 228022, www.aponet.de. Ein Hinweis, wer Notdienst hat, steht auch an allen Apotheken.

Kartensperrung

Bei **Verlust der Debit/Giro-, Kredit-** oder **SIM-Karte** gibt es für Kartensperrungen eine **deutsche Zentralnummer** (unbedingt vor der Reise klären, ob die eigene Bank bzw. der jeweilige Mobilfunkanbieter diesem Notrufsystem angeschlossen ist). **Aber Achtung:** Mit der telefonischen Sperrung sind die Bezahlkarten zwar für die Bezahlung/Geldabhebung mit der PIN gesperrt, nicht jedoch für das **Lastschriftverfahren mit Unterschrift.** Man sollte daher auf jeden Fall den Verlust zusätzlich **bei der Polizei zur Anzeige bringen,** um gegebenenfalls auftretende Ansprüche zurückweisen zu können.

In **Österreich** und der **Schweiz** gibt es keine zentrale Sperrnummer, daher sollten sich Besitzer von in diesen Ländern ausgestellten Debit- oder Kreditkarten vor der Abreise bei ihrem Kreditinstitut über den zuständigen Sperrnotruf informieren.

Generell sollte man sich immer die **wichtigsten Daten** wie Kartennummer und Ausstellungsdatum **separat notieren,** da diese unter Umständen abgefragt werden.

› **Deutscher Sperrnotruf:** Tel. +49 116116 oder Tel. +49 3040504050
› **Weitere Infos:** www.kartensicherheit.de, www.sperr-notruf.de

Post

› Eine Postfiliale befindet sich im **Hauptbahnhof** ❶ im Zeitschriftenladen „k presse & buch" (s. S. 95) auf dem Nordsteg (Ausgang Glockengießerwall, Spitalerstraße), geöffnet: Mo.–Fr. 5–23, Sa./So. 6–23 Uhr.
› **Mönckebergstraße** ❷, im Levante Haus (Hausnummer 7), Mo.–Fr. 9–18, Sa. 9–15 Uhr

Radfahren

Es ist grundsätzlich keine schlechte Idee, Hamburg per Rad zu erkunden. Vor allem die weiten und zugleich ruhigen Strecken entlang der **Außenalster,** am Ufer der **Elbe** bis **Blankenese** 62 oder auch durch die **Speicherstadt** 27 und selbst durch den **Hafen** lassen sich gut erradeln. Der **innerstädtische Bereich** ist mal mehr, mal weniger gut mit Radwegen versehen.

EXTRAINFO

Räder im HVV
Fahrräder dürfen auf Hafenfähren kostenlos mitgenommen werden. Gleiches gilt für U- und S-Bahnen, außer Mo.–Fr. 6–9 und 16–18 Uhr.

Infos für LGBT+

Der Stadtteil St. Georg ❺❺ gilt als Gay Village. Nirgendwo sonst sieht man häufiger die Regenbogenfahne flattern. Dort befinden sich auch etliche Lokalitäten für die schwul/lesbische Gemeinde, etwa das Café Gnosa. Auch entlang des Steindamms finden sich entsprechende Kinos, Läden und Hotels. Auf St. Pauli liegen ebenfalls etliche Läden und Kinos, speziell in der Talstraße, die von der Reeperbahn ❹❻ abzweigt. Einige Klubs bieten an bestimmten Tagen spezielle Veranstaltungen für die „Gay Community". Ein Dauerbrenner ist etwa die Wunderbar.
› http://hamburg.gay-web.info: Infos zu Events, Klubs, Sport, Kultur etc.
› Auf der Homepage www.lesben.org finden interessierte Frauen eine Menge Infos und konkrete Tipps.
› www.hamburg-tourism.de bietet unter „Infos", „Broschürenbestellung" das PDF „Hamburg Queer" mit vielen Tipps zum Download an.
› *Café Gnosa,* Lange Reihe 93 (St. Georg). Köstliche Kuchen und Torten (s. S. 68).
🅾 **194** *[R10] Hein & Fiete,* Pulverteich 21, Tel. 240333, www.heinfiete.de, Mo.-Fr. 16-21, Sa. 16-19 Uhr. Hamburgs schwuler Infoladen.
🅾 **195** *[Q9] M&V Bar,* Lange Reihe 22, Tel. 28006973, tägl. 17-2 Uhr, WLAN. Beliebte Bar, in der Gays und Heteros gemeinsam feiern.
🅾 **196** *[J10] Wunderbar,* Talstr. 14 (St. Pauli), www.wunderbar-hamburg.de, tägl. ab 22 Uhr. Wird von vielen Hamburgern „schwules Wohnzimmer" genannt.

Fahrradverleih

🆂 **193** [N7] **Fahrradstation Dammtor,** Schlüterstr. 11 (bei der Uni), Tel. 41468277, www.fahrradstation-hh.de, Mo.-Fr. 10-13 u. 14-18 Uhr
› **Hamburg anders erfahren,** Tel. 0178 6401800, www.hamburg-anders-erfahren.de. Es können auch Touren gebucht werden. Räder werden ausschließlich geliefert.
› **Stadtrad.** In der ganzen Stadt sind etliche Leihstationen mit roten Fahrrädern verteilt, die man ausleihen und an einer beliebigen Station wieder abgeben kann. Allerdings muss man sich vorher anmelden (http://stadtrad.hamburg.de).

› Entspannte Bootstouren auf der Außenalster gewähren neue Perspektiven auf die Stadt

Sicherheit

Hamburg ist **keine unsichere Stadt!** Natürlich ist es nicht auszuschließen, dass sich auch hier, wie in jeder Großstadt, Taschendiebe herumtreiben und gezielt auf der Suche nach leichtsinnigen Menschen sind. Deshalb muss man beim Einkaufsbummel über die Mönckebergstraße oder auch beim Spaziergang entlang der Landungsbrücken eben aufpassen. Überall, wo viele Menschen zusammenkommen, haben Diebe leichtes Spiel. Die Wertsachen sollten deshalb gleich im Hotel bleiben, am besten im Zimmersafe.

Wer nachts einen Reeperbahnbummel plant, sollte das auf jeden Fall machen. Und zu **St. Pauli** muss (leider) auch eine gezielte Bemerkung gemacht werden. Auf der Reeperbahn ist am Wochenende immer viel los und der Alkohol fließt in Strömen. Das führte immer wieder mal zu aggressivem Auftreten. Schlägereien entstanden teilweise aus Nichtigkeiten und oftmals wurden diese dann mit Messern ausgetragen. Für St. Pauli wurde deshalb ein Waffenverbot ausgesprochen, das von der Polizei kontrolliert wird. Es gilt auch ein Verkaufsverbot von Glasflaschen nach 20 Uhr am Wochenende, da abgebrochene Flaschenhälse als Waffe genutzt wurden.

Wer mit seinem Auto nach Hamburg kommt, sollte drauf achten, dass keine wertvollen Sachen sichtbar im Wagen liegen.

136ha Abb.: fr

Sport und Erholung

Ein bisschen was für die Fitness tun? Auf dem Kiez die Nacht zum Tag gemacht? Jetzt wollen Sie wieder fit werden? Hier ein paar Tipps.

Joggen

Auf zwei wunderschönen Laufstrecken kann man ordentlich abhecheln, einmal um die Außenalster oder entlang des Elbufers.
› **Um die Außenalster:** Gesamtlänge: 7,5 km, Lieblingsstrecke vieler Promis! Es geht immer entlang des Alsterufers, teilweise durch schöne Grünanlagen und nur über sehr kurze Strecken an einer Straße. Gestartet werden kann natürlich überall, die meisten Läufer beginnen an der Krugkoppelbrücke (U-Bahn: Klosterstern), dort steht auch der Kilometerstein Null.
› **Entlang der Elbe:** Bei halbwegs schönem Wetter spazieren hier Hunderte entlang, eigentlich nicht gerade ideale Bedingungen für Jogger. Dennoch eine tolle Strecke, läuft man doch fern von Autos immer am Elbufer. Gestartet wird in Övelgönne am Museumshafen 55 (Endstation von Linienbus Nr. 112) und das Ziel heißt entweder Fähranleger Teufelsbrück (ca. 5 km) oder gar Blankenese 62 (10 km). Zurück gehts per Bus Nr. 36, der an beiden Zielpunkten ermattete Jogger mitnimmt.

Paddeln und Kanu fahren

Hamburg wird von Kanälen durchzogen, hat etliche kleine Seen und die nun wahrlich nicht als klein zu bezeichnende Alster mitten in der City zu bieten. Was liegt da näher, als einmal kräftig in die Riemen zu greifen?

Bootsvermieter
- **197** [P5] **Bobby Reich**, Fernsicht 2 (U-Bahn: Klosterstern), Tel. 487824, www.bobbyreich.de, WLAN. Kanus, Ruderboote, Segelboote.
› **Bodos Bootssteg** (s. S. 103), Alte Rabenstraße, Ecke Harvestehuder Weg (der Bootssteg ist zugleich Anleger „Rabenstraße" der Alster-Dampfer), Tel. 4103525. Ruder-, Tret- und Segelboote.
- **198** [Q7] **Hansa Steg**, Schöne Aussicht 20a, am rechten Alsterufer beim

Café Hansasteg, U3 „Mundsburg", Tel. 22698657, www.hansa-steg.de, Di.–Sa. 13–20, So. 11–20 Uhr. Verleih von Kanus, Tret- und Ruderbooten.

Fußball gucken

Sowohl die Spiele des HSV als auch des FC St. Pauli sind meist gut besucht, nicht selten gar ausverkauft. Tickets entweder vorher im Internet bestellen (www.hsv.de bzw. www.fcstpauli.com) oder hier nachfragen:

- ● 199 [K10] **FC St. Pauli Kartencenter** Harald-Stender-Platz 1 (beim Millerntorstadion), U-Bahn: St. Pauli, Mo./Di./Do./Fr. 10–18, Mi., Sa. 10–15 Uhr, Tel. 01806 997719 (Eintrittskarten)
- ● 200 [O10] **HSV City Store**, Schmiedestraße 2, Tel. 41551887, Mo.–Fr. 10–19, Sa. 10–16 Uhr. In einer Nebenstraße der Mönckebergstraße. Neben HSV-Souvenirs gibt es auch Tickets.

Stadttouren

Stadtrundgänge

› **Hamburg-Greeters,** www.hamburg-greeters.de. Ehrenamtlich agierende Hamburger zeigen Gästen (bis max. 6 Personen) auf einem Spaziergang kostenlos ihre Stadt.
› **Hurentour,** www.hurentour.de, Termine ganzjährig am Do., Fr., Sa. um 20 Uhr ab Davidwache. Der außergewöhnliche Stadtrundgang führt über die Reeperbahn, gewährt Einblicke in Bordellzimmer und gibt Erklärungen zur Prostitution. Die Gästeführerin trägt dabei die historische Dirnenbekleidung, Preis: 29,50 €.
› **Hempel's Beatles Tour.** Stefanie Hempel folgt musikalisch den Spuren der Beatles und zeigt, wo sie auftraten und lebten. Außerdem spielt sie unterwegs Beatles-Songs auf ihrer Ukulele. April–Nov. Sa. 18 Uhr. Infos: www.hempels-musictour.com, Kosten: 33,80 €.
› **Hamburger Elbinsel Tour.** Maike Brunk bietet verschiedene Touren an, mal in einer Barkasse, mal im Doppeldeckerbus und mal zu Fuß durch den Hafen oder über die Elbinsel Wilhelmsburg. Infos: Tel. 27886998, www.elbinsel-tour.de.
› **Kieztour mit Olivia Jones.** Mittlerweile gibt es mehrere thematische Führungen mit St. Paulis bekanntester Drag Queen und ihren Assistenten. Sehr gefragt! (Dienstag bis Samstag zwischen 18 und 20 Uhr mehrere Termine, Tel. 01805 570070, www.olivia-jones.de)
› **Hamburger City Cycles** bietet täglich um 10.30 Uhr eine Stadtrundfahrt mit dem Rad (Infos: www.hhcitycycles.de, Dauer: 3–3,5 Std., 26 €, Kinder 13 €).

Stadtrundfahrten

Es gibt **mehrere Anbieter,** die alle in einer großen Schleife, aber mit leichten Unterschieden, die wichtigsten Sehenswürdigkeiten ansteuern und in knapp zwei Stunden einen kompakten Überblick verschaffen.

Gestartet wird entweder an den **Landungsbrücken** ⓭ oder am **Hauptbahnhof** ❶, zu übersehen sind die bunten Doppeldecker eigentlich nicht. Der **Preis** liegt zwischen 15 und 19 €, Kinder zahlen etwa die Hälfte, mit der Hamburg Card (s. S. 137) gibt es eine Ermäßigung. **Tickets** gibt es direkt bei den Bussen. Gefahren wird in der **Saison** (April bis Oktober) meist halbstündlich zwischen 9 bzw. 10 und 17 bzw. 18 Uhr, außerhalb der Saison etwas seltener.

› **Roter Doppeldeckerbus,** Landungsbrücken, Brücke 1–2, Tel. 7928979, www.die-roten-doppeldecker.de
› **Gelber Doppeldeckerbus,** Landungsbrücken, Brücke 4, Tel. 0410244339, www.stadtrundfahrthamburg.de

› Hamburg Stadtrundfahrten, Brücke 2, www.hamburg-stadtrundfahrten.de, rot-gelbe Busse
› HafenCity River Bus: Ein Amphibienfahrzeug bietet eine kombinierte 70-minütige Rundfahrt zunächst an Land durch die HafenCity und die Speicherstadt und anschließend quasi als Hafenrundfahrt auf dem Wasser elbaufwärts an (Preis: 29,50 €, Kinder bis 14 Jahre 20,50 €, Tel. 76757500, www.hafencityriverbus.de, 8. Febr. bis 30. Dez. ab 10 Uhr alle 90 Min., Startpunkt: Brooktorkai 16 in der Speicherstadt).

Unterkunft

Die meisten Hamburger Hotels sind über die **Tourismus-Zentrale** buchbar (Tel. 040 30051300, www.hamburg-tourism.de). Gäste müssen in Hamburg eine **Kultur- und Tourismustaxe** zahlen, deren Höhe sich nach dem Preis der Unterkunft richtet. Sie beträgt 1–4 € (bis 200 € Hotelpreis, danach steigt die Taxe um je 1 € pro 50 € Übernachtungskosten).

Hotels

Im Zentrum

201 [N9] **Alameda** €€, Colonnaden 45, U1 Stephansplatz, Tel. 344000, www.hotelalameda.de. **In einer Fußgängerzone:** ruhig gelegenes kleines Haus, nur fünf Gehminuten vom Dammtor-Bahnhof entfernt.

202 [O9] **Alster-Hof** €€€, Esplanade 12, U1 Stephansplatz, Tel. 350070, www.alster-hof.de. **Nahe der Alster gebaut:** Nur wenige Schritte von der Binnenalster entfernt gelegenes Haus mit 114 Zimmern, ein Großteil davon weist zum ruhigen Innenhof. WLAN.

203 [O10] **Am Rathaus** €, Rathausstr. 14, U-/S-Bahn Jungfernstieg, Tel. 337489, www.pension-am-rathaus.de.

Preiskategorien
Preise für ein DZ je Nacht:

€	bis 60 €
€€	60–100 €
€€€	über 100 €

Mitten in der City: Kleine familiäre Pension mit drei Einzel- und zwölf Doppelzimmern, teilweise ohne Bad. Kein Frühstück. WLAN.

204 [O9] **Baseler Hof** €€€, Esplanade 11, U1 Stephansplatz, Tel. 359060, http://baselerhof.de. **Um's Eck liegt die Alster:** Zentral gelegenes Haus mit 173 Zimmern, nur zwei Min. von der Binnenalster und fünf Min. vom Dammtor-Bahnhof entfernt. Im Zimmerpreis ist ein 3-Tages-Ticket für den HVV enthalten. WLAN.

205 [L11] **Hotel Hafen Hamburg** €€€, Seewartenstr. 9 (U- und S-Bahn: Landungsbrücken), Tel. 311130, www.hotel-hafen-hamburg.de. **Gigantischer Hafenblick:** Das Hotel mit 380 Zimmern liegt schön erhöht genau gegenüber der Landungsbrücken und bietet einen traumhaften Ausblick auf den Hafen. Unbedingt nach einem Zimmer zur Wasserseite fragen. Ansonsten bleibt noch ein ähnlich phänomenaler Blick aus der angeschlossenen Tower Bar (s. S. 91). WLAN.

206 [Q9] **Hotel Reichshof** €€€, Kirchenallee 34–36, Tel. 3702590, www.reichshof-hotel-hamburg.de. **Historischer Charme und moderne Einrichtung:** Das Hotel befindet sich direkt am Hauptbahnhof und fällt schon von außen mit den teilweise bodentiefen Fenstern auf. Das historische Haus hat sich seinen Charme erhalten, bereits die Hotelhalle ist mit ihren prachtvollen Marmorsäulen eine Augenweide, genau wie der Frühstücksraum. Das hoteleigene „Stadtrestaurant" bietet saisonale Küche. Auch die schicke Bar 1910 hat Art-déco-Elemente und

Buchungsportale

Neben Buchungsportalen für **Hotels** (z. B. www.booking.com, www.hrs.de oder www.trivago.de) bzw. für **Hostels** (z. B. www.hostelworld.de oder www.hostelbookers.de) gibt es auch Anbieter, bei denen man **Privatunterkünfte** buchen kann. Portale wie www.airbnb.de, www.wimdu.de oder www.9flats.com vermitteln Wohnungen, Zimmer oder auch nur einen Schlafplatz auf einer Couch. Diese oft recht günstigen Übernachtungsmöglichkeiten sind nicht unumstritten, weil manchmal normale Wohnungen gewerblich missbraucht werden. Einige Städte greifen deshalb regulierend ein.

bietet 61 verschiedene Whiskey-Sorten. Die 278 Zimmer und Suiten sind topmodern eingerichtet, außerdem bietet das Haus Sauna, Spa-Bereich, Massagen und WLAN.

207 [K10] **Ibis Budget Hotel** €, Simon-von-Utrecht-Straße 63, U3 St. Pauli, Tel. 650460, www.ibis.com. **Preiswerte Unterkunft auf St. Pauli:** Minimalistische, aber absolut korrekte und sehr zweckmäßige Einrichtung. Bestens geeignetes Haus für Kiez-Nachtschwärmer, denn es liegt nur eine Parallelstraße hinter der Reeperbahn. WLAN.

208 [P10] **InterCity Hotel Hauptbahnhof** €€, Glockengießerwall 14/15, (Hauptbahnhof), Tel. 248700, www.intercityhotel.com. **Die City um die Ecke:** 155 komfortable Zimmer der Hotelkette, schräg gegenüber vom Hauptbahnhof gelegen, keine fünf Min. Fußweg von der Binnenalster entfernt. WLAN und ein kostenloses Ticket für den öffentlichen Nahverkehr sind im Übernachtungspreis enthalten.

209 [L11] **Jugendherberge** €, Auf dem Stintfang, Alfred-Wegener-Straße 5 (U- oder S-Bahn: Landungsbrücken), Tel. 5701590, www.jugendherberge.de. Für solch einen Blick zahlt man sonst in Hamburg Millionen! Direkt am Hafen, schön erhöht am Elbhang gelegene Herberge, obendrein noch in Kiez-Nähe. Phänomenaler Blick auf den Hafen! Insgesamt 357 Betten in 2- bis 8-Bett-Zimmern.

210 [K8] **Pyjama Park Hotel** €€-€€€, Bartelsstraße 12, Tel. 38078142, www.pyjama-park.de. **Günstig im Szene-Viertel:** Mitten im Schanzenviertel steht dieses unkonventionelle Haus. Ein fröhlich-hippes Design strahlt das 17-Zimmer-Hotel aus, das über drei Gemeinschaftszimmer mit Etagenbad verfügt. WLAN.

211 [L11] **Stella Maris** €€-€€€, Reimarusstr. 12 (U- und S-Bahn: Landungsbrücken), Tel. 3192023, www.hotel-stellamaris.de. **Ruhig und nahe der Landungsbrücken:** Das helle 49-Zimmer-Haus steht am Hafenrand. Ideal für Nachtschwärmer, da es nicht weit ist bis zur Reeperbahn, außerdem liegen zahlreiche iberische Lokale einmal um die Ecke. WLAN-Hotspot.

Knapp außerhalb des Zentrums

212 [P12] **25 Hours Hotel Altes Hafenamt** €€€, Osakaallee 12, Tel. 5555750, www.25hours-hotels.com. **Modernes Hotel im ältesten Gebäude der HafenCity:** Das Hotel befindet sich in einem wuchtigen Backsteingebäude, dem ehemaligen Hafenamt, einer früheren Anlaufstelle für Seeleute. Der Charme des Vergangenen wurde erhalten, ergänzt um passende Möbel. Die 49 Zimmer sind modern eingerichtet. Prima Lage mitten in der HafenCity.

213 [P12] **25 hours Hotel Hafen-City** €€-€€€, Überseeallee 5, Tel. 5555750, www.25hours-hotels.com. **Mitten in der HafenCity:** Das Haus passt sich von außen optisch hervorragend an die umliegenden Gebäude mit ihrer modernen, von viel Glas geprägten Architektur an. Innen ist das Hotel maritim dekoriert, vor allem die Zimmer, die hier „Kojen" heißen. Die Kapitänskoje ist natürlich die größte (und teuerste). Freitags gibt es oft Konzerte mit jungen Hamburger Bands. WLAN und Kiosk der Zeitschrift „mare" vorhanden.

214 [R7] **Alsterblick** €€€, Schwanenwik 30, U3 Uhlandstraße, Tel. 22948989, www.hotel-alsterblick.de. **Mit Alsterblick:** Kleines Haus mit 35 modernen Zimmern in einer stilvollen Villa aus dem Jahr 1891. Die Außenalster wird tatsächlich überblickt, nur einmal die Straße überqueren, schon ist man da. WLAN.

215 [M9] **Frauenhotel Hotel Hanseatin** €€-€€€, Dragonerstall 11, U2 Gänsemarkt, Tel. 341345, www.hotel-hanseatin.de. **Ein Hotel nur für Frauen:** Alle 13 Zimmer sind unterschiedlich eingerichtet, ein Frauencafé mit Garten ist angeschlossen. WLAN.

216 [N7] **Hotel am Museum** €€€, Rothenbaumchaussee 71, Tel. 44809414, www.hotelammuseum.de. **Charmante Unterkunft in einer schicken Villa:** Das Hotel bietet sechs individuell eingerichtete Zimmer mit hohen Stuckdecken in einer schönen weißen Villa aus dem Jahr 1890, allerdings mit Gemeinschaftsbad. Sehr freundliche Gastgeberin. Per U-Bahn oder Bus besteht eine direkte City-Anbindung.

217 [G10] **Meininger City Hostel** €-€€, Goetheallee 9–11, S1/S3 Altona, Tel. 28464388, www.meininger-hotels.com. **Ruhig in Altona gelegen:** Jugendliche Atmosphäre in einem renovierten Altbau (sechs Etagen) mit zweckmäßig guter Einrichtung. Insgesamt 62 EZ/DZ, 54 Vier- bis Sechsbettzimmer, hier mit getrennten Räumen für Bad und WC. Es stehen zudem Schlafsäle mit je acht Betten zur Verfügung. Außerdem 30 Plätze in einer Tiefgarage. WLAN.

218 [L10] **Motel One** €€, Ludwig-Erhard-Str. 26, Tel. 35718900, www.motel-one.com. **Großes Haus in Laufdistanz zur Reeperbahn:** Auch zu den Landungsbrücken sind es nur ca. 10 Min. Insgesamt schickes Design mit 437 nicht sehr großen Zimmern. WLAN-Hotspot.

219 [N8] **Radisson Blu** €€€, Marseiller Straße 2, Tel. 35020, www.radissonblu.com. **Gigantischer Ausblick von ganz oben über Hamburg:** Direkt zwischen Dammtorbahnhof und Park Planten un Blomen gelegenes Hochhaushotel (27 Etagen) mit 556 zweckmäßig eingerichteten Zimmern. WLAN.

220 [R10] **Superbude** €-€€, Spaldingstraße 152, Tel. 3808780, www.superbude.de. Per S-/U-Bahn bis Berliner Tor, dort Ausgang Heidkampsweg nehmen und nach 30 m rechts ab in die Spaldingstraße. **Legeres, aber gut eingerichtetes Haus für den schmalen Geldbeutel:** Das Haus ist eine Mischung aus Hotel und Jugendherberge, bietet neben DZ auch Vier- und Mehrbettzimmer an. Jede Etage ist in einer anderen Farbe gehalten. Die Umgebung ist wenig anheimelnd, aber dafür ist man rasch in der City. WLAN.

Bed and Breakfast, Pensionen

221 [F10] **Schanzenstern Altona** €, Kleine Rainstraße 24–26 (Bahnhof Altona), Tel. 39919191, www.schanzenstern-altona.de. **Ruhiges Haus in Ottensen:** In einer ruhigen Seitenstraße, mitten im quirligen Ottensen gelegenes jugendliches Haus. Geboten werden 13 Einzel-, acht Doppel- und zehn Mehrbettzimmer, alle Zimmer sind rauchfrei. Die Gäste haben die Möglichkeit, sich in einer eigenen Küche selbst versorgen. WLAN.

Übernachtung auf dem Schiff

41 [M12] **Cap San Diego** €€-€€€, Tel. 364209, www.capsandiego.de. „Ab in die Koje" einmal wörtlich genommen: Es gibt Einzel- und Doppelkabinen sowie die Kapitänskabine. Frühstück kostet extra. An Bord des Museumsschiffes Cap San Diego kann in einer der original erhaltenen vier Einzel- oder vier Doppelkabinen übernachtet werden. Jede Kabine hat ein Vollbad, außerdem TV und Minibar sowie Wasserkocher nebst Tee- und Kaffeesortiment. Gäste können sich auf der Decksfläche frei bewegen und abends auf der Brücke den Hafen bewundern. Frühstück wird nach Vorbestellung ab 9 Uhr serviert.

222 [M12] **Feuerschiff** €€-€€€, Tel. 362553, www.das-feuerschiff.de. **Schlafen im Takt der Wellen:** Das Feuerschiff LV 13 liegt im Sportboothafen und bietet zwei Einzel- und vier Doppelkabinen mit Duschbad an.

Campingplätze

223 [G3] **Campingplatz Buchholz,** Kieler Straße 374, www.camping-buchholz.de, Tel. 5404532, ganzjährig geöffnet. Sehr kleiner Platz, nicht allzu weit von der Autobahnausfahrt „Stellingen" entfernt. Per Bus aus der City per MetroBus Nr. 4 vom Rathaus bis „Basselweg". WLAN

224 ElbeCamp, Falkensteiner Ufer 101, Tel. 812949, http://elbecamp.de. Ende März bis Ende Oktober. Der Platz befindet sich in einer traumhaften Lage an einem Naturstrand direkt an der Elbe, Zelte können direkt am Ufer aufgebaut werden. Womos stehen im hinteren Teil. Angeschlossen ist das Café Lüküs (WLAN gegen Gebühr). In die City geht es mit Bus Nr. 189 von der Haltestelle Tinsdaler Kirchenweg bis Blankenese, von dort weiter per S-Bahn.

225 Knaus Campingpark Hamburg, Wunderbrunnen 2, Tel. 5594225, www.knauscamp.de, ganzjährig geöffnet. Der mittelgroße Platz besteht aus einem parzellierten Wiesengelände, das direkt hinter IKEA bei der A7 liegt. AB-Abfahrt: „Schnelsen Nord" und den Wegweisern zu IKEA folgen. Von dort ausgeschildert. Mit dem HVV: mit der U2 bis „Niendorf Markt", von dort per Bus Nr. 191 bis „Dornröschenweg". Von dort ca. 500 Meter zu Fuß (ausgeschildert). Oder per U-Bahn bis „Niendorf-Nord" und von dort per Bus 284 bis direkt zum IKEA-Gelände (Busse fahren nur während der IKEA-Öffnungszeiten). WLAN

226 [S11] **Wohnmobilhafen-Hamburg,** Grüner Deich 8, S Hammerbrook (eine S-Bahn-Station vom Hbf. entfernt), Tel. 30091890, www.wohnmobilhafen-hamburg.de. 53 Stellplätze mit Ver- und Entsorgungsmöglichkeiten, WC, Duschen. Reservierungen sind nicht möglich.

Verkehrsmittel

Hamburger Verkehrsverbund (HVV)

Im Hamburger Verkehrsverbund sind mehrere Verkehrsmittel zusammengeschlossen: U-Bahn, S-Bahn, bestimmte Regionalbahnen, Stadtbusse und als Hamburger Besonderheit auch **Hafenfähren**.

U- und S-Bahnen verkehren von knapp 5 Uhr bis ca. 20 Uhr normalerweise im 10-Minuten-Takt, zu Stoßzeiten sogar alle 5 Minuten. Nach 20 Uhr werden die Taktzeiten dann etwas länger, am Wochenende verkehren sie die ganze Nacht. **Busse** fahren zumindest in der Innenstadt etwa alle 10–20 Minuten.

Tickets

Für alle Verkehrsmittel gilt ein **einheitliches Tarifsystem,** das nach Zonen unterteilt ist. Grundsätzlich wird zwischen einem recht engen **City-Be-**

Hamburg Card

*Ideal für Hamburg-Besucher, die mehrere Touren mit dem HVV fahren und obendrein das eine oder andere **Museum** besuchen wollen, ist die sogenannte Hamburg Card. Mit dieser Karte kann man U-Bahn, S-Bahn, Busse (auch Schnell- und Nachtbusse) und die Hafenfähren nutzen, außerdem erhält man diverse **Ermäßigungen** bei Museen, Stadt- und Hafenrundfahrten, in einigen Geschäften und auch in speziellen Restaurants. Man kann sie für einen bis fünf Tage erwerben. Die Tageskarte gilt für einen Erwachsenen und bis zu drei Kinder unter 15 Jahren, die Gruppenkarte für zwei bis fünf Personen.*

> *Tageskarte: 10,50 €, Gruppenkarte 18,90 €*
> *3-Tages-Karte: 25,90 €, Gruppenkarte 44,90 €*
> *5-Tages-Karte: 41,90 €, Gruppenkarte 74,50 €*

*Erwerben kann man die Hamburg Card bei der **Tourist Information** (s. S. 126), an **Fahrkartenautomaten**, in einigen **Hotels** und sogar beim **Busfahrer**.*

*Wer möchte, kann die Karte aber auch schon vor dem Hamburg-Besuch bei der **Hamburger Tourismuszentrale** online erwerben:*
> *www.hamburg-tourism.de*

reich, dem sogenannten **Großbereich** und dem **Gesamtbereich** unterschieden. Die in diesem Buch vorgestellten Sehenswürdigkeiten liegen alle im Großbereich.

Im Bus kann ein Ticket auch beim Fahrer gelöst werden. Es muss nicht, wie in anderen Großstädten, noch extra abgestempelt werden. Mit einem Ticket für eine einfache Fahrt kann man in Richtung Ziel von einem Verkehrsmittel in das nächste umsteigen.

Wer mehrere Fahrten unternehmen möchte, sollte eine **Tageskarte** oder eine **Familienkarte** bzw. gleich die **Hamburg Card** (siehe oben) erwerben. Die **Familien- oder Gruppenkarte** des HVV gilt für fünf Personen beliebigen Alters ab 9 Uhr und am Wochenende ganztägig. Die **Tageskarte** gilt für einen Erwachsenen und maximal drei Kinder von 6 bis 14 Jahren von Montag bis Freitag ab 9 Uhr, am Wochenende auch schon vor 9 Uhr.

> Informationen zu den einzelnen Varianten und Preisen erhält man im Internet unter www.hvv.de oder telefonisch unter Tel. 19449.

U- und S-Bahnen

In Hamburg gibt es keinen **Ringverkehr**, deshalb führen die meisten Linien durch das Stadtzentrum. Umsteigestationen im Stadtkern sind der **Hauptbahnhof** ❶ und der **Jungfernstieg** ❽. Touristisch interessant ist eine Fahrt mit der U-Bahn-Linie 3, die zwischen den Stationen Rödingsmarkt und St. Pauli oberirdisch direkt am Hafen vorbei fährt und ein tolles Panorama bietet, sowie die Linie U4, die in die HafenCity fährt und dabei die Fahrt verlangsamt, sodass man Speicherstadt, Landungsbrücken und Hafen fast in Ruhe genießen kann.

Busse

Etwa 1300 Busse fahren durch Hamburg, touristisch interessant ist die Linie 112, die vom **Hauptbahnhof** ❶ nach St. Pauli und weiter zum Hafenrand bis zur Endstation **Övelgönne** ❺❹, direkt an der Elbe, fährt. Oder auch die 111, die von Altona ❺❽ über die Große Elbstraße, die Reeperbahn ❹❻ und an den Landungsbrücken ❹❸ vorbei in die HafenCity ❸❸ fährt.

› **MetroBus:** Es gibt 23 MetroBus-Linien, die als **Direktverbindungen** in die City (1–15) oder als **Querverbindungen** (20–27) außerhalb laufen.
› **Schnellbusse:** Ein kleines Netz von Schnellbussen durcheilt die Stadt mit einer zentralen Umsteigestation am **Rathaus** ❺. Diese Busse legen größere Entfernungen zurück und halten seltener. Der Kunde muss einen Zuschlag zahlen (2 €). Schnellbusse tragen Nummern zwischen 31 und 49 (nicht durchgehend). Touristisch sehr interessant ist die Linie 36, die von der Innenstadt u. a. über die **Reeperbahn** ❹❻ und weiter über die 9 km lange Elbchaussee nach **Blankenese** ❻❷ fährt, sowie die Nr. 37, die vom Zentrum beim **Rathaus** ❺ bis direkt vor den **Michel** ❸❼ fährt. Auch interessant ist die Linie 48 in Blankenese, ein Kleinbus, der sich durch die dortigen engen Gassen kämpft.
› **Nachtbusse:** Insgesamt 19 Busse verkehren in den Nächten von Montag bis Freitag in der Zeit von Mitternacht bis etwa 5 Uhr früh vom Rathausmarkt. Am Wochenende verkehren keine Nachtbusse, denn dann fahren viele reguläre Busse nachts durch.
› **Fahrgäste mit Behinderung** können sich unter der Telefonnummer 32880 täglich ab 22 Uhr nach Einsatz von Niederflurbussen erkundigen. Laut Fahrplan verkehren auf fast allen Nachtlinien derartige Busse. Die Busse tragen Nummern zwischen 600 und 644.

Hafenfähren

Einzigartig in einer Hafenstadt dürfte die Tatsache sein, dass auch einige Hafenfähren ganz regulär mit einem **HVV-Ticket** genutzt werden können. Ausgangspunkt aller Linien sind die **Landungsbrücken** ❹❸. Von dort schippern die Fähren rüber in die Seitenarme der Elbe zu den Werften und Terminals, andere pendeln immer entlang dem Elbufer bis Finkenwerder und Teufelsbrück. Hier eine Übersicht zu den touristisch relevanten Fährverbindungen (es gibt noch weitere, die aber primär für die Beschäftigten im Hafen ausgelegt sind):

› **Fähre Nr. 62** Landungsbrücken ❹❸ – Finkenwerder: Fährt von der Brücke 3 weiter über den Museumshafen Övelgönne ❺❺ nach Finkenwerder auf die andere Elbseite, täglich zwischen 5.15 und 8 Uhr und nach 19.15 Uhr alle 30 Minuten, sonst alle 15 Minuten (letzte Fähre um 23.45 Uhr).
› **Fähre Nr. 64** Finkenwerder – Teufelsbrück. Pendelt täglich zwischen 5.17 Uhr (Sa./So. ab 6.17 Uhr) und 20.47 Uhr alle 30 Minuten.
› **Fähre Nr. 72** fährt alle 20 Minuten von den Landungsbrücken (Brücke 1) zum Anleger „Elbphilharmonie" in die HafenCity.
› **Die Hanse Ferry** der Reederei FRS fährt auf der Elbe von den Landungsbrücken (Brücke 9) täglich um 10, 12.30, 15 und 17.30 Uhr bis nach Blankenese, zurück jeweils 55 Minuten später ab Blankenese. Dabei kann man ganz wunderbar das Elbpanorama und die Villen am Elbstrand bewundern (Tickets: 10,80 €, hin und zurück: 18 €, Kinder zahlen jeweils die Hälfte, www.frs-hanseferry.de).

› *Große und kleine Schiffe bieten Hafenrundfahrten an*

Alsterkreuzfahrten

Die Dampfer starten am Jungfernstieg ❽, fahren quer über die Binnenalster, unterqueren die Lombard- und Kennedybrücke und kreuzen über die Außenalster. An insgesamt sieben festen **Haltestellen** kann man ein- und aussteigen, bevor der Dampfer seinen Endpunkt am Winterhuder Fährhaus erreicht. Von dort geht es auf demselben Weg zurück. Dauer der gesamten Route bis zum Endpunkt: 50 Minuten. Gefahren wird ab Anfang April bis Ende September jeden Tag ab Jungfernstieg halbstündlich zwischen 10 und 18 Uhr

› Infos: Tel. 3574240, www.alstertouristik.de, 2 € je Anleger, ab dem fünften Anleger 10 €, Hin- und Rückfahrt 15 €. Kinder jeweils die Hälfte, Ermäßigung für Senioren. Familienkarte (zwei Erw. und bis zu vier Jugendliche unter 16 Jahren): 33 € für die Hin- und Rückfahrt.

Maritime Circle Line

Eine andere Schiffsverbindung wäre die Maritime Circle Line, die von Anfang April bis Anf. Nov. täglich um 11, 13 und 15 Uhr (die restliche Zeit nur Sa./So.) von den **Landungsbrücken** ❹❸ (Brücke 10) auch zur **Speicherstadt** ㉗ fährt, aber noch weitere Stopps einlegt, u. a. bei der **Ballinstadt** ❻❻ und der **Elbphilharmonie** ㉞ in der HafenCity. Gäste können an verschiedenen Stationen aussteigen und mit dem nächsten Schiff weiterfahren, denn die Route führt wieder zurück zu den Landungsbrücken. Preis: Erw. 18 €, Kinder (7–15 Jahre) 9 € für einmal „CirceIn".

› Tel. 28493963, www.maritime-circle-line.de. Infos und Tickets an den Landungsbrücken (Brücke 10).

Hafenrundfahrten

Entlang der gesamten **Landungsbrücken** ❹❸ warten Barkassen, Fährschiffe und größere Fahrgastschiffe auf Kundschaft. Die **großen Schiffe** können naturgemäß nicht in die kleinen Elbarme fahren, bieten aber einiges an Komfort und Restauration. Die **kleinen Barkassen** sind wendiger, können dadurch auch eher versteckte Ecken ansteuern und fahren auch in die **Speicherstadt** ㉗. Gefahren wird etwa ab 10–18 Uhr eigentlich immer, im Winter meist bis zur Dämmerung, aber es gibt auch generell immer mal wieder Nachtfahrten.

› Preise liegen je nach Anbieter meist zwischen 15 € und 20 €. Informationen gibt es direkt an den Landungsbrücken, dort sind alle Anbieter mit kleinen Kiosken oder „Koberern" vertreten, also Leuten, die Gäste lautstark „überreden" sollen, mit „ihrem" Schiff zu fahren.

Taxi

Taxen dürfen die speziell eingerichteten **Busspuren** mitnutzen und können deshalb selbst während des Feierabendverkehrs relativ rasch zum

Ziel gelangen. Hier eine Auswahl von Hamburger Taxizentralen:
- **Autoruf:** Tel. 441011
- **Taxi Hamburg:** Tel. 666666
- **Hansa Funktaxi:** Tel. 211211
- **das Taxi:** Tel. 221122
- **Jumbo Taxi:** Tel. 0800 3339990 (Großraumtaxi)

Velotaxi

Ganz gemächlich kann man sich per **Fahrradtaxi** durch die Stadt fahren lassen. Sowohl eine reine Taxifahrt als auch eine Stadtrundfahrt mit Erklärungen sind möglich.
- **Pedalotours,** Tel. 0177 7367042, http://pedalotours.de
- **Trimotion,** Tel. 01621089020, www.trimotion.de

Wetter und Reisezeit

Hamburg entwickelt sich immer mehr zu einem **ganzjährigen Reiseziel**, aber gibt es eine ideale Reisezeit? Schwer zu sagen. Da es keine Sonnengarantie gibt, muss jeder Besucher zunächst einmal ein **relativ unbeständiges Wetter** akzeptieren. Aber wenn es auch nur die kleinste Chance auf Sonnenschein gibt (und das gilt auch im Dezember!), dann ist der Hamburger draußen, dreht seine Runde um die Alster oder spaziert entlang der Elbe und hockt natürlich draußen(!) vor den Lokalen. Dann kann Hamburg wunderschön sein, selbst im Dezember. Frei nach dem Motto: „Es gibt kein schlechtes Wetter, es gibt nur schlechte Kleidung!"

Trotzdem hat man es ja doch lieber etwas wärmer und das bieten erfahrungsgemäß vor allem die Monate **Mai und Juni**. Außerdem finden während dieser Zeit einige **Festivitäten** statt, von denen vor allem der Hafengeburtstag und das Japanische Kirschblütenfest schon etwas Besonderes darstellen (s. S. 105). Der Juli ist da eher ein unsicherer Wackelkandidat, der **August** zeigt sich etwas beständiger, vor allem in der zweiten Hälfte. Der **September** ist meist noch recht nett, aber durchaus etwas frischer. Bei Reisen während der anderen Monate sollte man sich über warmes Wetter freuen, es aber nicht erwarten.

Während der Ferienzeit verreisen viele Hamburger Aber dass dann die Lokale, Theater und allgemein die Straßen und Geschäfte leerer wären, kann auch nicht gesagt werden.

Umgekehrt gibt es keine weltweit „wichtigen" Messen, die schon Monate im Voraus alle Hotels blockieren, wie beispielsweise die Buchmesse in Frankfurt oder die Reisemesse ITB in Berlin. Allerdings kommen bei einigen **sportlichen Großveranstaltungen** wie Marathon, Triathlon, Cyclassics Tausende nach Hamburg, da wird es dann doch mal etwas eng bei der Unterkunftsfrage.

Durchschnitt	**Wetter in Hamburg**											
Maximale Temperatur	4°	4°	8°	12°	18°	20°	22°	22°	18°	13°	8°	5°
Minimale Temperatur	−1°	−1°	1°	3°	7°	11°	13°	13°	10°	6°	2°	0°
Regentage	12	9	11	9	10	11	11	10	11	11	12	12
	Jan	Febr	März	Apr	Mai	Juni	Juli	Aug	Sept	Okt	Nov	Dez

ANHANG

Register

A
Abfertigungsgebäude 56
Accessoires 96
Albers, Hans 61, 68
Alster 108
Alsterarkaden 31
Alsterdampfer 30
Alstervorland 103
Althamburgischer
    Gedächtnisfriedhof 76
Altona 70
Altonaer Balkon 71
Altonaer Museum –
    Norddeutsches
    Landesmuseum 80
Altonaer Rathaus 70
Altstadt 31
Altstädter Hof 38
Anreise 122
Apotheke 128
Apps 126
Arzt 128
Ausgehen 89
Auswandererhallen 77
Autofahren 123
Automobil-Museum 46

B
Bahn 122
Balkon, Altonaer 71
Ballinstadt 77
Barrierefreies
    Reisen 124
Bars 90
Bartholomayhaus 37
Baumwall 53
Bed and Breakfast 135
Behinderte 124
Binnenalster 29
Bistros 88
Blankenese 72
Brücken 35
Bucerius Kunst Forum 80
Buchhandlungen 95
Buchtipps 127
Bühnen 92
Busse 138

C
Cafés 88
Camping 136
Cap San Diego 54
Chilehaus 36
Chocoversum 80
Christopher Street Day 106
Cremon 35
Cyclassics 106

D
Davidwache 60
Debitkarte 129
Deichstraße 34
Deichtorhallen 80
Derby-Woche 106
Designerläden 96
Deutsches
    Zollmuseum 80
Dialekt 116
Dialog im Dunkeln 42
Diebstahl 130
Ditmar-Koel-Straße 53
Dockland 64
Dom (Jahrmarkt) 128

E
EC-Karte 129
Einkaufen 94
Einkaufsmeilen 94
Elbchaussee 72
Elbe 108
Elbhang 73
Elbinsel Veddel 77
Elbphilharmonie 44, 120
Elbsegler 97
Elbspaziergang 102
Elbtunnel, Alter 56
Essen 82
Events 104

F
Fähren 138
Fahrkarten 136
Fahrradtaxi 140
Fahrradverleih 130
Festivals 104
Fischmarkt 57
Fliegen 123
Flughafen 123
Fremdenverkehrsamt 126
Friedhof
    Ohlsdorf 75
Fußball 132

G
Galerien 82
Gängeviertel 36
Gänsemarkt 30
Gärten 100
Gastronomie 84
Geld 124
Gerhard-Hauptmann-
    Platz 24
Geschichte 112
Getränke 83
Gewürzmuseum 82
Girocard 129
Globushof 33
Grabmal-Freilichtmuseum
    der Ämtersteine 76
Große Elbstraße 62
Große Freiheit 61

H
Hafen 48, 108
HafenCity 42, 119
Hafenfähren 138
Hafengeburtstag 105
Hafenrundfahrt 56, 139
Hagenbecks Tierpark 75
Hamburg Card 137
Hamburg Dungeon 41
Hamburger Begriffe 116
Hamburger
    Theaternacht 106
Hamburger Verkehrsverbund
    (HVV) 136
Handy 126
Hans-Albers-Platz 61
Hanseat 118

Hauptbahnhof 22
Herbertstraße 59
Hirschpark 102
Historisches 112
Homosexuelle 66
Hotels 133
HSV-Museum 73
HSV-Stadion 73

I
Informationsquellen 126
Infostellen 126
Internationales Maritimes Museum Hamburg 47
Internettipps 126

J
Jazz 92
Joggen 103, 131
Jüdischer Friedhof 77
Jugendherberge 134
Jungfernstieg 30

K
Kabarett 92
Kanufahren 131
Karolinen-Viertel 69
Kartensperrung 129
Katastrophen 109
Kaufhäuser 94
Kiez 58
Kinder 128
Kino 92
Kirche der heiligen Dreieinigkeit 66
Kirschblütenfest, japanisches 105
Kleinkunst 93
Klubs 90
Kneipen 90
Köhlbrandtreppe 62
Komödie 93
Komponistenquartier 80
Kontorhausviertel 36
Konzerte 92
Kramerwitwen- wohnungen 52

Krankenhaus 128
Kreditkarte 129
Küche, Hamburger 82
Kunst 80
Kunsthalle, Hamburger 80
Kunstmeilenpass 125
Kuriositäten 9

L
Labskaus 83
Laeiszhof 33
Landungsbrücken 55
Leip, Hans 68
Lesben 66, 130
Levante Haus 23
LGBT+ 66, 130
Lindenberg, Udo 60
Literaturtipps 127
Lokale 84
Lombardsbrücke 29
Lotto King Karl 74

M
Maestro-Karte 129
Magellan-Terrassen 43
Mahnmal St. Nikolai 33
Marathon Hamburg 105
Marco-Polo-Terrassen 43
Maritime Circle Line 139
MARKK 81
Märkte 98
Mäzenatentum 118
Medien 126
Medizinische Versorgung 128
„Michaelitica" 52
Michel 50
Millerntor 58
Miniatur Wunderland 42
Modegeschäfte 98
Modelleisenbahnanlage 42
Mohlenhof 38
Mönckebergstraße 23
Montanhof 38
Multikulti 69
Museen 80
Museum der Illusionen 81

Museum für Hamburgische Geschichte 81
Museum für Kunst und Gewerbe 81
Museumshafen Övelgönne 65
Museumsschiff 54
Musicals 93
Musik- geschäfte 99

N
Nachtleben 89
Nahverkehr, öffentlicher 136
Nikolaifleet 34
Notfall 129
Notrufnummern 129

O
Ohlsdorfer Friedhof 75
Oper 94
Ottensen 71
Övelgönne 64

P
Paddeln 131
Panik City 60
Panoptikum 60
Parken 123
Parks 100
Passagen 95
Patriotische Gesellschaft 32
Pensionen 135
Planten un Blomen 100
Plaza 44
Politik 115
Polizei 130
Polizeiwache am Klingberg 37
Pontons 55
Portugiesenviertel 54
Post 129
Preise 124
Preistipps 125
Prostitution 59
Prototyp 46

R

Radfahren 129
Rathaus 26
Rathaus der
 Speicherstadt 41
Rathausmarkt 26
Rauchen 83
Reeperbahn 58
Reisezeit 140
Relaxen 100
Restaurants 84
Rhododendren 76
Rickmer Rickmers 55
Rosengarten 100
Rundgänge 10

S

S-Bahn 137
Schanzenviertel 69
Schauspielhaus,
 Deutsches 93
Schwule 66, 130
Shopping 94
Sicherheit 130
Silvesterparty 106
Skaten 128
Speicherstadt 38
Speicherstadtmuseum 82
Speisen 82
Sperrnummer 129
Spezialitäten,
 Hamburger 82
Spicy's Gewürzmuseum 82
Sport 131
Sportgeschäfte 99
Sprinkenhof 37
Stadtbewohner 117
Stadtpark 104
Stadtspaziergänge 10, 12, 15, 18
Stadtstaat 115
Stadttouren 132
Stadtviertel 116
Star-Club 62
Sternschanze 69
St. Jacobikirche 24
St. Katharinenkirche 35
St. Marien-Dom 68
St. Michaeliskirche 50
St. Nikolai 33
St. Pauli 59
St. Petrikirche 25
Studenten 117
Szene 89
Szene-Zeitschriften 126

T

Tageszeitungen 126
Tango 45
Taxi 139
Theater 93
Tickets 136
Tierpark 75
Tourismus 117
Touristeninformation 126
Trinken 83
Trostbrücke 32
Turmbläser 52

U

U-Bahn 137
U-Bootmuseum
 Hamburg 58
Udo Lindenberg 60
Unterkunft 133

V

Vegetarier 85
Veranstaltungen 104
Verkehrsmittel 136
Villenviertel 72
Visa-Karte 129
Volksparkstadion 73
Vorwahl 5
VPAY 129

W

Wachsfigurenmuseum 60
Wasserlichtorgel 101
Wasserschloss 41
Weihnachtsmärkte 106
Weltoffenheit 115
Wetter 140
Wochenendtrip 8

Z

Zentrum 22
Zollenbrücke 33
Zollmuseum 80
Zug 122

Hamburg ist auch im Winter eine Reise wert

Autor und Fotografin

Hans-Jürgen Fründt kennt Hamburg seit seiner frühesten Jugend. Zunächst tobte er als ganz junger Spund über viele Fußballfelder, stand dann als 17-Jähriger eine Lehre durch, quälte sich schließlich über viele Semester durch die Uni und vertrödelte dann einige Jahre in irgendeinem Büro. Heute lebt er im „Speckgürtel" der Hansestadt im südlichen Schleswig-Holstein und arbeitet als freier Autor mit den Schwerpunkten Spanien, Schleswig-Holstein und Hamburg.

Die Fotografin **Susanne Muxfeldt** kennt Hamburg ebenfalls seit ihrer Kindheit. Erstaunt musste sie bei der Recherche für dieses Buch feststellen, dass viele Dinge, an denen sie jahrelang achtlos vorbeigelaufen war, im Fokus des neugierigen Blicks ganz anders wirken.

Schreiben Sie uns

Dieses Buch ist gespickt mit Adressen, Preisen, Tipps und Daten. Unsere Autoren recherchieren unentwegt und erstellen alle zwei Jahre eine komplette Aktualisierung, aber auf die Mithilfe von Reisenden können sie nicht verzichten. Darum: Teilen Sie uns bitte mit, was sich geändert hat oder was Sie neu entdeckt haben. Gut verwertbare Informationen belohnt der Verlag mit einem Sprachführer Ihrer Wahl aus der Reihe „Kauderwelsch".

Kommentare übermitteln Sie am einfachsten, indem Sie die Web-App zum Buch aufrufen (siehe Umschlag hinten) und die Kommentarfunktion bei den einzelnen auf der Karte angezeigten Örtlichkeiten oder den Link zu generellen Kommentaren nutzen. Wenn sich Ihre Informationen auf eine konkrete Stelle im Buch beziehen, würde die Seitenangabe uns die Arbeit sehr erleichtern. Unsere Kontaktdaten entnehmen Sie bitte dem Impressum.

Impressum

Hans-Jürgen Fründt

CityTrip Hamburg

© REISE KNOW-HOW Verlag
Peter Rump GmbH 2008, 2010, 2011, 2012, 2013, 2014, 2015, 2016, 2017, 2018
11., neu bearbeitete und aktualisierte Auflage 2019

Alle Rechte vorbehalten.

ISBN 978-3-8317-3202-9

Druck und Bindung:
Media-Print, Paderborn

Herausgeber: Klaus Werner
Layout: amundo media GmbH (Umschlag, Inhalt), Peter Rump (Umschlag)
Lektorat: amundo media GmbH
Karten: Ingenieurbüro B. Spachmüller, amundo media GmbH
Anzeigenvertrieb: KV Kommunalverlag GmbH & Co. KG, Alte Landstraße 23, 85521 Ottobrunn, Tel. 089 928096-0, info@kommunal-verlag.de
Kontakt: Osnabrücker Str. 79, 33649 Bielefeld, info@reise-know-how.de

Alle Angaben in diesem Buch sind gewissenhaft geprüft. Preise, Öffnungszeiten usw. können sich jedoch schnell ändern. Für eventuelle Fehler übernehmen Verlag wie Autor keine Haftung.

Bildnachweis

Umschlagvorderseite: Susanne Muxfeldt | Umschlagklappe: Nadja Werner | Seite 2: stock.adobe.com © AlexanderAntony
Soweit ihre Namen nicht vollständig am Bild vermerkt sind, stehen die Kürzel an den Abbildungen für die folgenden Fotografen, Firmen und Einrichtungen. Hans-Jürgen Fründt: fr | Nadja Werner: nw | Susanne Muxfeldt: sm | stock.adobe.com: as

Das komplette Programm zum Reisen und Entdecken
Reise Know-How Verlag

- **Reiseführer** – praktische Reisetipps von kompetenten Landeskennern
- **CityTrip** – kompakte Informationen für Städtekurztrips
- **CityTrip**[PLUS] – umfangreiche Informationen für ausgedehnte Städtetouren
- **InselTrip** – kompakte Informationen für den Kurztrip auf beliebte Urlaubsinseln
- **Wohnmobil-Tourguides** – praktische Reisetipps für Wohnmobil-Reisende
- **Wanderführer** – exakte Tourenbeschreibungen mit Karten und Anforderungsprofilen
- **KulturSchock** – Orientierungshilfe im Reisealltag
- **Die Fremdenversteher** – kulturelle Unterschiede humorvoll auf den Punkt gebracht
- **Kauderwelsch-Sprachführer** – schnell und einfach die Landessprache lernen
- **Kauderwelsch plus** – Sprachführer mit umfangreichem Wörterbuch
- **world mapping project™** – aktuelle Landkarten, wasserfest und unzerreißbar
- **Reisetagebuch** – das Journal für Fernweh
- **Edition Reise Know-How** – Geschichten, Reportagen und Abenteuerberichte

Reisen? We know how!

Humorvolles aus dem
Reise Know-How Verlag

Die Fremdenversteher
Deutsche Ausgabe der englischen Xenophobe's® Guides.

Amüsant und sachkundig. Locker und heiter. Ironisch und feinsinnig.

Mit typisch britischem Humor werden Lebensumstände, Psyche, Stärken und Schwächen der Deutschen unter die Lupe genommen.

Die Fremdenversteher
Weitere Titel der Reihe: **So sind sie, die ...**

- **Amerikaner**
- **Australier**
- **Belgier**
- **Engländer**
- **Franzosen**
- **Isländer**
- **Italiener**
- **Japaner**
- **Niederländer**
- **Österreicher**
- **Polen**
- **Schweden**
- **Schweizer**
- **Spanier**

Je 108 Seiten | € 8,90 [D]

www.reise-know-how.de

Liste der Karteneinträge

① [Q10] Hamburger Hauptbahnhof S. 22
② [P10] Mönckebergstraße S. 23
③ [P10] St. Jacobikirche S. 24
④ [O10] St. Petrikirche S. 25
⑤ [O10] Rathaus S. 26
⑥ [O9] Binnenalster S. 29
⑦ [O9] Lombardsbrücke S. 29
⑧ [O10] Jungfernstieg S. 30
⑨ [O10] Alsterarkaden S. 31
⑩ [O11] Patriotische Gesellschaft S. 32
⑪ [O11] Trostbrücke S. 32
⑫ [O11] Laeiszhof S. 33
⑬ [O11] Globushof S. 33
⑭ [O11] Zollenbrücke S. 33
⑮ [N11] Mahnmal St. Nikolai S. 33
⑯ [N11] Deichstraße S. 34
⑰ [N11] Nikolaifleet S. 34
⑱ [N11] Cremon S. 35
⑲ [O11] St. Katharinenkirche S. 35
⑳ [P11] Chilehaus S. 36
㉑ [P10] Sprinkenhof S. 37
㉒ [P10] Bartholomayhaus S. 37
㉓ [P11] Polizeiwache am Klingberg S. 37
㉔ [P11] Mohlenhof S. 38
㉕ [P10] Altstädter Hof S. 38
㉖ [P11] Montanhof S. 38
㉗ [O11] Speicherstadt S. 38
㉘ [O11] Rathaus der Speicherstadt S. 41
㉙ [P11] Wasserschloss S. 41
㉚ [N11] Hamburg Dungeon S. 41
㉛ [N11] Miniatur Wunderland S. 42
㉜ [P11] Dialog im Dunkeln S. 42
㉝ [O12] HafenCity S. 42
㉞ [N12] Elbphilharmonie S. 44
㉟ [P12] Prototyp S. 46
㊱ [P12] Internationales Maritimes Museum Hamburg S. 47
㊲ [M11] St. Michaeliskirche (Michel) S. 50
㊳ [M11] Kramerwitwen-wohnungen S. 52
㊴ [M11] Baumwall S. 53
㊵ [M11] Ditmar-Koel-Straße S. 53
㊶ [M12] Cap San Diego S. 54
㊷ [L11] Rickmer Rickmers S. 55
㊸ [L11] Landungs-brücken S. 55
㊹ [K11] Alter Elbtunnel S. 56
㊺ [J11] Fischmarkt S. 57
㊻ [J10] Reeperbahn S. 58
㊼ [K11] Panik City S. 60
㊽ [K11] Panoptikum S. 60
㊾ [K11] Sankt Pauli Museum S. 60
㊿ [K11] Hans-Albers-Platz S. 61
(51) [J10] Große Freiheit S. 61
(52) [I11] Große Elbstraße S. 62
(53) [G12] Dockland S. 64
(54) [D11] Övelgönne S. 64
(55) [D12] Museumshafen Övelgönne S. 65
(56) [Q9] St. Georg S. 66
(57) [K8] Schanzenviertel S. 69
(58) [G10] Altona S. 70
(59) [G11] Altonaer Rathaus S. 70
(60) [G11] Altonaer Balkon S. 71
(61) [F10] Ottensen S. 71
(63) [B4] HSV-Stadion S. 73
(64) [H2] Hagenbecks Tierpark S. 75

1 [O10] Daniel Wischer S. 24
2 [P10] Ahoi by Steffen Henssler S. 24
•3 [O10] Schauraum Bischofsburg S. 25
4 [O11] Kaffeemuseum S. 40
5 [O11] Fleetschlösschen S. 41
6 [O11] Schönes Leben S. 41
•7 [P12] Info-Pavillon Überseequartier S. 43
•8 [P12] Nachhaltigkeits-pavillon S. 43
9 [N12] HafenCity Info Center S. 43
10 [N12] Kaiser's S. 45
11 [O12] Markthalle S. 45
12 [O12] Wildes Fräulein S. 45
13 [Q11] Oberhafen-Kantine S. 46
14 [L11] Astra-Biergarten S. 56

Liste der Karteneinträge

- ★15 [J11] U-Bootmuseum Hamburg S. 58
- 16 [I11] Zum Schellfischposten S. 63
- 17 [H11] Fischbeisl S. 63
- 18 [H11] Meeres-Kost S. 63
- ★19 [Q9] Kirche der heiligen Dreieinigkeit S. 68
- ★20 [Q9] St. Marien-Dom S. 68
- 21 [Q9] Café Gnosa S. 68
- 22 [Q9] Vasco da Gama S. 68
- 23 [K8] Bullerei S. 70
- 24 [K8] Olympisches Feuer S. 70
- 25 [K8] Omas Apotheke S. 70
- 26 [F10] Restaurant Eisenstein in den Zeisehallen S. 71
- 27 [F10] Goldene Gans S. 72
- 28 [F10] Kleine Brunnenstraße S. 72
- 29 [G10] Knuth S. 72
- 30 [G10] Tarifa S. 72
- 31 [G11] Altonaer Museum – Norddeutsches Landesmuseum S. 80
- 32 [O10] Bucerius Kunst Forum S. 80
- 33 [P11] Chocoversum S. 80
- 34 [Q11] Deichtorhallen S. 80
- 35 [P11] Deutsches Zollmuseum S. 80
- 36 [P9] Hamburger Kunsthalle S. 80
- 37 [M10] Komponistenquartier S. 80
- 38 [N7] MARKK S. 81
- 39 [P10] Museum der Illusionen S. 81
- 40 [L10] Museum für Hamburgische Geschichte S. 81
- 41 [Q10] Museum für Kunst und Gewerbe S. 81
- 42 [N12] Speicherstadtmuseum S. 82
- 43 [N12] Spicy's Gewürzmuseum S. 82
- 44 [N11] Galerie S. 82
- 45 [N11] Produzentengalerie Hamburg S. 82
- 46 [K8] Altes Mädchen S. 84
- 47 [N11] Alt Hamburger Aalspeicher S. 84
- 48 [J11] Alt Helgoländer Fischerstube S. 84
- 49 [P10] Barefood Deli S. 84
- 50 [L11] Block Bräu S. 84
- 51 [K10] Brachmanns Galeron S. 84
- 52 [D12] Café Elbterrassen S. 84
- 53 [L11] Churrascaria O Frango S. 84
- 54 [Q9] Café Koppel S. 85
- 55 [M10] Loving Hut S. 85
- 56 [M10] Piccolo Paradiso S. 85
- 57 [K8] Erika's Eck S. 85
- 58 [Q9] Frau Möller S. 85
- 59 [K11] Lucullus-Imbiss S. 85
- 60 [K11] Man Wah S. 85
- 61 [K11] Cuneo S. 86
- 63 [G11] Fischereihafen Restaurant S. 86
- 64 [J11] Fischerhaus S. 86
- 65 [K10] Freudenhaus S. 86
- 66 [O9] Galatea S. 86
- 67 [P10] Gasthaus an der Alster S. 86
- 68 [N9] Hamburger Fischerstube S. 86
- 69 [H11] Henssler & Henssler S. 86
- 70 [Q8] Kouros S. 86
- 71 [E11] Landhaus Scherrer S. 87
- 72 [I11] La Vela S. 87
- 73 [H11] Marseille S. 87
- 74 [O11] O Café Central S. 87
- 75 [M11] Old Commercial Room S. 87
- 76 [O10] Picasso S. 87
- 77 [N10] Rheinische Republik S. 88
- 78 [H12] Rive S. 88
- 79 [P9] Sala Thai S. 88
- 80 [J11] Überquell S. 88
- 81 [O10] Alex im Alsterpavillon S. 88
- 82 [O10] Café Paris S. 88
- 83 [H11] Café Schmidt & Schmidtchen S. 88
- 84 [D12] Kleinhuis' Restaurantschiff S. 88
- 85 [N11] Ti Breizh S. 88
- 86 [K11] Angie's Live Music Club S. 90
- 87 [F10] Aurel S. 90
- 88 [K11] Beachclubs S. 90
- 89 [P9] Cascadas S. 90
- 90 [P9] Ciu S. 90
- 91 [K11] Docks S. 90
- 92 [O11] Gröninger Braukeller S. 90

Liste der Karteneinträge

- ❂93 [K11] Klubhaus St. Pauli S. 91
- ❂94 [K9] Knust S. 91
- ❂95 [K10] Lehmitz S. 91
- ❂96 [K10] Mojo Club S. 91
- ❂97 [J10] Molotow S. 91
- ❂98 [J10] Moondoo S. 91
- ❂99 [F10] RehBar S. 91
- ❂100 [L11] Tower Bar S. 91
- ❂101 [L9] Uebel & Gefaehrlich S. 92
- ❂102 [K5] Birdland S. 92
- ❂103 [M10] Cotton Club S. 92
- ❂104 [N2] Alma Hoppes Lustspielhaus S. 92
- ❂105 [Q10] Hansa-Theater S. 92
- ❂106 [R9] Polittbüro S. 92
- ❂107 [M7] Abaton S. 92
- ❂108 [O10] Passage-Kino S. 92
- ❂109 [F9] Fabrik S. 92
- ❂110 [J10] Große Freiheit 36 S. 92
- ❂111 [R4] Kampnagel S. 92
- ❂112 [M9] Laeiszhalle S. 92
- ❂113 [M8] Logo S. 92
- ❂114 [Q11] Mehr! Theater am Großneumarkt S. 93
- ❂115 [S1] Stadtpark S. 93
- ❂116 [O2] Komödie Winterhuder Fährhaus S. 93
- ❂117 [Q9] Ohnsorg-Theater S. 93
- ❂118 [K11] Schmidts Tivoli, Schmidtchen und Schmidt Theater S. 93
- ❂119 [K11] St. Pauli Theater S. 93
- ❂120 [I8] Neue Flora S. 93
- ❂121 [K11] Operettenhaus S. 93
- ❂122 [L12] Theater im Hamburger Hafen S. 93
- ❂123 [Q9] Deutsches Schauspielhaus S. 93
- ❂124 [S7] Ernst Deutsch Theater S. 93
- ❂125 [N7] Hamburger Kammerspiele S. 94
- ❂126 [P10] Thalia Theater S. 94
- ❂127 [N9] Hamburgische Staatsoper S. 94
- 🛍128 [O10] Bücherstube Felix Jud S. 95
- 🛍129 [O10] Dr. Götze S. 95
- 🛍130 [P10] k Presse & Buch S. 95
- 🛍131 [O10] Marissal-Bücher am Rathaus S. 95
- 🛍132 [N11] Sautter & Lackmann S. 95
- 🛍133 [P12] Schiffsbuchhandlung Fuchs S. 96
- 🛍134 [P10] Thalia Buchhandlung S. 96
- 🛍135 [N10] Duske und Duske S. 96
- 🛍136 [L11] Elbufer S. 96
- 🛍137 [O10] Freitag S. 96
- 🛍138 [Q9] Kaufhaus Hamburg S. 96
- 🛍139 [Q9] Koppel 66 S. 96
- 🛍140 [P11] Manufaktum S. 96
- 🛍141 [O10] Europa Passage S. 96
- 🛍142 [N10] Hanse-Viertel S. 96
- 🛍143 [P10] Levante Haus S. 96
- 🛍144 [N10] Passage Galleria S. 96
- 🛍145 [I11] Stilwerk S. 97
- 🛍146 [L11] The Art of Hamburg S. 97
- 🛍147 [F10] Bonscheladen S. 97
- 🛍148 [N10] Confiserie Paulsen S. 97
- 🛍149 [P10] Mützenmacher Eisenberg S. 97
- 🛍150 [H11] Frischeparadies Goedeken S. 98
- 🛍151 [Q9] Mutterland S. 98
- 🛍152 [O12] Der.Die.Sein-Markt S. 98
- 🛍153 [K9] Flohschanze S. 98
- 🛍154 [M4] Isemarkt S. 98
- 🛍155 [K10] Nachtmarkt S. 98
- 🛍156 [N10] Claudia Obert S. 98
- 🛍157 [O10] Closed S. 98
- 🛍158 [O10] Ernst Brendler S. 98
- 🛍159 [O10] Alsterhaus S. 98
- 🛍160 [P10] Karstadt S. 98
- 🛍161 [F10] Hello S. 99
- 🛍162 [K8] Kauf dich glücklich S. 99
- 🛍163 [N4] Kaufrausch S. 99
- 🛍164 [O10] Ladage & Oelke S. 99
- 🛍165 [N11] Sea Shop S. 99
- 🛍166 [P10] Schuh Görtz S. 99
- 🛍167 [N10] Secondella S. 99
- 🛍168 [L9] Groove City S. 99
- 🛍169 [K9] Hanseplatte S. 99
- 🛍170 [P10] Michelle S. 99
- 🛍171 [V3] Globetrotter S. 99
- 🛍172 [P10] Karstadt Sports S. 99
- 🛍173 [O10] Sport-Scheck S. 99

Liste der Karteneinträge

- 174 [M10] Brahms-Museum Hamburg S. 101
- 175 [A11] Brücke 10 im Strandhaus S. 102
- 176 [C11] Strandperle S. 102
- 177 [P6] Alster Cliff S. 103
- 178 [P7] Bodos Bootssteg S. 103
- 179 [P10] Cityparkhaus XXL S. 123
- 180 [O10] Parkhaus Europa-Passage S. 123
- 181 [O12] Speicherstadt Parkhaus S. 123
- 183 [L11] Tourist Information am Hafen S. 126
- 184 [Q10] Tourist Information im Hauptbahnhof S. 126
- 185 [Q10] Apotheke im Hauptbahnhof S. 128
- 186 [C10] Asklepios Klinik Altona S. 128
- 187 [R9] Asklepios Klinik St. Georg S. 128
- 188 [M3] Uniklinik Eppendorf S. 128
- 189 [S10] i-punktskateland S. 128
- 190 [L10] Rollschuh- und Eislaufbahn S. 128
- 191 [H10] Theater für Kinder S. 129
- 192 [J11] Zaubertheater S. 129
- 193 [N7] Fahrradstation Dammtor S. 130
- 194 [R10] Hein & Fiete S. 130
- 195 [Q9] M&V Bar S. 130
- 196 [J10] Wunderbar S. 130
- 197 [P5] Bobby Reich S. 131
- 198 [Q7] Hansa Steg S. 131
- 199 [K10] FC St. Pauli Kartencenter S. 132
- 200 [O10] HSV City Store S. 132
- 201 [N9] Alameda S. 133
- 202 [O9] Alster-Hof S. 133
- 203 [O10] Am Rathaus S. 133
- 204 [O9] Baseler Hof S. 133
- 205 [L11] Hotel Hafen Hamburg S. 133
- 206 [Q9] Hotel Reichshof S. 133
- 207 [K10] Ibis Budget Hotel S. 134
- 208 [P10] InterCity Hotel Hauptbahnhof S. 134
- 209 [L11] Jugendherberge S. 134
- 210 [K8] Pyjama Park Hotel S. 134
- 211 [L11] Stella Maris S. 134
- 212 [P12] 25 Hours Hotel Altes Hafenamt S. 134
- 213 [P12] 25 hours Hotel HafenCity S. 134
- 214 [R7] Alsterblick S. 135
- 215 [M9] Frauenhotel Hotel Hanseatin S. 135
- 216 [N7] Hotel am Museum S. 135
- 217 [G10] Meininger City Hostel S. 135
- 218 [L10] Motel One S. 135
- 219 [N8] Radisson Blu S. 135
- 220 [R10] Superbude S. 135
- 221 [F10] Schanzenstern Altona S. 135
- 222 [M12] Feuerschiff S. 136
- 223 [G3] Campingplatz Buchholz S. 136
- 226 [S11] Wohnmobilhafen-Hamburg S. 136

Hier nicht aufgeführte Nummern liegen außerhalb der abgebildeten Karten. Ihre Lage kann aber wie die von allen Ortsmarken im Buch mithilfe der Web-App angezeigt werden (s. S. 152).

Hamburg mit PC, Smartphone & Co.

QR-Code auf dem Umschlag scannen oder **www.reise-know-how.de/citytrip/hamburg19** eingeben und die **kostenlose Web-App** aufrufen (Internetverbindung zur Nutzung nötig)!

★ **Anzeige der Lage und Satellitensicht aller** beschriebenen Sehenswürdigkeiten und weiteren Orte
★ **Routenführung** vom aktuellen Standort zum gewünschten Ziel
★ **Exakter Verlauf** der empfohlenen Stadtspaziergänge
★ **Audiotrainer** der wichtigsten Wörter und Redewendungen
★ **Updates** nach Redaktionsschluss

GPS-Daten zum Download
Die GPS-Daten aller Ortsmarken und Spaziergänge können hier geladen werden: www.reise-know-how.de, dann das Buch aufrufen und zur Rubrik „Datenservice" scrollen.

Stadtplan für mobile Geräte
Um den Stadtplan auf Smartphones und Tablets nutzen zu können, empfehlen wir die App „Avenza Maps" der Firma Avenza™. Der Stadtplan wird aus dieser App heraus geladen und kann dann mit vielen Zusatzfunktionen genutzt werden.

Die Web-App und der Zugriff auf diese über QR-Codes sind eine freiwillige, kostenlose Zusatzleistung des Verlages. Der Verlag behält sich vor, die Bereitstellung des Angebotes und die Möglichkeit der Nutzung zeitlich und inhaltlich zu beschränken. Der Verlag übernimmt keine Garantie für das Funktionieren der Seiten und keine Haftung für Schäden, die aus dem Gebrauch der Seiten resultieren. Es besteht ferner kein Anspruch auf eine unbefristete Bereitstellung der Seiten.

Zeichenerklärung

⓫	Hauptsehenswürdigkeit
[L6]	Verweis auf Planquadrat in den Stadtplänen
◐	Bar, Bistro, Treffpunkt
◉	Café, Eiscafé
𝕂	Denkmal
◯	Fischrestaurant
†	Friedhof
◼	Geschäft, Kaufhaus, Markt
≋	Hallenbad
🏨	Hotel, Unterkunft
◑	Imbiss, Bistro
❶	Informationsstelle
ⓤ	Jugendherberge, Hostel
ⓚ	Kino
⇨	Kirche
◔	Kneipe, Biergarten
✚	Krankenhaus
🏛	Museum
♫	Musikszene, Disco
🅿 🅿	Parkplatz
ⓑ	Pension, Bed & Breakfast
◍	Restaurant
Ⓢ	S-Bahn
★	Sehenswertes
•	Sonstiges
Ⓢ	Sporteinrichtung
◐ ♣	Theater, Zirkus
◉	Vegetarisches Lokal
Ⓤ	U-Bahn
⚠	Zeltplatz, Camping
—	Stadtspaziergänge (s. S. 10, S. 12, S. 15 und S. 18)
▢	Shoppingareale
▢	Gastro- und Nightlife-Areale

REISETAGEBÜCHER –
Notizen von unterwegs

Die **Reisetagebücher** haben 133 Seiten zur freien Gestaltung. Es gibt noch eine Packliste, eine Budgetliste und Adress-Seiten zum Ausfüllen. Und natürlich viel Nützliches für unterwegs. Sie sind liebevoll illustriert mit alten Stichen von Tieren, Pflanzen und Fortbewegungsmitteln aus aller Welt oder mit Mustern aus aller Welt. Aufgelockert mit Gedanken und Zitaten zum Thema Reisen.

Sie sind zuverlässige und verschwiegene **Gefährten auf Reisen**. Egal ob Wochenendausflug oder Langzeitreise, ob in den Bergen, am Strand oder in der Stadt. Zwei Journale für Fernweh und Wanderlust, Wichtiges und Unwichtiges, Schönes und Schwieriges …

- Weltkarte
- Kontinente und Zeitzonen
- Immerwährender Kalender
- Reiseverzeichnis
- Sprachhilfe ohne Worte

160 Seiten | € 12 [D]
ISBN 978-3-8317-3020-9

160 Seiten | € 13,90 [D]
ISBN 978-3-8317-3120-6

www.reise-know-how.de

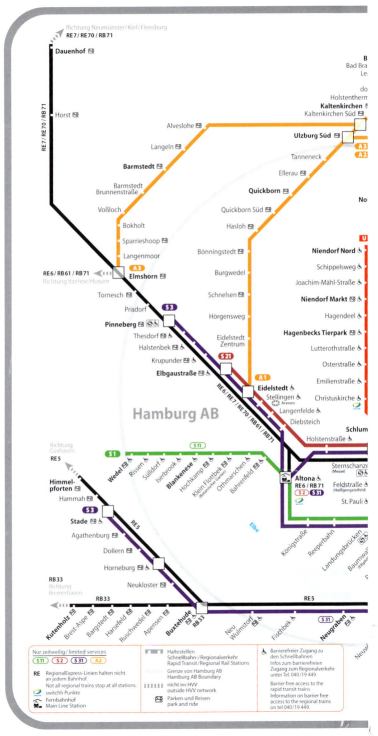